KB074850

데일 카네기

인간관계론

세계교양전집 6

데일 카네기
인간관계론

데일 카네기 지음
주정자 옮김

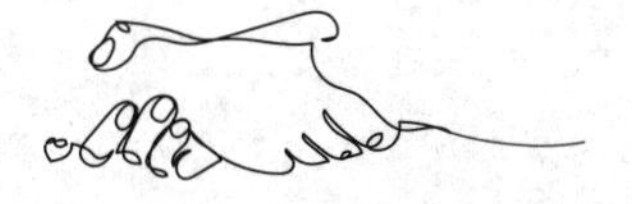

올리버

데일 카네기Dale Carnegie

데일 카네기의 간략한 전기

그날은 1935년 1월의 추운 밤이었지만 날씨 때문에 돌아가는 사람은 한 명도 없었다. 2,500명이 뉴욕의 펜실베이니아 호텔 대연회장 안으로 몰려들었다. 7시 30분이 되자 좌석은 꽉 찼다. 8시가 되어서도 열성적인 사람들이 여전히 몰려들고 있었다. 꽤 넓은 발코니도 사람들로 꽉 들어차 버렸다. 이내 서 있는 자리도 감지덕지해졌다. 업무에 치여 피곤한 하루를 보낸 수천 명이 그날 밤 한 시간 반 동안 서서 시간을 보냈다. 과연 무엇을 보기 위해서 그랬을까?

패션쇼가 열렸을까? 6일 동안 진행되는 자전거 경주일까, 아니면 영화배우 클라크 게이블이 직접 나온 것일까?

다 아니다. 이 사람들은 신문 광고에 홀린 것이다. 그러니까 이틀 전, 〈뉴욕 선New York Sun〉에 실린 전면 광고가 이들의 눈을 사로잡았다.

효과적으로 말하는 법을 배워라.

리더십을 준비하라.

뻔한 내용일까? 그렇기는 하지만 인구의 20퍼센트가 정부 지원을 받는 불경기에 세계 최고 수준의 도시에서 2,500명이 이 광고를 보고 집을 나와 펜실베이니아 호텔로 법석을 떨며 몰려들었다.

원래 이 호텔이 모인 사람들은 회사의 중역과 기업가, 전문직 종사자 같은 상류 계층이었다.

이 사람들은 효과적인 대화와 인간관계 연구소Institute of Effective Speaking and Human Relations의 소장인 데일 카네기가 주최한 '효과적인 대화와 업무상 만난 사람들을 사로잡는 법'이라는 초현대적이고 초실용적인 과정의 1단계를 듣기 위해 온 것이다.

그렇다면 비즈니스맨 2,500명은 왜 이 호텔에 모였을까?

불경기로 말미암아 교육에 대한 목마름이 더 생긴 걸까?

전혀 그렇지 않다. 지난 24년간 뉴욕에서는 시즌마다 이런 과정이 열렸는데, 항상 사람들이 몰려들었다. 이 기간에 사업가와 전문직 종사자 15,000명이 데일 카네기에게 훈련받았다. 웨스팅하우스 일렉트릭Westinghouse Electric Company, 맥그로힐 출판사McGraw-Hill Publishing Company, 브루클린 유니언 가스Brooklyn Union Gas Company, 브루클린 상공회의소Brooklyn Chamber of Commerce, 미국 전기 기사 연구소American Institute of Electrical Engineers, 뉴욕 전화 회사New York Telephone Company처럼 의심 많고 보수적인 기업에서도 직원들과 경영진을 위해 데일 카네기가 진행하는 훈련 과정을 사내에서 직접 시행하기도 했다.

초등학교나 고등학교 혹은 대학을 졸업한 지 10~20년이 지난 사람들이 데일 카네기의 교육을 받는다는 것은 우리 교육 체계의 충격적인 결함에 대해 엄청난 논평을 내린 것이나 다름없다.

성인들이 정말 배우고 싶은 것은 무엇일까? 정말 중요한 질문이다. 이 질문에 대한 해답을 얻으려고 시카고대학교와 미국 성인 교육협회American Association for Adult Education 그리고 미국 YMCA 스쿨United Y.M.C.A. Schools에서 2년에 걸쳐 조사했다.

조사 결과, 성인의 주된 관심사는 바로 건강인 것으로 드러났다. 두 번째 관심사는 인간관계를 향상하는 기술이었다. 요컨대 성인들은 다른 이들과 잘 어울리면서 사람들의 마음을 사로잡는 기술을 배우려는 마음이 있었다. 다만 그렇다고 대중 연설가가 될 마음은 없었으며 심리학과 관련된 거창한 이야기를 들을 마음도 없었다. 성인들이 원하는 것은 그저 업무상 필요하거나 사회적 교류에 쓰거나 가정에서 즉시 쓸 수 있는 제안이었다.

그렇다면 성인들이 공부하기를 바란 것이 바로 그러한 제안일까?

"좋습니다."

조사를 한 사람들은 이렇게 얘기했다.

"좋아요, 성인들이 원하는 것이 바로 그 제안이라면 우리가 그걸 줄게요."

이 설문 조사를 한 이들은 인간관계에서 일상적으로 어려움을 겪는 사람들의 문제를 해결하는 데 도움 될 만한 기본적 설명서가 나온 적이 없다는 사실을 알아냈다.

정말 엄청난 재앙 아닌가! 그리스어와 라틴어와 고등수학처럼 평범한 성인이 두 번 다시 쳐다보지도 않는 학문적인 책들은 수백 년 동안 거듭 쓰인 반면, 정작 성인들이 열렬히 알고 싶어 하고 지도 및 도움이 필요한 단 한 가지 주제와 관련된 책은 전혀 없었다!

이게 바로 신문 광고를 본 2,500명의 목마른 성인들이 펜실베이니아 호텔로 몰려든 이유다. 이들은 오랫동안 찾았던 걸 드디어 발견한 것이다.

이들은 고등학교와 대학교를 다닐 때, 지식만 있으면 돈을 많이 벌 수 있다고 믿었다. 그래서 전문 지식을 쌓고자 책만 열심히 팠다.

하지만 사회에 나와 사업을 하거나 전문적인 업무를 맡아 요동치는 삶을 몇 년 살고 난 후 무척 실망하고 말았다. 이들은 가장 중요한 업무에서 성공한 사람들은 물론 지식도 있지만 말을 잘하고, 자기 생각대로 다른 사람을 부리고, 자신을 잘 표현하고, 다른 사람을 설득하는 능력이 있음을 알아냈다.

또한 사업이라는 함선을 몰며 선장 모자를 쓰고 싶은 열망이 있는 사람이라면 라틴어 동사를 알거나 하버드대학교의 졸업장을 따는 것보다 성격과 능력이 훨씬 더 중요하다는 사실을 깨달았다.

〈뉴욕 선〉에 인간관계의 기술을 훈련하는 이번 만남이 엄청나게 즐거울 것이라고 장담하는 전면 광고가 실렸다. 정말 유쾌한 만남이었다. 훈련 과정에 참여한 18명이 확성기 앞에 모였다. 그중 15명에게 자신의 이야기를 전하는 데 주어진 시간은 정확히 75초였다. 75초가 지나면 "탕" 하는 망치 소리가 났고, 의장은 "타임! 다음 주자 나오세요!"라고 소리쳤다.

발표는 버펄로 떼가 우르릉대며 평원을 가로지르는 듯한 속도로 진행되었다. 사람들은 한 시간 반 동안 서서 18명의 발표를 구경했다.

발표자들은 다양한 삶을 살고 있었다. 영업사원 몇 명과 체인점의 중역 한 명, 제빵사 한 명, 동업자 조합의 의장 한 명, 은행원 두 명, 보험 중개인 한 명, 회계 담당자 한 명, 치과의사 한 명, 건축가 한 명, 이 훈련 과정에 참여하려고 인디애나폴리스에서 뉴욕까지 온 편의점 주인 한 명, 중요한 3분짜리 발표를 직접 진행할 준비를 하기 위해 하바나에서 온 변호사 한 명이 있었다.

첫 번째로 나온 발표자 패트릭 J. 오헤어Patrick J. O'Haire에게는 게일어 억양이 있었다. 아일랜드에서 태어난 그는 겨우 4년만 학교에 다닌 후 미국으로 이민을 와서 정비공으로 일하다가 수행기사로 근무했다.

이제 마흔이 된 오헤어는 식구 수가 늘어나고 돈도 더 필요해서 트럭을 판매하는 영업직을 시도했다. 하지만 자신의 표현대로 열등감이 무척 심해서 사무실 앞을 대여섯 차례는 드나들고 나서야 겨우 문을 두드릴 용기를 끌어모을 수 있었다. 영업사원으로서 몹시 좌절한 그는 손으로 일하는 정비 공장으로 돌아가려고 했다. 그런 생각을 하던 어느 날, 데일 카네기의 효과적인 말하기 과정을 운영하는 창립총회에서 발부한 초대장을 받았다.

그는 원래 참석할 마음이 없었다. 대다수가 자신과 어울리지 않는 대학 졸업자들일 텐데 그들과 교류하는 것이 두려웠기 때문이다.

이런 그에게 낙담한 아내는 총회에 갈 것을 종용하며 말했다.

"당신한테 득이 될 수도 있어요. 패트, 하나님은 당신한테 필요한 걸 아시니까요."

그래서 그는 총회가 열리는 곳으로 갔는데, 회의실 안으로 들어가기 위한 자신감을 끌어모으려고 5분 동안 인도에 서 있었다.

오헤어는 다른 사람들 앞에서 처음 발표를 시도할 때 두려움으로 말미암아 몇 차례나 정신이 아찔했다. 하지만 몇 주를 보내면서 청중을 두려워하는 마음이 다 사라지자, 본인이 말하는 것을 무척 좋아한다는 사실을 깨달았다. 심지어 사람이 많을수록 이야기할 때 더욱 신이 났다. 그는 사람들에게 본인의 생각을 이야기하면서 곧 영업부서로 진급하고, 회사 사람들의 사랑을 듬뿍 받는 소중한 인물이 되었다. 그날 밤 패트릭 오헤어는 펜실베이니아 호텔에 모인 2,500명 앞에 서서 자신이 이룬 성취를 흥겹게 이야기했다.

다음 발표자 갓프리 메이어Godfrey Meyer는 자식이 11명이나 되는 머리가 희끗희끗한 은행원이었다. 그는 수업 시간에 발표를 처음 시도할 때는 그야말로 말문이 꽉 막혔다. 머릿속이 백지장이 되어버린 것이다. 메이어의 이야기는 말 잘하는 사람에겐 리더십이 저절로 따라온다는 것을 생생하게 증명한 사례였다.

월스트리트에서 근무한 메이어는 뉴저지 클리프턴에서 25년간 살았다. 당시 그는 지역사회 일에는 전혀 참여하지 않았고, 아는 사람은 500여 명에 불과했다.

메이어는 카네기의 말하기 과정에 등록한 지 얼마 안 되었을 때 세금 고지서를 받았는데, 부당한 과세라는 생각이 들어서 몹시 화가 났다. 평소라면 집에 들어앉아서 씩씩대거나 이웃들에게 부당한 세금에 대한 불평만 늘어놨을 것이다. 하지만 그는 그날 밤 모자를 집어쓰고, 주민 회의에 참석해서 사람들에게 열변을 토했다.

그는 이렇게 열변을 토한 덕분에 지방 의회에 출마하라는 뉴저지주 클리프턴 주민들의 강력한 권유를 받았다. 그래서 그는 몇 주 동안 여러 미팅에 참석하며 시의 낭비와 사치를 맹렬히 비난했다.

지방 의회의 후보자는 96명이었다. 무기명 투표를 집계했는데, 놀랍게도 갓프리 메이어가 1위를 차지했다. 메이어는 거의 하룻밤 사이에 인구가 45,000명에 달하는 지역사회의 저명인사가 되었다. 그는 말하는 능력 덕분에 6주 만에 지난 25년간 사귄 친구들보다 80배 많은 친구들을 사귈 수 있었다.

또한 의원으로서 받는 연봉은 데일 카네기의 교육과정에 1년 동안 투자한 것보다 1000퍼센트 많이 받을 수 있는 금액이었다.

세 번째 발표자는 전미 식품제조업 협회의 의장이었다. 그는 이사회 회의 중에 본인의 생각을 표현하는 것이 얼마나 힘들었는지를 얘기했다.

그랬던 그가 결단을 내리고 재빨리 대응하는 법을 배운 덕분에 놀라운 일이 두 가지 일어났다. 결단을 내리는 능력을 발휘한 덕분에 곧 협회 의장이 되었고, 미국 전역에서 개최되는 회의에서 연설을 도맡게 되었다. 그의 연설 발췌문은 AP 통신Associated Pres(미국 연합 통신사)에 보도되었고, 미 전역의 신문과 업계지에 실렸다.

그는 효과적으로 말하는 법을 배운 지 2년 만에 자신의 회사와 자사 제품에 대한 홍보를 무료로 더 많이 받을 수 있었다. 지난날 직접 광고에 25만 달러를 썼을 때보다 이렇게 무료 홍보로 더 많이 노출할 수 있었다. 이 발표자는 예전에는 맨해튼의 중요한 기업체 간부들에게 전화 걸어서 점심 식사에 초대하는 것이 주저되었다고 인정했다. 하지만 그가 연설로 얻은 명성 덕분에 이제는 그 사람들이 그에게 전화를 걸어서 점심 식사 자리에 초대하며 그의 시간을 빼앗아서 미안하다고 얘기하는 상황이 되었다.

말하는 능력은 다른 사람들을 뛰어넘을 지름길이다. 말하는 능력을 갖춘 사람은 세상의 관심을 끌기 때문에 누구도 그를 뛰어넘을 수 없다. 자연히 말 잘하는 사람은 본인이 가진 실제 능력보다 훨씬 더 큰 인정을 받게 마련이다.

최근 성인 교육 운동이 미국 전역을 휩쓸고 있다. 이 운동에서 가장 극적인 힘을 발휘한 장본인은 바로 데일 카네기다. 그는 성인들의 이야기를 경청하고 평가했다. 감금된 상태로 다른 이의 이야기를 강제로 들어야 했던 그 어떤 사람보다도 다른 이들의 이야기를 많이 듣고 평가한 것이었다. 리플리Ripley가 그린 '믿거나 말거나Believe-It-or-Not'라는 만화에 따르면, 데일 카네기는 15만 건의 연설을 비평했다. 이 수치가 별거 아니라는 생각이 들 수도 있지만, 이는 콜럼버스가 미국을 발견한 날로부터 지금까지 거의 매일 한 건의 연설을 비평했다는 뜻이다. 다른 말로 하면 데일 카네기 앞에서 사람들이 딱 3분 동안만 연설했다고 치더라도, 데일 카네기는 10개월 동안 밤낮으로 이 정도 분량의 연설을 들었다는 의미다.

이처럼 뚜렷하게 대비되는 경력을 갖춘 데일 카네기의 인생은 독창적인 아이디어에 매달리고 열정을 불태울 때 한 인간이 어떤 것을 성취할 수 있는지 보여주는 표본이라고 할 수 있다.

그는 철길에서 10마일 정도 떨어진 미주리주의 한 농장에서 태어났다. 열두 살이 되어서야 난생처음 전차를 본 그가 마흔여섯 살이 되었을 때는 홍콩에서부터 함메르페스트Hammerfest(노르웨이 북서부 핀마르크주에 있는 도시)에 이르기까지 지구 구석구석을 훤히 꿰는 사람이 되었다. 한번은 리틀 아메리카Little America(미국의 남극 대륙 탐험 기지)에 본부를 둔 버드 제독Admiral Byrd이 남극에 근접한 것처럼 그도 북극에 근접한 적이 있는데 인접한 길이가 더 짧았다.

한때는 딸기를 재배하고 우엉(도꼬마리)을 잘라내서 시간당 5센트 벌이를 하던 미주리 청년이 훗날 대규모 기업의 중역들에게 큰돈을 받고 자기표현의 기술을 지도하는 위치에 이르렀다.

한때는 사우스다코타 서부에서 소 떼를 몰고 송아지에 낙인을 찍고 말을 타던 카우보이 청년이 훗날 런던에서 왕족의 후원을 받으며 공연하는 자리에 올랐다.

처음 대중 앞에서 연설을 시도했다가 여섯 차례 실패를 맛본 이 청년이 훗날 나의 퍼스널 매니저가 되었다. 내가 성공한 것은 대부분 데일 카네기의 지도 덕분이었다.

젊은 카네기는 교육받기 위해 무척이나 노력했다. 미주리주 북서쪽에 소재한 그의 오래된 농장이 플라잉 태클Flying Tackle(공을 가진 상대를 향해 자기 몸을 던지는 미식축구 기술)과 보디 슬램Body Slam(상대를 들어서 바닥에 매치는 레슬링 기술) 같은 공격에 시달리는 불운이 잇따랐기 때문이다. '102' 강이 범람하여 옥수수가 물에 잠기고 건초를 휩쓸어버리는 일들이 해마다 일어났다. 기름진 수퇘지가 병들거나 콜레라를 앓다가 죽고, 소와 노새 판매가 중단되고, 담보권을 행사하겠다고 은행이 협박하는 일들도 계절마다 일어났다.

몹시 낙담한 카네기 가족은 결국 농장을 팔아치운 다음 미주리주 워렌스버그의 주립교육대학 인근에 있는 다른 농장을 샀다. 학교 근처에서 하숙하며 숙식을 해결하려면 하루에 1달러를 내야 했지만 어린 카네기는 그 돈을 낼 여력이 없었다. 하는 수 없이 농장에서 지내며 매일 3마일 떨어진 학교까지 말을 타고 통학했다. 카네기는 집에서 소젖을 짜고 나무를 베고 돼지에게 먹이를 주고도 등유 불빛 아래서 눈이 침침해지고 졸음에 겨워 고개가 절로 끄덕여질 때까지 라틴어 동사를 공부했다.

그는 한밤중이 되어서야 잠자리에 들었지만, 새벽 3시에 깨도록 알람을 맞췄다. 그의 아버지가 혈통 좋은 듀록-저지종의 돼지를 키웠는데, 몹시 추운 날에는 새끼 돼지들이 얼어 죽을 위험이 있기 때문이었다. 그래서 새끼 돼지들을 바구니 안에 두고 마대로 덮어서 부엌 화로 뒤에 두었다. 이 새끼 돼지들은 태생적으로 새벽 3시에 따뜻한 음식을 먹어야 했다. 그래서 알람이 울리면 카네기는 이불 밖으로 기어 나와 새끼 돼지들을 담은 바구니를 어미 돼지에게 가져갔다. 그리고 젖을 다 먹일 때까지 기다린 다음 온기가 있는 부엌 화로 뒤로 데려갔다.

주립교육대학은 정원이 600명이었다. 데일 카네기는 도시에서 하숙 비용을 댈 여력이 없는 여섯 명 중 하나였다. 그는 말을 타고 농장으로 돌아가서 매일 저녁 소젖을 짜야만 하는 가난이 부끄러웠다. 또한 너무 꽉 끼는 코트와 아주 짧은 바지도 몹시 부끄러웠다. 그래서 열등감이 생겼는데 다른 사람을 뛰어넘을 수 있는 지름길을 곰곰이 생각했다. 그는 학교 안에 영향력과 특권을 즐기는 특정 그룹이 있다는 것을 알아냈다. 바로 미식축구 선수와 농구 선수, 토론이나 공개 연설 대회에서 이기는 청년들이었다.

그는 운동에는 재능이 없음을 알고 있었기에 공개 연설 대회에서 우승하기로 마음먹었다. 그래서 몇 달 동안 연설을 준비했다. 그는 말을 타고 학교와 집을 오가는 와중에 그 말 안장 위에서 연설 연습을 했다. 소젖을 짜고 헛간에서 건초더미에 올라갈 때도 연설 연습을 했다. 그의 엄청난 열정과 몸짓에 놀란 비둘기들에게도 그날의 문제에 대해 장황하게 떠들었다.

하지만 이렇게 열성적으로 준비했는데도 그는 계속 패배를 맛보았다. 당시 예민하고 자존심이 강한 열여덟 살 청년 카네기는 낙담했고, 너무 우울한 나머지 자살까지 생각했다. 그런데 갑자기 연설 대회에서 상대방을 이기기 시작하더니, 한 대회가 아니라 대학 내 모든 공개 연설 대회에서 승자가 되었다.

그러자 카네기에게 연설법을 좀 가르쳐달라고 애원하는 학생들이 생겼는데, 그렇게 그에게 연설법을 배운 학생들 또한 대회에서 이기게 되었다.

카네기는 대학을 졸업한 후 네브래스카주 서부와 와이오밍주 동부의 모래 언덕 사이에 있는 대규모 목장 주인들에게 통신 강좌 프로그램을 판매하는 일을 시작했다. 그는 엄청난 열정과 에너지를 쏟아부었지만, 성공적인 결과를 얻지 못했다. 대낮에 네브래스카주 앨리언스Alliance에 있는 호텔 방으로 돌아갈 만큼 몹시 낙담한 그는 침대에 대자로 누워 흐느꼈다. 그는 다시 대학으로 돌아가 냉혹한 생존 투쟁에서 벗어나길 바랐지만 그럴 수는 없었다.

결국 그는 오마하Omaha로 가서 다른 직업을 구하기로 마음먹었다. 그런데 열차표를 구할 돈이 없었다. 그는 야생말 두 마리에게 먹이와 물을 주는 조건으로 화물 열차를 타고 갔다. 오마하 남쪽에 내린 그는 아머 앤 컴퍼니Armour and Company에서 베이컨과 비누와 라드Lard(요리에 쓰는 돼지비계)를 판매하는 일자리를 얻었다. 그는 배드랜드Badlands(미국 서부의 불모지대)와 그곳의 암소 관리, 그리고 사우스다코타 서부의 인디언 지역까지 담당했다. 그는 화물 열차와 역마차, 말을 타고 담당 구역을 돌아다니며 모슬린 한 장으로 방과 방 사이를 구분하는 닭장 같은 호텔에서 잠자리를 해결했다.

그는 영업 관련 책을 공부하는 한편, 날뛰는 브롱코Broncho(야생마)를 타고 다니며 인디언들과 포커 게임을 하면서 돈 모으는 법을 배웠다. 예컨대 베이컨과 햄을 주문한 상점 주인이 현금을 낼 수 없으면 데일 카네기는 선반에서 구두 열두 켤레를 꺼내 열차 직원들에게 팔았고, 아모르 앤 컴퍼니에 영수증을 보내주었다.

그는 화물 열차를 타고 하루에 100마일을 다녔다. 화물 열차가 화물을 내릴 때면 바로 시 외곽으로 달려가서 상인 서너 명을 만난 다음 주문을 받았다. 열차가 호각 소리를 내면 그는 다시 거리를 질주하며 움직이는 열차에 거의 빛의 속도로 올라탔다.

회사에 들어간 지 채 2년도 되지 않았을 때, 그는 스물다섯 번째 자리에 있는 생산성이 떨어지는 구역을 맡았는데 오마하 남쪽까지 이어지는 29개의 자동차 도로 중 1위로 끌어올렸다. 아모르 앤 컴퍼니는 그에게 승진을 제안하며 말했다.

"자네는 불가능해 보이는 일을 해냈어."

하지만 그는 승진 제안을 거절한 후 사직서를 내고 뉴욕으로 가 미국 극예술 아카데미American Academy of Dramatic Arts에 진학해서 공부를 시작했다. 이후 전국을 돌며 폴리 오브 더 서커스Polly of the Circus(미국의 무성 영화)에서 하틀리 박사Dr. Hartley 역할을 했다.

하지만 그는 결코 배우 부스Booth나 베리모어Barrymore가 될 수 없었다. 그런 사실을 알아차릴 지각이 있었기에 다시 영업직으로 돌아가서 패커드 자동차 회사Packard Motor Car Company의 자동차와 트럭을 판매했다.

그런데 그는 기계에 대해 전혀 모르는 데다 아무 관심도 없었다. 너무나 불행했던 그는 매일 자신을 닦달하며 그 일을 해야 했다. 그는 공부할 시간이 그리웠고, 대학 시절에 정말 하고 싶었던 책 쓸 시간이 꼭 필요했다. 결국 영업직을 그만둔 그는 낮에는 글이나 소설을 쓰며 시간을 보내고 밤에는 야간 학교에서 학생들을 가르치며 생계를 이었다.

데일 카네기는 무엇을 가르쳤을까? 그는 자신의 대학 시절을 돌아보았을 때 다른 학우들에게 공개 연설에 대해 가르친 것이 큰 영향을 미쳤다고 평가했다. 그 덕분에 자신감이 커지고 용기가 생기고 품위를 길렀으며, 업무상 다른 사람들을 만나고 다루는 데도 도움 되었다. 대학에서 배운 다른 과정을 다 합쳐서 비교해봐도 훨씬 더 긍정적인 영향을 미쳤다. 그는 비즈니스맨들에게 공개 연설을 가르치는 강좌를 열어달라고 뉴욕의 YMCA 학교에 간청했다.

뭐라고? 비즈니스맨들을 연설가로 만들겠다고? 터무니없는 소리였다. 뉴욕의 YMCA 직원들은 그의 말이 터무니없다는 것을 알고 있었다. 이들은 예전에 이런 교육과정을 개설했지만 모두 실패로 돌아갔기 때문이다. 이들은 데일 카네기에게 하루에 2달러라는 임금을 거절했다. 그는 하는 수 없이 수수료를 기준으로 수강생을 가르치고 순이익의 일정 비율을 수입으로 가져가기로 동의했다. 가져갈 수입이 있다면 말이다. 그런데 교육과정을 개설한 지 3년이 되지 않았을 때, YMCA는 그 비율대로 해서 그에게 2달러 대신 일당 30달러를 수업료로 지불해야 했다.

데일 카네기의 교육 강좌는 계속 성장했다. 다른 도시의 YMCA도 그 소식을 듣게 되었다. 데일 카네기는 곧 뉴욕, 필라델피아, 볼티모어, 나중에는 런던과 파리를 순회하는 영광스러운 강사가 되었다. 그런데 그가 진행하는 교육 강좌에서 사용되는 모든 교재에는 문제가 있었다. 여러 지역에서 몰려든 사람들이 이용하기에는 너무 학문적이고 비현실적이었던 것이다. 그랬기에 그는 '성공 대화론Public Speaking and Influencing Men in Business'이라는 제목으로 교재를 직접 저술했다. 이 책은 모든 YMCA와 미국 은행가 협회American Bankers' Association 그리고 미국 신용조사원연합회National Credit Men's Association가 채택하는 교재가 되었다.

데일 카네기는, 사람들은 악에 받쳐야 말을 제대로 할 수 있다는 주장을 펼쳤다. 누군가가 동네에서 가장 무지한 남자의 턱을 내려쳐서 쓰러뜨린다면, 그 무지한 남자는 벌떡 일어나서 세계적으로 유명한 웅변가 윌리엄 제닝스 브라이언William Jennings Bryan의 전성기 시절과 겨뤄도 될 만큼 열정적으로 열변을 토할 것이라고 했다. 또한 어떤 사람이든 자신감이 있고 속에서 끓어오르는 아이디어만 있다면, 남들 앞에서 제법 만족스러운 연설을 할 수 있다고 주장했다.

그는 자신감을 개발하려면 두려워하는 일을 하고 장차 일어날 성공적인 경험을 기록해야 한다고 얘기했다. 그래서 그는 교육 강좌를 진행할 때마다 모든 수강생에게 강제로 이야기하게 했다. 이야기를 듣는 수강생들은 모두 한배를 탄 처지였기에 호의적인 반응을 보였다. 그 결과, 수강생들은 끊임없는 연습을 통해 용기와 자신감을 기르고 사적으로도 대화를 이어갈 만큼 열정이 생겼다.

누군가가 데일 카네기에게 이 시절에 대해 묻는다면 공개 연설법을 가르쳐서 생계를 유지한 것이 아니라고 얘기할 거다. 그에게 생계유지는 공개 연설 강좌를 한 덕분에 이루어진 부수적인 이득이었다. 그의 본업은 사람들이 두려움을 이겨내고 용기를 키우도록 돕는 것이었다.

그는 원래 공개 연설 강좌를 딱 하나만 개설할 수 있었다. 그런데 수강생으로 참석한 비즈니스맨 중 대다수는 30년 동안 교실 안을 본 적도 없었다. 수강생 대부분은 할부로 수강료를 냈는데, 돈을 낸 만큼 결과를 원했다. 그것도 다음 날 업무상 필요한 인터뷰나 여러 사람 앞에서 발표할 때 쓸 수 있을 만큼 신속한 결과를 원했다.

그는 어쩔 수 없이 아주 신속하고 실용적인 능력을 갖출 수밖에 없었다. 결과적으로 아주 독특한 훈련 체계를 개발할 수 있었다. 공개 연설과 판매술 그리고 인간관계와 응용심리학을 멋지게 조합한 훈련 체계였다.

고정불변의 규칙은 없다고 생각한 그는 진짜 실감이 날뿐더러 두 배 더 재미있는 교육 강좌를 개발했다.

교육 강좌가 끝났을 때, 수강생들은 자발적으로 모임을 만들어서 이후 몇 년 동안 격주로 계속 만났다. 필라델피아의 한 그룹은 인원이 19명이었는데 17년간 겨울마다 한 달에 두 번씩 만났다. 데일 카네기의 수업에 참석하기 위해 50마일, 아니 100마일을 여행하는 수강생도 많았다. 시카고에서 뉴욕까지 매주 통학하는 수강생도 있었다. 하버드대학교의 윌리엄 제임스William James 교수는, 평범한 사람은 자신의 지적 능력을 고작 10퍼센트만 개발한다고 얘기한 적이 있다. 그런 의미에서 비즈니스맨들의 지적 능력을 개발하는 데 도움을 준 데일 카네기는 성인 교육 분야에서 가장 의미 있는 진전을 이룬 셈이다.

1936년, 로웰 토머스Lowell Thomas

어떻게 집필했고, 왜 이 책을 냈는가?

20세기 초반(1900~1935년) 미국에서 분야가 다른 책이 20만 권 넘게 출간되었다. 대부분은 지독히 따분했는데, 수익을 올리지 못한 책도 꽤 많았다. 꽤 많다니? 세계적으로 규모가 아주 큰 출판사 중 한 곳의 대표가 내게 이런 이야기를 한 적이 있다. "75년 동안 책을 냈는데 여덟 권을 출간하면 일곱 권 손해를 본다"는 고백이었다.

그렇다면 무슨 이유로 나는 이 와중에 책 한 권을 더 출간하는 배짱을 부렸을까? 그리고 내가 쓴 책을 독자 여러분이 굳이 읽어야 하는 이유는 무엇일까?

둘 다 적절한 질문이다. 다음은 이 질문에 대한 답변이다.

나는 1912년부터 뉴욕의 비즈니스맨들과 전문직 종사자들을 대상으로 수업을 진행했다. 처음에는 성인 대상의 공개 연설 강좌만 진행했다. 실제 경험을 바탕으로 비즈니스 인터뷰나 여러 사람 앞에서 본인의 생각을 좀 더 명료하고 효과적이며 품위 있게 표현할 수 있도록 훈련할 목적으로 고안된 교육과정이었다.

그런데 나는 시간이 지나면서 성인 수강생들에게 효과적인 말하기 훈련만큼 꼭 필요한 것이 있음을 깨달았다. 바로 일상적인 업무나 친목을 다질 때 다른 사람들과 잘 어울리는 기술을 가르치는 훈련이었다.

또한 나 자신에게도 그런 훈련이 꼭 필요하다는 사실을 점차 깨달았다. 지난 세월을 돌이켜보며 나 역시 그런 훈련에 필요한 능력과 이해가 얼마나 부족한지 깨달았는데, 소름이 끼칠 지경이었다. 20년 전에 이 책과 비슷한 책을 갖고 있었더라면 얼마나 좋았을까? 그랬다면 값을 매길 수 없을 만큼 귀중한 책이 되었을 것이다.

다른 사람을 상대하는 일은 독자 여러분이 직면한 가장 큰 문제일 것이다. 특히 사업을 하고 있다면 더욱 그럴 것이다. 물론 여러분이 가정주부이거나 건축가 혹은 엔지니어라도 똑같이 해당되는 일이다. 몇 년 전, 카네기재단carnegie Foundation에서 교사 발전Advancement of Teaching 프로그램을 후원하는 가운데 정말 중요하고 의미 있는 사실을 발견했다. 나중에 카네기공과대학Carnegie Institute of Technology에서 추가로 한 연구 덕분에 이것이 확실한 사실로 확인되었다. 바로 엔지니어링 같은 기술 분야에서도 엔지니어가 돈을 많이 벌려면 사람들을 이끄는 능력을 갖춰야 한다는 것이다. 실제로 수입을 올리는 데 필요한 능력으로 기술적 지식이 차지하는 부분은 단 15퍼센트에 불과했다. 그 나머지 85퍼센트는 엔지니어의 성격과 사람들을 이끄는 능력이 차지했다.

나는 오랫동안 필라델피아의 엔지니어 클럽과 미국 전기 기사 협회의 뉴욕 지부에서 교육 강좌를 실시했다. 총 1,500명 이상의 엔지니어가 내 수업을 들었다. 이들은 오랫동안 관찰하고 경험한 결과 공학 지식이 많은 엔지니어가 가장 높은 연봉을 받는 것은 아님을 깨닫고 나를 찾아왔다. 예컨대 평균적인 임금만 주면 공학과 회계, 건축 혹은 다른 분야의 전문직 종사자들을 고용할 수 있다. 하지만 기술적 지식은 물론 본인의 아이디어를 잘 표현할뿐더러 리더십을 발휘하고 사람들 간에 열정을 일으킬 능력까지 갖춘 사람이라면 더 많은 돈을 벌게 될 것이다.

존 D. 록펠러John D. Rockefeller는 전성기에 말했다.

"사람을 잘 상대하는 능력은 설탕이나 커피 같은 상품처럼 구매가 가능한 것이다. 그리고 나는 세상의 어떤 것보다 이런 능력에 더 많은 돈을 지불할 것이다."

사람들은 미국의 모든 대학이 세상의 어떤 것보다 값비싼 이 능력을 개발하기 위한 교육 강좌를 개설했다고 생각할지 모른다. 하지만 이 글을 쓰고 있는 지금까지 미국의 그 어떤 대학이든 성인들을 대상으로 이런 종류의 실용적이고 상식적인 교육 과정을 단 하나라도 개설했다는 이야기를 들어본 적이 없다.

시카고대학교와 YMCA 연합 학교에서 성인들이 배우고 싶은 게 무엇인지 알아내고자 여론조사를 한 적이 있다.

이 여론조사를 진행하는 데 25,000달러와 2년이 소요되었다. 마지막으로 여론조사를 진행한 곳은 코네티컷주의 메리든Meriden이었다. 메리든이 채택된 이유는 이곳이 가장 전형적인 미국의 도시이기 때문이다. 조사원들은 메리든의 모든 성인을 인터뷰하고 156가지 질문을 던졌다. '운영하는 사업체나 직업은 무엇인가요? 교육은 어디까지 받았나요? 여가를 어떻게 보내나요? 수입은 얼마인가요? 취미는 무엇인가요? 포부는 무엇인가요? 어떤 문제를 갖고 있나요? 가장 흥미 있게 공부하고 싶은 주제는 무엇인가요?' 등등의 질문이었다. 여론조사 결과 성인의 가장 주된 관심사는 건강이었고 두 번째 관심사는 사람들이었다. 즉 '어떻게 하면 내가 다른 사람들을 이해하고 사이좋게 지낼 수 있을까?', '어떻게 하면 다른 사람들이 나를 좋아할까?', '어떻게 하면 다른 사람들이 내 생각을 따르를까?' 등에 관심이 있었다.

이에 여론조사를 진행한 위원회는 메리든의 성인들이 원하는 교육 강좌를 개설하겠다고 결정했다. 위원회는 이를 위해 교육 강좌에 맞는 실용적인 교재를 열심히 찾았지만, 단 한 권도 찾지 못했다. 결국 위원회는 세계에서 가장 뛰어난 성인 교육 전문가 중 한 명을 찾아가서 이런 사람들에게 맞는 책을 알고 있는지 물었다. 성인 교육 전문가는 이렇게 대답했다.

"아니요. 인간관계에 관심 있는 성인들이 원하는 것이 무엇인지는 알고 있습니다. 하지만 그 성인들이 원하는 책은 아직 나오지 않았습니다."

나는 경험을 통해 이 말이 사실임을 알고 있다. 나 자신도 인간관계와 관련된 실용적이고 효과적인 안내서를 수년 동안 찾았기 때문이다. 나는 이런 책이 없기에 내 교육 강좌에 직접 사용할 목적으로 이 책을 쓰려고 노력했고, 드디어 책이 나왔다. 여러분 마음에 들길 바란다.

나는 이 책을 준비하면서 책의 주제와 관련된 것은 모두 읽었다. 신문 사설부터 잡지 기사, 가정법원의 기록, 옛 철학자들과 당대 심리학자들의 글까지 조목조목 읽었다. 그리고 내가 여러 도서관에서 읽다가 놓친 것이 있는지 확인하기 위해 숙련된 연구원을 1년 반 동안 고용하기도 했다. 우리는 심리학과 관련된 학술 서적을 한 줄 한 줄 읽고, 수백 권의 잡지 기사를 자세히 조사하고, 수많은 전기를 탐색하고, 모든 시대의 위대한 지도자들이 사람들을 어떻게 상대했는지 알아내고자 애썼다. 우리는 줄리어스 시저Julius Caesar부터 토머스 에디슨Thomas Edison에 이르기까지 위대한 모든 지도자의 일대기를 읽었다. 나는 우리가 시어도어 루스벨트Theodore Roosevelt에 대한 전기만으로 100권을 넘게 읽은 기억이 떠오른다. 우리는 어떤 사람이 사용했든 모든 시대에 걸쳐 친구를 사귀고 사람들의 마음을 사로잡은 실용적인 아이디어를 모두 찾기 위해 시간과 비용을 아끼지 않았다.

또한 나는 성공한 사람들을 사적으로 만나서 인터뷰했다. 마르코니Marconi와 에디슨 같은 세계적으로 유명한 발명가와 프랭클린 D. 루스벨트Franklin D. Roosevelt와 제임스 팔리James Farley 같은 정치 지도자, 오언 D. 영Owen D. Young 같은 비즈니스 리더, 클라크 게이블Clark Gable과 메리 픽포드Mary Pickford 같은 영화배우, 마틴 존슨Martin Johnson 같은 탐험가들이 있었다. 나는 인터뷰를 진행하며 이들이 인간관계를 하는 데 터득한 기술을 찾아보려고 노력했다.

나는 이 모든 자료를 통해 짤막한 이야기 하나를 준비했다. 그 이야기를 '친구를 사귀고 사람들의 마음을 사로잡는 법'이라고 불렀다. 앞서 '짤막한'이라는 단어를 썼는데 처음에는 짤막했던 이야기가 곧 한 시간 반이 걸리는 강의로 확대되었다. 나는 몇 년 동안 뉴욕의 카네기 연구소에서 성인들을 대상으로 계절마다 열리는 교육 강좌에 이 이야기를 활용했다.

나는 수강생들에게 이 이야기를 들려주며 강의실 밖으로 나가 업무상 미팅하거나 친목을 도모하는 사람들에게 이를 시험해보라고 했다. 그리고 다시 강의실로 돌아와서 수강생들이 경험한 것과 성취한 결과를 말해보라고 강력히 권했다. 정말 흥미로운 숙제였다. 자기계발에 목마른 수강생들은 새로운 종류의 실험실에서 일한다는 생각에 매료되었다. 유일하게 성인을 대상으로 하는 최초의 인간관계 실험실 말이다.

이 책은 다른 일반적인 책처럼 저술되지 않았다. 이 책은 아이가 성장하는 것처럼 성장했다. 새로운 실험실을 통해, 성인 수천 명의 경험을 통해 성장하고 발전했다.

몇 년 전 우리는 여러 개의 규칙을 인쇄한 엽서 크기의 카드 한 장으로 교육 강좌를 시작했다. 다음 시즌에는 좀 더 큰 카드를 인쇄했고 그다음에는 전단지, 또 그다음에는 소책자 몇 권을 인쇄했는데 분기마다 규모와 범위가 커졌다. 15년간 연구와 실험을 진행한 후에 이 책이 나왔다.

우리가 정한 규칙은 단순한 이론이나 짐작이 아니다. 이 규칙은 마법처럼 효과가 있다. 믿기지 않을 수도 있지만, 나는 이 원리들을 응용한 많은 사람의 인생이 확 달라지는 것을 확실히 봐왔다.

예를 들겠다. 내 교육 강좌를 들은 수강생 중 수하에 직원 314명을 둔 고용주가 있었다. 이 고용주는 몇 년 동안 정말 가혹하게 직원들을 몰아붙이고 비난하고 경멸했다. 친절과 인정, 격려의 말은 그의 입에서 나올 수 없는 단어였다. 그는 이 책 속의 원칙들을 공부하면서 본인의 인생철학을 몽땅 바꿔버렸다. 이제 그의 회사는 새로운 충성심과 새로운 열정과 새로운 팀워크로 가득해졌다. 314명의 적이 314명의 친구로 바뀌었다. 고용주는 수업 시간에 수강생들 앞에서 자랑스럽게 말했다.

"예전에 내가 사내를 돌아다닐 때는 인사를 하는 사람이 아무도 없었습니다. 우리 직원들은 내가 다가오는 걸 보면 다른 쪽으로 눈길을 돌렸어요. 그런데 지금은 그 직원들이 모두 친구가 되었어요. 수위도 나를 보면 이름을 부를 정도가 되었으니까요."

이 고용주는 이윤이 더 늘고, 여가도 더 즐기게 되었다. 그리고 무엇보다 중요한 건 그가 직장과 가정에서 훨씬 행복해졌다는 사실이다.

이런 원칙들을 활용하면서 급격한 매출 상승을 이룬 영업사원은 수없이 많았다. 전에는 애원해도 헛수고로 돌아갔던 거래가 새로 개설되는 경우도 많아졌다. 경영진은 권위가 올라가고 임금도 높아졌다. 어떤 중역은 이런 원칙들을 적용한 덕분에 임금이 많이 올랐다는 이야기도 했다. 필라델피아 가스 웍스 컴퍼니Philadelphia Gas Works Company의 한 중역은 공격적인 데다가 직원들을 능숙하게 이끄는 능력이 부족하다는 이유로 예순다섯 살에 강등될 예정이었다. 그런데 이런 훈련을 받은 덕분에 강등 위기에서 벗어났을뿐더러 승진과 더불어 급여까지 올라갔다.

그뿐만이 아니다. 교육 강좌가 끝날 때 열리는 연회에 참석한 수강생들의 배우자들이 내게 다가와 남편 혹은 아내가 이 훈련 과정을 수료한 후로 가정이 훨씬 행복해졌다는 이야기를 정말 많이 전해주었다.

사람들은 자신이 이뤄낸 새로운 결과에 몹시 놀라게 마련이다. 정말 마법처럼 느껴지기 때문이다. 열정이 넘쳐서 일요일인데도 집에 있는 내게 전화를 거는 수강생도 있었다. 자신의 성취를 전하기 위해 정해진 수업 시간까지 남은 48시간을 기다릴 수 없었던 모양이다.

이런 원칙들과 관련된 이야기를 듣고 너무 놀란 나머지 다른 수강생들과 함께 이에 대해 밤늦게까지 토론한 남자도 있었다. 새벽 3시가 되자 다른 수강생들은 모두 집으로 갔다. 하지만 이 남자는 자신이 이전에 저지른 실수를 깨닫고 깜짝 놀란 데다 본인 앞에 새롭고 더 풍부한 세상이 열렸다는 전망에 무척 감동해서 잠을 잘 수 없었다. 그는 그날 밤, 아니 다음 날 밤과 그다음 날 밤에도 잠을 이룰 수 없었다.

그는 누구일까? 새로운 이론을 접하면 그게 무엇이든 바로 달려들어서 신나게 떠드는 정식 교육을 받지 못한 순진무구한 남자일까? 아니, 전혀 아니다. 지적 수준이 높은 노련한 아트딜러인 그는 3개 국어를 유창하게 구사하고 유럽의 대학을 두 군데나 졸업한 무척 사교적인 남자였다.

나는 이 장을 쓰는 동안 독일의 유서 깊은 집안 사람이 보낸 편지 한 통을 받았다. 군대 장교로서 몇 세대 동안 호엔촐레른가Hohenzollerns(1871년부터 1918년까지 독일을 통치한 왕가)를 섬긴 귀족 가문의 후예가 보낸 편지였다. 대서양을 횡단하는 여객선을 타며 쓴 편지에는 이런 원칙들을 적용한 이야기가 들어 있었는데 종교적 열정이 가득했다.

또 다른 사례로 하버드대학교를 졸업한 나이 든 뉴욕 사람이 있었다. 커다란 카펫 공장을 소유한 이 부자 남자는 내가 진행한 교육 강좌를 통해 사람의 마음을 사로잡는 기술을 14주 동안 배웠다. 그는 대학에서 같은 주제를 배운 4년보다 나에게 훈련받은 14주 동안 훨씬 많은 것을 배웠다고 했다. 터무니없는 소리일까? 말도 안 되는 소리일까? 꿈같은 얘기일까? 물론 여러분은 어떤 말을 해서라도 이 말을 무시할 권리가 있다. 나는 단지 아무런 견해도 밝히지 않으며 사실만 전할 뿐이다. 1933년 2월 23일, 대단히 성공한 보수적인 하버드대학교 졸업생이 뉴욕의 예일 클럽에 모인 600명 앞에서 공개 연설한 내용을 그대로 전한 것이다.

하버드대학교의 유명 교수 윌리엄 제임스는 말했다.

"현재 우리는 마땅히 성취해야 하는 것에 비해 딱 반만 깨어 있는 상태입니다. 우리는 자신이 가진 육체적, 정신적 자원을 극히 일부만 사용하고 있습니다. 일반화하여 얘기하자면 인간 개개인은 자신의 한계에 훨씬 미치지 못하는 삶을 살고 있습니다. 인간은 다양한 능력을 소유하고 있지만 활용하는 습관을 갖지 못한 것입니다."

여러분이 '습관적으로 사용하지 않는' 능력을 말한 것이다! 이렇게 사용하지 않는 잠재된 자산을 발견하고 개발해서 많은 이익을 얻도록 도움을 주는 것이 이 책의 유일한 목적이다.

프린스턴대학교의 전前 총장 존 히븐 박사Dr. John G. Hibben는 말했다.

"교육이란 인생의 문제를 처리하는 능력이다."

여러분이 이 책을 3장까지 읽었는데도 인생 문제를 해결할 능력이 조금이라도 좋아지지 않았다면, 나는 이 책이 여러분의 걱정대로 완전히 실패한 책이라고 여기게 될 것이다. "교육의 가장 큰 목표는 지식이 아니라 행동이다"라고 허버트 스펜서Herbert Spencer가 얘기했기 때문이다.

이 책은 행동하기 위한 책이다.

1936년, 데일 카네기

1

이 책을 가장 잘 활용하고 싶다면 꼭 지켜야 할 조건이 하나 있다. 그 어떤 규칙이나 기술보다 훨씬 중요하고 본질적인 조건이다. 여러분이 가장 기본적인 이 요구 조건을 지키지 않는다면 공부해야 할 1,000가지 규칙도 아무 소용이 없을 것이다. 그리고 이렇게 가장 중요한 자질을 갖추었다면 굳이 이 책에 제시한 제안을 전혀 읽지 않더라도 엄청난 일을 성취할 수 있다.

그렇다면 이렇게 마법을 발휘할 것만 같은 특별한 요구 조건은 무엇인가? 바로 배우려는 깊고 강렬한 욕망과 사람을 상대하는 능력을 꼭 키우고 싶다는 굳은 결단이 필요하다.

이렇게 큰 욕구는 어떻게 키울 수 있을까? 책에 실린 원칙이 자신에게 얼마나 중요한지 계속 되새겨야 한다. 이 원칙을 정복하면 더 부유하고 더 풍성하고 더 행복하고 더 충만한 인생을 사는 데 얼마나 도움이 될지 머릿속으로 그려야 한다. 자신한테 계속 이렇게 말해야 한다. "내가 누릴 명성과 행복과 자존감은 사람들을 상대하는 기술에 달렸어"라고.

2

처음에는 각 장을 아주 빠른 속도로 읽어야 한다. 높은 곳에서 아래를 내려다보는 새처럼 전체를 조감하는 능력을 키워야 한다. 분명 다음 장으로 바로 넘어가고 싶은 마음이 아주 커질 것이다. 하지만 순전히 재미 삼아 이 책을 읽는 것이 아니라면 꼭 참아야 한다. 인간관계 능력을 키우고 싶어서 이 책을 읽는 것이라면 조감하듯 읽고 나서 다시 꼼꼼히 읽어야 한다. 결국 이렇게 해야 시간을 절약하고 좋은 결과를 얻을 수 있다.

3

책을 읽는 중간에 잠시 멈춰서 그 부분을 곰곰이 생각해야 한다. 그리고 각각의 제안을 언제 어떻게 활용할 수 있을지 스스로 물어야 한다.

4

색연필과 연필, 펜, 매직펜, 형광펜을 들고 책을 읽어야 한다. 쓸 수 있을 것 같은 제안이 눈에 띄면 밑줄을 그어야 한다. 별 4개짜리 제안이라면 문장 전체에 밑줄을 긋거나 형광펜으로 색을 칠하거나 별을 4개 표시해야 한다. 책에 표시하거나 밑줄을 그으면 더 재미나게 읽을 수 있고, 다시 볼 때도 훨씬 쉽고 빨라진다.

5

내 지인 중 15년 동안 대규모 보험 회사에서 관리자로 일한 여성이 있다. 이 여성은 회사가 발표하는 보험 계약사를 매달 모두 읽었다. 맞다. 여성은 매달 같은 계약서를 해마다 모두 읽었다. 왜 그랬을까? 여성은 그렇게 해야만 계약서의 조항을 아주 정확하게 기억할 수 있음을 경험으로 알았기 때문이다.

나는 예전에 공개 연설을 주제로 2년간 책 한 권을 쓴 적이 있다. 그런데 내가 쓰는 책에 무슨 내용을 썼는지 기억하기 위해 때때로 다시 앞으로 돌아가야만 했다. 우리의 기억력이 얼마나 짧은지 정말 놀라울 정도다.

그러니까 이 책에서 실질적으로 오래가는 이득을 얻고 싶다면 한 번 훑어보기만 해도 충분할 것이라는 생각은 버려야 한다. 이 책을 꼼꼼하게 읽은 후에는 매달 몇 시간씩 시간을 내서 다시 읽어야 한다. 매일 책상 위에 이 책을 놔둬야 한다. 그리고 이 책을 자주 훑어야 한다. 머지않아 개선될 가능성이 무척 크다는 점을 끊임없이 스스로 납득해야 한다. 이들 원칙은 계속 열심히 검토하고 적용해야만 습관이 될 수 있다는 사실을 명심해야 한다. 다른 방법은 없다.

6

버나드 쇼Bernard Shaw는 말했다.

"누군가에게 어떤 것을 가르쳐도 그 사람은 결코 알지 못할 것이다."

쇼의 말이 옳다. 배움은 적극적인 과정이다. 우리는 실천을 통해 배운다. 그러므로 이 책에서 배운 원칙을 정복하고 싶다면 원칙과 관련된 것을 직접 실천해야 한다. 기회가 있을 때마다 책 속의 원칙을 적용해야 한다. 실천하지 않으면 원칙은 곧 잊어버릴 것이다. 지식은 활용되었을 때만 머릿속에 남는 법이다.

여러분은 책 속의 원칙을 늘 적용하기는 어렵다는 걸 알게 될 것이다. 이 책의 저자로서 나도 내가 권한 모든 것을 적용하기 어려울 때가 빈번하다는 사실을 잘 알고 있다. 예컨대 기분이 상했을 때는 상대방의 관점으로 상황을 이해하려 노력하기보다는 비판하고 비난하는 것이 훨씬 쉬운 법이다. 칭찬할 거리를 찾기보다는 비난할 거리를 찾는 편이 훨씬 쉬울 것이다. 상대방이 원하는 것에 대해 말하기보다는 본인이 원하는 것에 대해 말하는 게 훨씬 자연스럽다. 그러니까 여러분은 이 책을 읽으면서 애써 정보만 얻으려고 하지 말아야 한다. 반드시 명심해야 한다. 여러분은 이제 새로운 습관을 만들고 있다. 맞다. 여러분은 새로운 생활 방식을 시도하고 있다. 여기에는 시간과 인내심이 필요하고 매일 적용해야만 얻을 수 있다.

따라서 이 책을 자주 찾아봐야 한다. 이 책을 인간관계에 대한 효과적인 안내서로 여겨야 한다. 예컨대 자식을 다루고, 내 생각대로 배우자를 설득하고, 짜증 내는 고객을 만족시키는 등의 특정 문제에 부딪힐 때마다 당연하고 충동적인 행동을 주저해야 한다. 그런 식의 행동은 대개 옳지 않기 때문이다. 그 대신 이 책에 실린 새로운 방식을 시도하고 그 방식이 여러분에게 마법처럼 작용하는 것을 바라봐야 한다.

7

여러분이 이 책에 실린 어떤 원칙을 어기는 것을 배우자나 자식 혹은 직장 동료가 볼 때마다 10센트나 1달러를 주어라. 이들 원칙을 완전히 익히기 위해 재미있는 게임을 해보는 것이다.

8

내가 수업을 시작하기 전에 월스트리트의 한 대형 은행 대표가 자기계발을 위해 자신이 활용한 정말 효과적인 시스템을 얘기한 적이 있다. 이 남자는 정규 교육을 거의 받지 못했는데, 미국에서 가장 중요한 금융인이 되었다. 그는 자신이 직접 만든 시스템을 끊임없이 적용한 덕분에 성공한 것이라고 고백했다. 다음은 그가 실천한 것이다. 내가 기억하는 대로 그의 말을 그대로 옮겼다.

저는 오랫동안 그날의 약속을 모두 기록한 약속 공책을 간직하고 있습니다. 우리 가족은 토요일 저녁에는 저와 아무 계획도 잡지 않았습니다. 제가 매주 토요일 저녁마다 스스로 반성하고 지나간 일을 되새기고 저를 평가하는 과정에 전념한다는 것을 알고 있기 때문이었죠. 저녁 식사를 한 후에는 약속 공책을 펼치고 주중에 일어났던 모든 인터뷰와 논의와 회의를 곰곰이 생각하기 위해 혼자만의 시간을 갖습니다. 그리고 스스로 이런 질문을 던집니다.

'그때 어떤 실수를 한 거지?'

'내가 한 일이 옳았을까? 어떻게 하면 실적을 개선할 수 있을까?'

'그런 일을 겪으며 나는 무엇을 배웠을까?'

주말마다 스스로 반성하다 보니 기분이 나쁠 때가 많았죠. 제가 저지른 실수 때문에 깜짝 놀랄 때도 많았어요. 물론 해가 갈수록 이런 실수를 저지르는 횟수가 확 줄어들었죠. 이런 과정을 치른 후에는 제 등을 토닥이고 싶은 마음이 들 때가 있었습니다. 저는 스스로 분석하고 교육하는 시스템을 매년 계속 진행했습니다. 이 시스템은 제가 시도했던 그 어떤 것보다 제게 큰 도움이 되었습니다.

이 시스템은 의사결정 능력을 개선하는 데 도움 되었을 뿐만 아니라 다른 사람들과 소통하는 데도 크나큰 도움이 되었습니다. 저는 이 시스템을 꼭 추천하고 싶습니다.

이와 비슷한 시스템으로 이 책 속에 논의된 원칙을 적용해보면 어떨까? 여러분이 그렇게 해본다면 두 가지 결과를 얻게 될 것이다.

첫째, 여러분 스스로 재미도 있고 귀중한 교육과정에 참여하게 될 것이다.

둘째, 다른 사람들을 만나고 상대하는 능력이 크게 향상될 것이다.

9

이 책을 마지막까지 읽으면 여백으로 남아 있는 페이지를 몇 장 보게 될 것이다. 책 속에 실린 원칙들을 적용하면서 맛본 승리를 여백에 기록해야 한다. 이름과 날짜와 결과까지 구체적으로 적어야 한다. 이렇게 계속 기록하면 더 많이 노력해야겠다는 생각이 들 것이다. 몇 년이 지난 어느 날 저녁 이렇게 적어놓은 글을 우연히 본다면 얼마나 근사할까!

이 책을 효과적으로 활용하는 데 지켜야 할 것으로, 다음과 같은 제안을 한다.

1. 인간관계와 관련된 원칙을 익히고 싶다는 깊고 강한 욕망을 키워라.
2. 각 장을 두 번 읽은 후에 다음 장으로 넘어가라.
3. 책을 읽는 도중에 읽는 것을 자주 중단하고 각각의 제안을 어떻게 적용할 것인지 스스로 물어보라.
4. 중요한 아이디어마다 밑줄을 그어라.
5. 이 책을 매달 다시 읽으며 복습하라.
6. 기회가 있을 때마다 책 속의 원칙을 적용하라. 이 책을 일상의 문제를

해결하는 데 도움 될 만한 효과적인 안내서로 활용하라.

7. 책 속의 원칙을 어길 때마다 알아채는 친구에게 10센트나 1달러를 주며 학습을 재미있는 게임으로 바꿔라.
8. 매주 얼마나 발전했는지 확인하라. 어떤 실수를 저질렀는지, 얼마나 발전했는지, 미래를 대비하기 위해 어떤 교훈을 배웠는지 스스로 물어보라.
9. 언제 그리고 어떻게 책 속의 원칙을 적용했는지 이 책의 뒷장에 계속 기록하라.

• 차례 •

1부

사람들을 상대하는 가장 기본적인 기술

1장

꿀을 모으고 싶다면 벌집을 걷어차지 마라

1931년 5월 7일은 뉴욕시 역사상 가장 놀라운 범인 수색 작전이 절정으로 치닫던 날이었다. 경찰은 '쌍권총 크롤리Two Gun Crowley'라고 불리던 살인자를 수색하고 있었다. 몇 주간의 수색 끝에 담배는커녕 술도 마시지 않는 살인자는 웨스트 앤 애비뉴West End Avenue에 있는 애인의 아파트에 갇힌 채 오지도 가지도 못하는 신세가 되고 말았다.

경찰과 형사 150명이 꼭대기 층에 숨은 살인자를 포위하고 있었다. 경찰, 형사 들은 '경찰 살해범' 크롤리를 끌어내기 위해 지붕에 구멍 몇 개를 뚫고 최루 가스탄을 집어넣었다. 그리고 주변 건물에 기관총을 설치했다. 뉴욕의 고급 주택가 주변에 탕탕 발사되는 권총 소리와 따다닥 발사되는 기관총 소리가 한 시간 반 동안 떠나갈 듯 울려 퍼졌다. 푹신한 의자에 쭈그리고 앉아 있던 크롤리는 경찰을 향해 총을 난사했다. 흥분한 10,000여 명이 이들의 총격전을 지켜보고 있었다. 뉴욕 거리에서 이런 일이 일어난 건 난생처음이었다.

크롤리를 체포한 후, 경찰국장 E. P. 멀루니E. P. Mulrooney는 쌍권총 악당이 뉴욕 역사상 가장 흉악한 범죄자 중 한 명이라고 선언했다. 그는 이렇게 덧붙였다.

"그자는 정말 사소한 일로도 살인을 저지를 겁니다."

그렇다면 '쌍권총' 크롤리는 본인을 어떻게 생각했을까? 이 답은 쉽게 알 수 있다. 경찰이 크롤리의 아파트에 총을 쏘고 있을 때, 크롤리가 '관련된 분에게'로 시작하는 편지 한 통을 쓰고 있었기 때문이다. 크롤리가 편지를 쓰는 동안 상처에서 흘러내린 피 때문에 편지지에 붉은 흔적이 남아버렸다. 크롤리는 편지에 이런 해명을 남겼다.

'이 코트 속에는 몹시 지친 심장이 있습니다. 하지만 마음만은 따뜻합니다. 그 누구도 해칠 의도가 없었습니다.'

이 사건이 일어나기 얼마 전에 크롤리는 롱아일랜드의 시골길에 자동차를 세워놓고 여자 친구를 애무하고 있었다. 그런데 갑자기 경찰관 한 명이 차로 다가오더니 이런 말을 했다.

"면허증 좀 보여주세요."

크롤리는 말 한마디도 없이 총을 꺼내더니 그 경찰관이 쓰러질 때까지 총알을 퍼부었다. 죽어가던 경찰관이 쓰러지자, 차 밖으로 나온 크롤리가 경찰관의 리볼버Revolver(회전식 연발 권총)를 낚아채더니 엎어진 경찰관에게 한 발 더 발사했다. 이런 살인자가 바로 이러한 말을 남긴 것이다!

'이 코트 속에는 몹시 지친 심장이 있습니다. 하지만 마음만은 따뜻합니다. 그 누구도 해칠 마음이 없었습니다.'

크롤리는 전기의자형을 선고받았다. 그는 싱싱 교도소의 사형장에 이르렀을 때 이런 말을 남겼을까? "내가 사람을 죽인 대가가 이런 것일까?"라고? 아니다. 그는 이렇게 말했다.

"나 자신을 지키려고 했을 뿐인데 이렇게 되었군."

'쌍권총' 크롤리는 그 어떤 일에도 자신을 탓하지 않았다. 이 이야기의 요점은 바로 이것이다.

크롤리의 태도가 다른 범죄자들과 확실히 다른 것일까? 혹시 그렇게 생각한다면 다음 이야기를 귀담아들어야 한다.

"나는 잘나가던 시절 다른 사람들을 기쁘게 하는 데 모든 것을 바쳤죠, 그들이 재미를 보게 도와주었습니다. 그런 내게 돌아온 건 입에 담지 못할 욕설과 평생 쫓기는 신세가 되어버린 낙인뿐이었죠."

알 카포네Al Capone는 정말 이렇게 말했다. 미국에서 가장 악명 높은 공공의 적이자 시카고 역사상 가장 사악한 범죄자인 알 카포네는 결코 자신을 탓하지 않았다. 사실 그는 자신을 공공의 은인으로 생각했다. 인정받지 못한 데다가 오해만 받은 공공의 은인 말이다.

뉴욕에서 가장 악명 높고 비열한 범죄자 더치 슐츠Dutch Schultz도 다르지 않았다. 슐츠는 뉴어크Newark에서 다른 폭력배들의 총알 세례를 받으며 쓰러지기 전 어떤 신문과의 인터뷰에서 자신을 공공의 은인이라고 얘기했다. 정말 그는 자신이 그런 사람이라고 믿고 있었다.

나는 뉴욕의 악명 높은 싱싱 교도소의 교도소장 루이스 E. 로스Lewis E. Lawes와 이런 일을 주제로 흥미로운 편지를 주고받은 적이 있다. 교도소장 로스는 이런 주장을 펼쳤다.

'싱싱 교도소의 범죄자 가운데 자신을 나쁜 놈이라고 여기는 사람은 거의 없습니다. 그 사람들도 그저 당신이나 나와 같은 인간일 뿐이죠. 그자들은 자신을 합리화하면서 변명을 늘어놓습니다. 합리적이든, 오류투성이거나 논리적이든 어떤 방식의 주장을 펼쳐서라도 자신이 저지른 반사회적 행동에 정당성을 부여하려고 합니다. 대부분 그렇습니다. 심지어 스스로 납득하려고 그러는 것도 있어요. 결국은 자신들이 수감되지 말았어야 한다고 딱 잡아떼는 것이죠.'

알 카포네와 '쌍권총' 크롤리와 더치 슐츠, 감옥에 갇힌 절망스러운 죄인들이 어떤 일을 저질렀든 자신을 탓하지 않는다면 여러분과 내가 만나는 사람들은 어떨까?

자신의 이름을 딴 백화점을 설립한 존 워너메이커John Wanamaker가 이런 고백을 한 적이 있다.

"저는 30년 전에 다른 사람을 비난하는 것이 어리석은 일임을 깨달았습니다. 제 한계를 극복하는 것만도 역부족이라 하나님이 지능이라는 은사를 공평하게 나누지 않은 것을 적절하게 여기셨다는 사실을 불평할 틈도 없었거든요."

워너메이커는 이런 교훈을 일찌감치 알아차렸다. 하지만 나는 30년 넘게 이 세상을 근근이 살아본 후에야 사람들은 무슨 잘못을 저지르든 100번에 99번은 절대 자신을 탓하지 않는다는 사실을 겨우 깨달았다.

비판은 아무 쓸모가 없다. 비판을 받은 사람은 방어적인 태도를 보이게 되고, 자신의 결백만 주장할 뿐이기 때문이다. 비난은 더더욱 위험하다. 비난을 받으면 사람들의 귀중한 자존심이 손상되고, 자존감이 무너지고, 적개심만 커지기 때문이다.

세계적으로 유명한 심리학자 B. F. 스키너B. F. Skinner는 동물이 착한 행동에 대한 보상을 받으면 나쁜 행동을 해서 벌 받을 때보다 훨씬 빨리 배우며, 그런 식으로 배운 행동을 훨씬 효과적으로 유지한다는 것을 실험으로 증명했다. 나중에 같은 원리가 인간에게도 똑같이 적용된다는 것을 입증하는 몇몇 연구가 나왔다. 반면 다른 사람을 비난하면 지속적인 변화를 만들지 못하고 적개심만 일으킬 뿐이다.

또 다른 위대한 심리학자 한스 셀리에Hans Selye는 말했다.

"우리는 인정에 목마른 만큼 비난을 두려워한다."

직원들이나 가족 구성원, 혹은 친구들을 비난해서 원한이 생기면 이들의 사기를 꺾을 뿐만 아니라 오히려 비난받는 그 상황을 고치지도 못하게 된다.

오클라호마주 에니드Enid에 사는 조지 B. 존스턴George B.

Johnston은 엔지니어링 회사의 안전 담당자로 근무하고 있다. 그에게는 직원들이 야외에서 작업할 때마다 안전모를 쓰는지 확인하는 책임이 있었다. 그는 안전모를 쓰지 않는 작업자들을 만날 때마다 보고를 올렸다. 그리고 정말 권위적으로 규정을 들먹이며 작업자들에게 반드시 안전모를 써야 한다고 얘기했다. 그 결과 작업자들은 마지못해 그의 명령을 받아들였지만, 그가 자리를 벗어나기만 하면 대부분 안전모를 벗어버렸다.

그래서 그는 다른 방법을 시도하기로 마음먹었다. 다음번에 안전모를 쓰지 않은 작업자들이 눈에 띄자 그는 안전모가 불편한 건 아닌지 혹은 머리에 잘 맞지 않는지 물어보았다. 그리고 안전모는 부상 방지를 위해 제작된 것이며 작업 중에는 늘 안전모를 써야 한다고 직원들에게 예의 바른 말투로 알려주었다. 그 결과 직원들의 반발심이나 감정적 동요가 사라지고, 규정을 준수하는 직원이 늘어났다.

비난이 얼마나 헛된 것인지 역사적으로 수많은 사례를 찾아볼 수 있다. 우선 시어도어 루스벨트와 태프트Taft 대통령 간의 유명한 다툼을 예로 들 수 있다. 두 사람의 분쟁으로 공화당은 갈라지고, 우드로 윌슨Woodrow Wilson이 백악관에 입성하고, 신문마다 제1차 세계대전에 대한 눈에 띄는 기사를 내보내더니, 역사의 흐름마저 바뀌어버렸다. 위 사실들을 신속히 검토해보겠다. 1908년 시어도어 루스벨트는 태프트가 대통령에 당선되도록 지원한 후 사자를 잡겠다고 아프리카로 떠났다. 그런데 시어도어 루스벨트는 미국으로 돌아오자 화가 폭발했다. 그는 태프트가 보수주의를 펼친다고 비난을 퍼붓더니 스스로 세 번째 대통령이 되려고 불 무스 당Bull Moose party을 창당했다. 그 바람에 공화당은 무너지기 일보 직전까지 갔다. 다음 선거에서 윌리엄 하워드 태프트가 이끄는 공화당은 버몬트주와 유타주, 두 주에서만 승리했다. 공화당 역사상 최악의 패배였다.

시어도어 루스벨트는 태프트를 비난했다. 그렇다면 태프트 대통령은 자신을 탓했을까? 물론 그렇지 않다. 태프트는 눈물을 글썽이며 이렇게 얘기했다.

"그 상황에서 그 이상 잘할 수는 없었습니다."

그럼 누구의 잘못일까? 루스벨트인가, 태프트인가? 솔직히 나도 모르겠다. 아니 관심도 없다. 내가 말하려는 요지는 루스벨트가 아무리 비난해도 태프트는 본인의 잘못을 인정할 수 없었다는 사실이다. 오히려 루스벨트의 비난 때문에 태프트는 결백을 주장하려고 눈물을 글썽이며 이런 말만 반복할 뿐이었다. "그 상황에서 그 이상 잘할 수는 없었습니다"라고.

이번에는 티포트 돔Teapot Dome 유전 스캔들을 예로 들겠다. 1920년대 초반 이 스캔들 대문에 모든 신문이 분노로 들끓었고 나라가 발칵 뒤집혔다! 미국의 공직 역사상 전무후무한 스캔들로 사람들의 기억 속에 남아 있는 사건이었다. 다음은 티포트 돔 유전 스캔들을 있는 그대로 옮긴 것이다.

알버트 B. 폴Albert B. Fall은 하딩 내각의 내무부 장관이었는데 엘크 힐Elk Hill과 티포트 돔의 정부 관할 유전을 임대할 권한을 갖고 있었다. 나중에 미 해군이 사용할 수 있게 확보해둔 유전이었다. 과연 폴 내무부 장관이 경쟁 입찰을 허락했을까? 그렇지 않다. 그는 군침이 도는 이 계약을 친구인 에드워드 L. 도헤니Edward L. Doheny에게 바로 넘겨주었다. 그렇다면 도헤니는 어떻게 했을까? 그는 폴 내무부 장관에게 '대출'이라는 명목으로 10만 달러를 넘겨주었다. 그러자 폴 장관은 엘크 힐 유전 주변에서 석유를 추출하는 유정을 소유하고 있는 경쟁자들을 몰아내라고 미 해군에게 고압적인 태도로 명령했다. 해군의 무력으로 쫓겨난 경쟁자들은 바로 법정으로 달려갔다. 이렇게 티포트 돔 스캔들의 내막이 알려지게 되었다. 하딩 행정부가 망하고 온 국민의 속을 뒤집어놓으며 공화당이 몰락할 위험에 처할 만큼 악취가 심한 스캔들이었다. 결국 알버트 B. 폴은 감옥에 갇히는 신세가 되었다.

폴은 엄청난 비난을 받았다. 이 사람만큼 비난받은 공직자는 거의 없을 정도였다. 그렇다면 그가 뉘우쳤을까? 절대 아니다. 몇 년 후 허버트 후버Herbert Hoover가 하딩 대통령이 친구의 배신 때문에 정신적 불안과 걱정으로 사망했다는 공개 연설을 한 적이 있다. 그때 이 소식을 들은 폴의 아내는 의자에서 벌떡 일어나더니 팔자타령을 하며 울부짖었다.

"뭐라고! 폴이 하딩을 배신했다고? 아니야! 우리 남편은 아무도 배신하지 않았어. 우리 집에 금덩이가 이렇게 많은데 우리 남편이 어떤 잘못된 유혹에 넘어갈 리가 없어. 배신당하고 도살당하듯 십자가에 못 박힌 사람은 그이라고."

인간은 타고나길 잘못을 저질러도 자신이 아닌 남을 탓하는 존재다. 우리 모두 그렇다. 그러니 여러분과 내가 내일 누군가를 탓하고 싶은 마음이 들면 알 카포네와 쌍권총 크롤리와 알버트 폴을 떠올리자. 비난은 호밍 피전Homing Pigeon(멀리 떠났다가 집으로 돌아오도록 훈련된 비둘기) 같아서 늘 돌아오게 마련이다. 우리가 바로잡아주고 비난하려는 사람은 결백을 주장하며 오히려 우리를 비난할 뿐이라는 사실을 깨달아야 한다. 온순한 태프트 같은 사람이라면 이렇게 말할 것이다.

"그 상황에서 그 이상 잘할 수는 없었어요."

1865년 4월 어느 날 아침, 에이브러햄 링컨은 어느 싸구려 하숙집의 문간방에 누워서 죽어가고 있었다. 존 와이크 부스John Wikes Booth가 링컨을 향해 총을 쏜 포드 극장 바로 건너편에 있는 하숙집이었다. 링컨의 기다란 몸을 누이기에는 움푹 꺼진 침대가 너무 짧아서 대각선으로 몸을 누인 상황이었다. 침대 위에는 로자 보뇌르Rosa Bonheur의 유명한 그림 '말 시장The Horse Fair'의 싸구려 복제품이 걸려 있고, 싸구려 가스등에서 노란 불빛이 깜박였다.

죽어가며 누워 있는 링컨 앞에서 스탠튼Stanton 육군 장관이 말했다.

"역사상 가장 위대한 통치자가 여기 누워 있습니다."

링컨이 사람들을 잘 다룰 수 있었던 비결은 무엇일까? 나는 10년 동안 에이브러햄 링컨의 일생을 연구했다. 그리고《링컨 이야기Lincoln the Unknown》를 쓰고 또 고쳐 쓰느라 꼬박 3년을 바쳤다. 나는 링컨의 성격과 가정생활을 정말 꼼꼼하고 철저하게 연구했다. 그 누구보다 열심히 노력했다고 자부할 수 있다. 나는 링컨이 사람들을 다루는 방법을 아주 특별하게 연구했다. 링컨은 비판을 좋아했을까? 당연히 좋아했다. 링컨은 젊은 시절, 인디애나주 피전 크릭 밸리Pigeon Creek Vally에 살 때, 비판을 좋아했을 뿐만 아니라 사람들을 조롱하는 편지나 시를 써서 당사자가 꼭 발견할 수 있도록 시골길에 그 편지를 떨어뜨려 놓곤 했다. 그런데 링컨이 평생 잊지 못할 적개심을 불러일으킨 편지 한 통이 문제였다.

링컨은 일리노이주 스프링필드Springfield에서 개업 변호사가 된 후에도 신문에 적수를 공개적으로 공격하는 편지를 기고했다. 그런데 딱 한 번 도를 넘어서 문제가 발생하고 말았다.

1842년 가을, 링컨은 허영심 많고 호전적인 정치가 제임스 쉴즈James Shields를 조롱했다. 링컨은 〈스프링필드 저널〉에 제임스 쉴즈를 비웃는 익명의 편지 한 통을 기고했다. 온 마을 사람들이 폭소를 터뜨렸다. 예민하고 자존심이 강한 쉴즈는 피가 끓을 정도로 분노가 치솟았다. 그는 편지를 쓴 사람이 누구인지 알아내더니, 말에 올라탄 후 링컨을 찾아가서 결투를 신청했다. 링컨은 원래 싸울 마음이 없었다. 결투를 반대하는 사람이었지만 결투하지 않으면 이 상황에서 그냥 벗어날 수 없고 명예를 지킬 수도 없었다. 다행히 그에게는 무기 선택권이 있었다. 팔이 긴 링컨은 기사들이 쓰던 날이 넓은 칼을 선택한 후 사관학교를 졸업한 사람에게 칼싸움을 배웠다. 약속된 날, 링컨과 쉴즈는 미시시피강 모래톱에서 만났다. 두 사람은 죽을 때까지 싸울 작정이었지만 마지막 순간 입회인들이 끼어들어서 결투를 중단시켰다.

그 일은 링컨이 살면서 겪은 가장 충격적인 사건이었다. 이 일을 통해 링컨은 사람을 상대하는 아주 소중한 교훈을 배웠다. 그는 다른 사람을 모욕하는 편지를 다시는 쓰지 않았다. 그리고 아무도 조롱하지 않았다. 그때 이후로 링컨은 무슨 일이 있더라도 누구 하나 비난하지 않았다.

남북 전쟁을 치르는 동안 링컨은 포토맥 부대의 책임자를 여러 차례 바꿨다. 매클레란McClellan, 포프Pope, 번사이드Burnside, 후커Hooker, 미드Meade 순으로 사령관이 교체되었는데, 모두 엄청난 실수를 저지르는 바람에 링컨을 절망으로 내몰았다. 국민의 절반이 무능한 이 사령관들을 몹시 비난했다. 하지만 링컨은 달랐다.

'누구도 미워하지 않고, 모든 사람을 너그럽게 포용하는 마음'으로 평정심을 유지했다.

'심판받고 싶지 않다면 남을 심판하지 마라.'

이는 링컨이 가장 좋아하는 인용구 중 하나다.

링컨은 아내와 다른 사람들이 남부 사람들에 대해 심한 말을 하면 이렇게 응수했다.

"그 사람들을 비난할 것 없어요. 같은 상황이었다면 우리도 그들과 다르지 않았을 거요."

그런데 링컨은 정말 남을 비판해도 될 상황에 처한 적이 있었다. 다음은 그 사례 중 하나다.

1863년 7월 1일부터 3일까지 사흘 동안 게티즈버그 전투가 한창이었다. 7월 4일 저녁 리Lee 장군이 남쪽으로 퇴각하는데 먹구름이 끼더니 폭우가 내리기 시작했다. 리 장군이 퇴각 중인 군대를 이끌고 포토맥에 이르렀을 때, 비 때문에 건널 수 없을 만큼 수위가 높아진 강이 눈앞에 보였다. 그 뒤로는 승리를 거둔 북부군이 그를 기다리고 있었다. 리 장군은 오지도 가지도 못하는 신세가 되었다. 링컨은 이 상황을 알아차렸다. 리 장군의 부대를 붙잡고 즉시 전쟁을 끝낼 수 있는 하늘이 내린 황금 같은 기회였다. 희망에 부푼 링컨은 미드 장군에게 전략 회의를 소집하지 말고 즉시 리 장군을 공격하라는 명령을 내렸다. 링컨은 그 명령을 내리기 위해 전보를 보낸 다음 특별 전령을 보내서 즉각적인 공격을 지시했다.

그렇다면 미드 장군은 어떻게 행동했을까? 그는 명령받은 것과는 정반대로 행동했다. 미드 장군은 링컨의 명령을 바로 어기며 전략 회의를 소집하더니 망설이며 꾸물거렸다. 그는 온갖 핑계를 댄 전보를 보내면서 리 장군을 공격할 절호의 기회를 대놓고 거절했다. 결국 강물이 빠지자 리 장군은 부대를 이끌고 포토

맥을 벗어날 수 있었다.

링컨은 불같이 화를 냈다.

"이게 도대체 무슨 일이야?"

링컨은 아들인 로버트Robert에게 소리쳤다.

"젠장! 이게 도대체 뭐냐고? 그자들이 우리 손아귀에 들어왔었잖아. 손만 쭉 뻗으면 잡을 수 있었어. 그런데 내가 무슨 말을 해도, 아니 무슨 짓을 해도 우리 군대를 움직일 수 없었어. 그런 상황이면 어떤 장군이라도 리를 패배시킬 수 있었어. 설사 내가 거기 갔더라도 그자를 이길 수 있었을 거야."

몹시 실망한 링컨은 자리에 앉아서 미드 장군에게 보낼 편지를 썼다. 이때 링컨이 이미 극도로 보수적이고 표현도 자제하던 시기라는 사실을 명심해야 한다. 그러니 1863년 링컨이 쓴 이 편지는 극심한 질책을 한 것과 마찬가지라고 볼 수 있다.

미드 장군에게,

내가 보기에 당신은 리 장군의 피난이 얼마나 불행한 사건인지 잘 모르는 것 같소. 그자는 우리가 접근만 하면 바로 잡을 수 있는 거리에 있었소. 최근 우리가 연달아 승리했으니 그자만 잡았더라면 전쟁을 끝낼 수 있었소. 이대로라면 전쟁은 무기한 연기될 거요. 당신은 지난 월요일에 리 장군을 공격할 절호의 기회가 있었소. 그때도 공격하지 못했는데 그때보다 3분의 2밖에 안 되는 지금 병력으로 미시시피강 남쪽에서 리 장군을 공격할 수 있을 것 같소? 그런 기대는 정말 비합리적인 생각이오. 나는 이제 당신이 어떤 결과를 성취할 수 있다는 기대 같은 건 하지 않소. 당신은 절호의 기회를 놓쳤소. 그 사건 때문에 나는 지금 이루 말할 수 없는 고통을 겪고 있소.

미드 장군이 이 편지를 읽었을 때 어떤 반응을 보였을까?

사실, 미드 장군은 이 편지를 보지도 못했다. 링컨은 이 편지를 부치지 않았다. 이 편지는 링컨이 사망한 후 서류 사이에서 발견된 것이다.

다음은 순전히 내가 생각한 추측일 뿐이다. 링컨은 이 편지를 쓰고 난 후, 창가로 가서 이렇게 혼잣말했을 것 같다.

"잠깐, 내가 너무 성급한 건 아닐까. 이렇게 조용한 백악관에 가만히 앉아서 미드에게 공격하라는 명령을 내리는 건 정말 쉬운 일이야. 내가 미드처럼 성격이 소심했다면 그 사람처럼 행동했겠지. 혹시 내가 게티즈버그에 있었더라면, 미드가 지난주에 본 것처럼 많은 피를 봤더라면, 부상병들과 죽어가는 병사들의 고통스러운 비명이 내 귀를 찌를 만큼 심했더라면, 나도 너무 불안해서 공격을 감행하지 못했을 거야. 어쨌든 지금은 다 끝난 일이야. 이 편지를 부치면, 내 마음은 풀리겠지만 미드는 본인의 행동을 애써 변명하려고 들겠지. 그리고 나를 비난하게 될 거야. 그럼 나쁜 감정만 생기고, 사령관이지만 아무짝에도 쓸모없는 사람이 되겠지. 그러다 보면 어쩔 수 없이 군대를 떠나게 될지도 몰라."

그래서 이미 말한 것처럼 링컨은 이 편지를 치워버렸다. 그는 이미 다른 사람을 신랄하게 비난하고 질책해봤자 아무 유익도 없다는 것을 쓰라린 경험을 통해 배웠기 때문이다.

시어도어 루스벨트는 대통령 재임 시절 까다로운 문제에 맞닥뜨릴 때마다 몸을 뒤로 젖힌 후, 백악관 책상 위에 걸린 커다란 링컨의 초상화를 올려다보며 이런 말을 하곤 했다.

"링컨이 지금 내 입장이라면 어떻게 했을까? 이 문제를 어떻게 풀었을까?"

우리도 누군가를 꾸짖고 싶은 기분이 들 때는 주머니에서 5달러짜리 지폐를 꺼낸 다음, 지폐에 찍힌 링컨의 사진을 쳐다보며 이렇게 물어보는 건 어떨까.

"링컨이라면 이 문제를 어떻게 처리했을까?"

마크 트웨인Mark Twain은 격노할 때마다 아주 신랄한 편지를 쓰곤 했다. 일례로 한번은 어떤 남자 때문에 왈칵 화가 나서 이런 내용의 편지를 쓴 적이 있었다.

'당신에겐 매장 허가증만 있으면 됩니다. 당신이 말만 하면 그것을 얻을 수 있겠지요. 내 눈으로 두고 볼 거요.'

또 한번은 '내가 쓴 글의 철자와 구두법을 교정'하려는 교정자 때문에 편집자에게 이렇게 주문한 적도 있었다.

'이 문제(철자와 구두법)는 이후 내가 쓸 원고에 따라 해결하고, 교정자가 썩어빠진 뇌로 본인이 제안한 것들을 잘 유지하는지 봐주세요.'

마크 트웨인은 이렇게 신랄한 편지를 쓰고 나면 기분이 한결 좋아졌다. 이런 편지를 쓴 덕분에 기분이 풀렸는데, 실제로 이것 때문에 누군가가 해를 입지는 않았다. 그의 아내가 그런 편지를 우편함에서 몰래 치워버렸기 때문이다. 당연히 그 편지가 주인에게 간 적은 단 한 번도 없었다.

혹시 누군가를 바꾸거나 규제하거나 개선하고 싶은가? 좋은 일이다! 아무 문제가 없다. 나도 그런 건 찬성하는 편이다. 하지만 우선 나 자신부터 시작하는 건 어떨까? 순전히 이기적인 관점에서 보더라도 다른 사람을 개선하려고 시도하는 것보다 훨씬 이득이 많다. 물론 훨씬 덜 위험하고 말이다. 공자는 말했다.

"내 집 문간이 더럽다면 이웃의 지붕에 쌓인 눈을 불평하지 말라."

나는 꽤 젊은 시절 다른 사람들에게 깊은 인상을 남기고 싶은 마음이 굴뚝같을 때가 있었다. 그때, 미국 문학계에 큰 영향을 끼쳤던 리처드 하딩 데이비스Richard Harding Davis에게 바보 같은 편지 한 통을 보낸 적이 있다. 나는 몇몇 작가와 관련 잡지 기사를 준비하고 있던 때여서 데이비스에게 작업 방식을 알려달라고 부탁하려던 참이었다. 하필이면 이런 요청을 하기 몇 주 전, 나는 맨 밑줄에 '구술한 대로 받아만 적고 교정은 보지 않았음Dictated but not read(자신이 구술한 것을 비서가 받아 적고 다시 읽어보지 않았다는 의미가 있다)'이라는 구절이 들어 있는 편지 한 통을 받았다. 나는 이 구절이 꽤 멋지게 보였다. 이 편지를 보낸 작가가 엄청 바쁘고 대단히 중요한 거물 같은 사람이라는 느낌을 받았다. 나는 그때 전혀 바쁘지 않았지만, 리처드 하딩 데이비스에게 그런 인상을 주고 싶었다. 그래서 편지 맨 밑에 '구술한 대로 받아만 적고 교정은 보지 않았음'이라는 구절을 집어넣었다.

데이비스는 굳이 내 편지에 답장을 보내지도 않았다. 그저 내가 보낸 편지 맨 밑에 이런 구절을 휘갈겨 쓴 다음 내게 돌려보내기만 했다.

'당신처럼 무례한 사람은 난생처음입니다.'

물론 내가 엄청난 실수를 저지른 것은 맞다. 이런 비난을 받아도 할 말은 없다. 하지만 나도 인간인지라 몹시 화가 났다. 얼마나 심하게 화가 났는지 10년 후 리처드 하딩 데이비스가 죽었다는 기사를 읽었을 때 부끄럽지만 내 머릿속에는 그가 나에게 상처를 주었다는 그 생각만 떠올랐다.

혹시 여러분과 내가 내일이라도 누군가의 마음에 죽을 때까지 맺힐 만한 적개심을 일으키고 싶다는 생각이 든다면, 그 생각이 아무리 정당하다는 확신이 들더라도 약간의 신랄한 비판을 즐기기만 해야 한다.

사람들을 상대할 때는 그 사람이 논리적인 동물이 아니라는 사실을 명심해야 한다. 사람은 감정의 동물이며, 편견이 가득하고, 자존심과 허영으로 움직이는 동물이다.

토머스 하디Thomas Hardy는 영문학을 풍성하게 만든 그 누구보다 뛰어난 소설가다. 토머스 하디는 섬세한 성격 때문에 신랄한 비판을 받은 후 소설 집필을 영원히 포기했다. 또한 영국의 시인 토머스 채터턴Thomas Chatterton은 비난으로 말미암아 자살에 이르렀다.

벤저민 프랭클린Benjamin Franklin은 어린 시절에는 눈치가 없었는데 사람을 능숙하게 다루는 외교적인 성격으로 바뀌더니 나중에 프랑스 대사가 되었다. 그가 이렇게 성공한 비결은 무엇일까? 그는 이런 말을 남겼다.

"저는 그 누구도 나쁘게 말하지 않습니다. 그저 사람들의 좋은 점만 얘기합니다."

어떤 바보라도 남을 비평하고 비난하며 불평할 수 있다. 바보 대부분은 이렇게 한다. 하지만 다른 사람을 이해하고 용서하려면 인품이 훌륭하고 자제심이 있어야 한다. 칼라일Carlyle은 말했다.

"별 볼 일 없는 사람을 어떻게 대하는지 보면 그 사람의 인품을 알 수 있다."

유명한 테스트 파일럿Test Pilot(항공기의 성능을 시험하는 조종사)이자 에어쇼에 자주 등장한 밥 후버Bob Hoover가 샌디에이고에서 에어쇼를 마친 다음 로스앤젤레스에는 있는 집으로 돌아오는 길이었다. 〈플라이트 오퍼레이션Flight Operations〉지에 따르면 기체가 300피트 상공에 올라갔을 때 갑자기 엔진 두 개가 멈춰버렸다. 밥 후버가 능숙하게 조종한 덕분에 비행기를 간신히 착륙시킬 수 있었다. 다친 사람은 아무도 없었지만, 비행기는 심각하게 망가졌다.

후버는 기체를 긴급 착륙시킨 후 바로 비행기의 연료를 검사했다. 그의 예상대로 그가 몬 제2차 세계대전 당시 제작된 프로펠러 비행기에는 휘발유가 아닌 제트 연료가 주입되어 있었다.

공항으로 돌아온 후버는 비행기를 정비한 정비공을 보고 싶다고 요청했다. 젊은 정비공은 자신이 저지른 엄청난 실수 때문에 몹시 괴로워하고 있었다. 후버가 다가가자 젊은 정비공은 눈물만 줄줄 흘리고 있었다. 젊은 정비공 때문에 무척 비싼 비행기를 잃은 데다가 세 사람의 목숨까지 잃을 뻔한 사건이 일어난 것이었다.

후버의 분노는 누구라도 짐작할 만한 수준이었다. 이토록 자존심 강하고 꼼꼼한 조종사라면 이렇게 부주의한 사건에 대해 혹독하게 꾸짖을 것이라고 누구라도 예상할 수 있을 것이다. 하지만 후버는 젊은 정비공을 꾸짖지 않았다. 아니 조금도 나무라지 않았다. 그 대신 그는 기다란 팔로 젊은 정비공을 안아주며 이런 말을 했다.

"난 자네가 다시는 이런 실수를 저지르지 않을 것이라고 믿네. 내일 내가 몰 F-51을 자네가 정비해주게."

부모는 자식을 지적하고 싶을 때가 잦은 편이다. 사람들은 내가 "그러지 마세요"라고 얘기할 것이라고 예상할지도 모른다. 하지만 나는 그렇게 말하는 대신 그냥 이렇게만 얘기할 생각이다.

"자식을 지적하기 전에 미국 저널리즘의 고전 중 하나인 '아버지는 잊어버린단다Father Forgets'를 읽어보시죠."

이 글은 원래 〈피플스 홈 저널People's Home Journal〉에 사설로 실린 것이다. 작가의 허락을 받아 〈리더스 다이제스트Reader's Digest〉에 압축되어 실린 것을 다시 실었다.

"'아버지는 잊어버린단다'는 한 구절 한 구절을 읽을 때마다 순간적으로 진솔한 느낌이 확 몰려드는 글이다. 수많은 독자의 마음에 반향을 일으켜서 오래도록 재판되는 독자들이 가장 좋아하는 작품이 되었다. 작가 W. 리빙스턴 라니드W. Livingston Larned가 지은 '아버지는 잊어버린단다'는 잡지에 처음 실린 후 수많은 잡지와 사보, 전국의 신문에 다시 게재되었다. 또한 수많은 외국어로 폭넓게 재판되었다. 나는 이 글을 읽고 싶은 수많은 사람을 위해 학교와 교회와 강단에 이 글의 사용권을 직접 허용해주었다. 이 글은 수많은 사례와 프로그램에 방송되었고 특이하게도 대학의 정기간행물과 고등학교 잡지에도 실렸다. 신기하게도 사람들의 마음을 확 사로잡을 것 같은 짧은 글이 있다. 이 글은 확실히 그랬다."

아버지는 잊어버린단다

_W. 리빙스턴 라니드

아들, 들어봐. 지금 난 네가 자는 동안 이 말을 하고 있어. 뺨을 쑤시듯 받친 네 작은 팔과 촉촉한 이마에 착 달라붙은 금빛 곱슬머리가 보이는구나. 난 혼자 몰래 네 방에 들어왔지. 몇 분 전, 서재에 앉아 신문을 읽는데 엄청난 후회가 몰려들었어. 난 죄책감 때문에 네 곁에 온 거야.

아들, 아빠는 지금 이런 생각을 하고 있어. 아빠는 널 지나치게 대했어. 수건으로 얼굴만 쓱 닦았다고 학교에 가려고 옷을 입는 너를 나무랐지.

신발이 더럽다고 너를 혼낸 적도 있어. 네가 바닥에 물건을 던진다고 화를 내며 소리친 적도 있지.

아침을 먹을 때도 난 네 잘못을 찾아냈어. 네가 물건을 어지르고, 음식을 씹지도 않고 꿀꺽 삼키고, 식탁에 팔꿈치를 괴고 있다고 나무랐지. 네가 빵에 버터를 너무 많이 바른다고 나무랄 때도 있었어. 넌 나가서 놀려고 집을 나서고 난 기차를 타려고 나갈 때였어, 넌 고개를 돌리며 손을 흔들더니 이렇게 소리쳤지.

"아빠, 다녀오세요!"

그때도 나는 눈살을 찌푸리며 이렇게 대답했어.

"어깨 좀 펴라."

오늘 저녁에도 같은 일이 반복되었지. 길을 지나는데 무릎을 꿇고 구슬치기하는 네가 보였어. 근데 구멍 난 네 양말이 내 눈에 띈 거야. 난 집으로 가는 네 뒤를 쫓아가며 친구들 앞에서 너를 나무랐지. 그거 비싼 양말이야. 네 돈으로 샀더라면 좀 더 조심했겠지? 아들, 아빠 입장에서 생각하거라!

나중에 내가 서재에서 신문을 읽는데, 상처받은 눈으로 네가 쭈뼛쭈뼛 들어왔던 거 기억나니? 방해받아서 기분이 상한 내가 초조하게 신문을 훑는데, 넌 주저하며 문 앞으로 걸어왔어.

"뭔데?"

내가 확 쏘아붙였지. 넌 한걸음에 달려오더니 아무 말도 없이 자그마한 두 팔로 내 목을 꽉 끌어안고는 내게 입을 맞추었어. 하나님은 네 가슴에 누가 돌보지 않아도 절대 시들지 않을 애정을 심어놓았지. 내 목을 끌어안은 네 두 팔에 그런 애정이 담겨 있었어. 그리고 넌 후다닥 계단을 뛰어 올라갔어.

아들, 그 순간 내 손에서 신문이 쓱 떨어지며 난 엄청난 두려움에 휩싸였어. 도대체 어쩌다 내게 이런 습관이 생긴 걸까? 잘못을 찾아내고 호되게 지적하는 습관 말이야. 아직 아기인 너에게 이런 짓을 하다니. 하지만 널 사랑하지 않아서 그런 건 아니란다. 난 어린 너에게 너무 많은 것을 기대한 거야. 널 내 잣대로 판단했던 거야.

넌 정말 선하고 섬세하고 진실한 아이야. 너의 작은 마음은 넓은 언덕 너머를 비추는 새벽만큼 커다랗지. 누가 떠밀지도 않았는데 자발적으로 내게 달려와 잘 자라고 인사하며 입을 맞추는 너를 보면 알 수 있어. 아들, 오늘 밤 중요한 건 아무것도 없어. 아빤 어둠에 휩싸인 네 머리맡으로 왔지. 지금 난 부끄러워서 무릎을 꿇고 있어!

이건 미약한 속죄일 뿐이야. 네가 깨어 있을 때 이런 이야기를 해도 넌 이해하지 못할 거야. 하지만 난 내일부터는 진정한 아빠가 될 거야! 난 너의 친구가 되어줄 거야. 네가 괴로워할 때 나도 괴로워하고, 네가 웃을 때 나도 웃을 거야. 또다시 짜증 나는 말이 나오려고 하면 혀를 꽉 깨물 거야. "재는 아직 어린아이야. 아기라고!"라고 마치 주문처럼 이 말을 계속 반복할 거야.

나는 너를 다 큰 어른처럼 생각했던 것 같아. 이제야 아기 침대에 웅크린 채로 누운 지친 네 모습이 보이는구나. 아직도 아기처럼 보여. 엊그제만 해도 넌 엄마의 어깨에 머리를 묻은 채 그 품에 안겨 있는 아기였지. 내가 너무 많은 걸 바란 거야. 너무 많은 것을.

사람들을 비난하는 대신 이해하도록 노력해야 한다. 왜 그 사람이 그런 행동을 하는지 이해하도록 노력해야 한다. 그게 비난하는 것보다 훨씬 이롭고 왜 그렇게 행동하는지 궁금증도 생긴다. 그래야 동정심과 관용과 친절한 마음이 생겨난다.

"모든 것을 알면 모든 것을 용서하게 된다."

존슨 박사Dr. Johnson는 말했다.

"하나님께서도 심판의 날이 오기 전까지 인간의 심판을 미루십니다."

그런데 여러분과 내가 감히 그래도 될까?

원칙 1 다른 사람을 비판하거나 비난하거나 불평하지 말라.

2장

사람을 상대하는 비결

세상 사람 누구를 막론하고 다른 이에게 무슨 일이든 시키는 방법은 딱 하나밖에 없다. 혹시 그 방법을 곰곰이 생각해본 적이 있나? 맞다, 딱 한 가지 방법밖에 없다. 상대방이 그 일을 하고 싶은 마음이 들도록 유도하는 것이다.

명심하라, 다른 방법은 없다.

물론 권총으로 어떤 사람의 옆구리를 꾹 찌르며 시계를 달라고 할 수도 있고, 직원들을 잘라버리겠다고 위협해서 그들의 협조를 받아낼 수도 있다. 하지만 여러분이 등을 돌리기 전까지만 효과가 있는 방법이다. 자식에게 채찍을 쓰거나 협박을 가해서 여러분 마음대로 자식을 부릴 수도 있다. 하지만 이렇게 상스러운 방법을 쓰면 달갑지 않은 결과만 일어날 뿐이다.

내가 원하는 것을 다른 사람에게 시키려면 그 사람이 바라는 것을 줘야 한다. 여러분이 바라는 것은 무엇인가?

지그문트 프로이트Sigmund Freud는 인간의 모든 행동은 성적 욕망과 위대해지고 싶은 욕망이라는 딱 두 가지 동기로부터 비롯된다고 얘기했다.

미국에서 가장 훌륭한 철학자 중 한 명인 존 듀이John Dewey는 이것을 조금 다르게 표현했다. 듀이 박사는 인간의 본성에 내재한 가장 깊은 욕구는 '중요한 사람이 되고 싶은 욕망'이라고 얘기했다. '중요한 사람이 되고 싶은 욕망'이라는 구절을 눈여겨봐야 한다. 중요한 표현이다. 여러분은 이 책에서 이 구절을 자주 보게 될 것이다.

여러분은 무엇을 원하는가? 많지는 않을 것이다. 그렇게 많은 걸 바라지는 않지만 부정할 수 없을 만큼 끈질기게 바라는 것들이 있다. 대다수 사람은 바로 이런 것을 원한다.

1. 건강과 생명 보전
2. 음식
3. 수면
4. 돈과 돈으로 살 수 있는 것들
5. 미래의 삶
6. 성적 만족
7. 자식의 행복
8. 중요한 사람이라는 느낌 또는 기분

이런 바람들은 대개 충족되는 편이다. 딱 하나만 빼고. 식욕이나 수면욕처럼 깊고 당연한 욕망이지만 거의 충족되지 않는 욕망 말이다. 프로이트는 '위대해지고 싶은 욕망'이라고 불렀고, 듀이는 '중요한 사람이 되고 싶은 욕망'이라고 부른 것이다.

링컨은 이런 내용이 담긴 편지 한 통을 쓴 적이 있다.

'사람은 누구나 칭찬을 좋아한다.'

윌리엄 제임스도 이런 이야기를 했다.

"인간은 누구나 인정받고 싶은 갈망을 타고났다."

제임스는 '바람'이나 '욕망'이나 '열망'이라는 단어를 쓰지 않았는데, 이 점을 유의해야 한다. 그는 인정받고 싶은 '갈망'이라고 표현했다.

신경을 갉아 먹을 것처럼 한결같은 인간의 욕망이 있다. 누구든 다른 사람의 가슴속 열망을 제대로 만족시킬 수 있다면 그 사람을 마음대로 부릴 수 있다. 심지어 이런 사람이 죽으면 장의사도 안타까워할 것이지만 이런 사람은 극히 드물다.

중요한 사람이 되고 싶은 욕망은 인간과 동물을 구분하는 가장 중요한 차이점 중 하나다. 나는 미주리주의 농장에서 자랐다. 아버지는 이 농장에서 듀록-저지종의 품질 좋은 돼지와 혈통 있는 하얀 머리 소를 키웠다.

우리 가족은 지역 박람회와 가축 품평회에 전시하려고 그 수퇘지와 하얀 머리 소를 데리고 중서부 전체를 돌아다녔다. 1등을 거머쥔 적도 몇 차례 있었다. 아버지는 하얀 모슬린 천에 핀으로 파란 리본을 고정해두었다가, 친구들이나 손님들이 집에 찾아오면 기다란 그 모슬린 천을 꺼내셨다. 아버지는 모슬린 천의 끝부분을 붙잡고 있는 동안 내게 다른 쪽 끈을 잡게 한 다음, 파란 리본을 과시했다.

하지만 우리 집 수퇘지는 자기가 차지한 파란 리본 따위는 관심도 없었다. 아버지만 관심이 있었다. 아버지는 상으로 받은 리본 때문에 본인이 중요한 사람이 된 것 같았다.

우리 조상들이 중요한 사람이 되고 싶은 엄청난 욕구가 없었더라면, 문명은 존재하지 않았을 것이다. 그런 욕구가 없었다면 우리 인간은 동물과 다르지 않았을 것이다.

교육은커녕 돈도 없는 어떤 식료품점 직원은 중요한 사람이 되고 싶은 욕구가 있었기에 50센트를 주고 구매한 통 밑바닥에서 찾아낸 법률 서적 몇 권을 공부했다. 이 식료품점 직원의 이름은 다들 알고 있을 것이다. 그의 이름은 바로 링컨이다.

중요한 사람이 되고 싶은 욕구가 있었기에 디킨스는 불멸의 소설을 쓸 수 있었다. 이런 욕구는 크리스토퍼 렌 경Sir Chirstoper Wren이 예술적인 석조 건물을 제작하는 원동력이 되었다. 또한 이런 욕구 덕분에 록펠러는 다 쓸 수도 없을 만큼 엄청난 돈을 벌 수 있었다. 그리고 이런 욕구가 있기에 가장 돈 많은 사람들이 말도 안 되게 커다란 집을 짓는 것이다.

사람들이 최신 유행의 옷을 입고 싶어 하고, 최신형 자동차를 몰고 싶어 하고, 잘나가는 자식 자랑을 하고 싶어 하는 것도 이런 욕구가 있기 때문이다.

또한 많은 소년과 소녀가 갱단에 가입하고 범죄를 저지르는 것도 이런 욕구가 있기 때문이다. 뉴욕의 경찰 국장이었던 E. P. 멀루니는 평범한 청소년 범죄자들이 체포된 후에 자신을 영웅으로 묘사한 충격적인 신문을 구해달라고 요청할 정도로 자기애가 무척 강하다고 했다. 이 아이들은 스포츠 스타, 영화배우, TV 스타, 정치가 들과 함께 자신이 신문 한 면을 차지한다는 사실만으로도 기분이 너무 좋은 나머지 감옥에서 힘들게 복역해야 할지도 모른다는 사실은 정말 먼일처럼 느낀다고 했다.

혹시 어떤 이가 어떻게 하면 본인이 중요한 인물이 된 것 같은 기분이 들 수 있는지 알려준다면, 난 그가 어떤 사람인지 알려줄 수 있다. 그것으로 그 사람의 개성을 구분할 수 있는데 그이에게 가장 중요한 것이기 때문이다. 예컨대 존 D. 록펠러는 자신이 한 번도 본 적이 없고 앞으로도 볼 가능성이 없는 가난한 사람들을 위해 돈을 기부해서 중국 북경에 현대식 병원을 세웠을 때, 중요한 사람이 된 것 같았다.

하지만 딜린저Dillinger는 도둑질과 은행 강도와 살인을 저지르면서 중요한 인물이 된 것 같은 사람이었다. 그는 FBI 요원들이 자신을 쫓을 때, 미네소타주의 농가로 쳐들어가서 이런 말을 했다.

"난 딜린저다!"

자신이 공공의 적 중 최고라는 사실에 자부심을 갖고 있던 그는 이런 말을 덧붙였다.

"너희들을 해치진 않을 거야. 하지만 난 딜린저야."

딜린저와 록펠러의 가장 큰 차이는 중요한 사람이 되고 싶은 방법이 달랐다.

중요한 사람이라는 기분을 갖기 위해 애썼던 저명인사들의 흥미로운 사례는 역사상 얼마든지 찾아볼 수 있다. 심지어 조지 워싱턴George Washington도 '미국의 대통령 각하'라는 칭호로 불리기를 바랐다. 그리고 콜럼버스Columbus는 '해군 제독이자 인도의 총독'이라는 칭호를 간절히 원했다. 예카테리나 대제Catherine the Great는 '여왕 폐하'라는 칭호가 적혀 있지 않은 편지는 읽어보지도 않았다. 링컨의 아내는 백악관에서 그랜트 장군의 아내에게 호랑이처럼 덤벼들며 이렇게 소리친 적도 있었다.

"내가 초대도 안 했는데 감히 내 앞에 앉아 있는 거야?"

1928년 백만장자들이 버드 제독의 남극 탐사를 지원한 것은 눈 덮인 산에 자신들의 이름이 새겨지기를 바라는 마음 때문이었다. 빅토르 위고Victor Hugo는 자신을 기념하기 위해 파리라는 도시의 이름을 바꾸기를 원했다. 심지어 최고 중의 최고 작가인 셰익스피어도 자기 이름을 더 빛내기 위해 가문의 문장을 얻으려고 애썼다.

공감받거나 관심을 끌거나 중요한 사람이라는 기분을 느끼려고 환자가 되는 사람도 있다. 예컨대 매킨리 여사Mrs. Makinley는 중요한 사람이라는 기분을 느끼려고 미국의 대통령이던 남편이 중요한 국가의 일을 거절하도록 몰아붙였다. 매킨리 여사는 자신이 잠들 때까지 몇 시간이든 남편이 침대에 비스듬히 기댄 채로 자신을 보듬어주기를 바랐다. 매킨리 여사는 치과 치료를 받을 동안 남편이 함께 있어야 한다고 고집했다. 이런 식으로 관심받고 싶은 욕구를 채웠다. 남편이 존 헤이John Hay 국무장관과 약속을 지키느라 매킨리 여사를 치과에 홀로 놔두자 몹시 화를 낸 적도 있었다.

작가 매리 로버츠 라인하트Mary Roberts Rinehart는 중요한 사람이 되고 싶어서 환자가 되어버린 똑똑하고 건강한 젊은 여성에 대해 내게 얘기한 적이 있다.

"어느 날, 이 젊은 여성은 어떤 상황에 얽매이게 되었어요. 나이 때문에 그런 것 같았어요. 앞으로 쭉 외로울 일밖에 없고 기대할 것도 딱히 없는 상황이었죠. 그 여자는 앓아누웠어요. 10년 동안 늙은 어머니가 3층까지 음식을 나르며 여자를 돌보았죠. 그런데 어느 날 딸을 떠받드는 데 지친 늙은 어머니가 몸져눕더니 돌아가시고 말았어요. 환자였던 이 여자는 몇 주 동안은 시들시들하게 지내더니 그냥 털고 일어나더라고요. 그리고 옷을 차려입더니 다시 제대로 살기 시작했어요."

가혹한 현실 세계에서 자신들에게 허용되지 않았던 중요한 사람이라는 기분을 제정신이 아닌 꿈의 세계에서 찾기 위해 실제로 미치는 사람들이 있다고 주장하는 전문가들도 있다. 사실 미국에서는 정신 질환을 앓는 사람들이 다른 모든 질병을 앓는 사람들보다 그 수가 더 많다.

정신 질환은 왜 발병하는 것일까?

이렇게 포괄적인 질문에 대답을 내놓을 수 있는 사람은 없다. 하지만 매독 같은 특정 질병이 뇌세포를 파괴해서 정신병으로 이어진다는 것은 알려진 사실이다. 사실 정신 질환을 앓는 사람 중 절반은 뇌 병변 장애나 알코올, 독극물, 부상 같은 육체적 원인 때문에 병이 생긴다. 그런데 나머지 절반은 정말 끔찍한 원인 때문에 생긴다. 정신 질환을 앓는 나머지 절반의 뇌세포는 아무런 이상도 없다. 사후 부검 당시 이들의 뇌 조직을 아주 정밀한 현미경으로 조사했더니, 이들 조직이 정상인의 조직만큼 건강한 것으로 밝혀졌다.

그렇다면 이 사람들은 왜 미치는 것일까?

나는 우리나라에서 가장 유명한 정신병원의 원장에게 이런 질문을 던진 적이 있다. 정신 질환에 대한 지식으로 엄청난 명성을 얻은 이 원장은 가장 탐나는 상을 여러 차례 수상한 이력이 있다. 그런데도 이 의사는 사람들이 미치는 이유를 모르겠다고 솔직하게 얘기했다. 정답을 아는 사람은 아무도 없다. 하지만 이 의사는 미친 사람 중 대다수는 중요한 인물이라는 기분을 현실 세계에서는 얻을 수 없지만 정신 질환을 앓는 상태에서는 찾을 수 있다고 얘기했다. 다음은 의사가 내게 들려준 이야기다.

"나는 요새 결혼생활이 잘못된 환자 한 명을 맡고 있어요. 이 여성 환자는 사랑과 성적 만족과 자식과 사회적 특권을 원했어요. 그런데 살아보니 그런 희망은 헛된 꿈이었죠. 남편은 환자를 사랑하지 않았어요. 환자와 밥도 함께 먹지 않았으니까요. 남편은 2층 자기 방으로 식사를 가져오라고 강요했죠. 환자는 자식도 없고 사회적 위치도 보잘것없었죠. 그래서 이 환자는 미쳤어요. 환자는 상상 속에서 남편과 이혼하고 처녀 때의 성을 되찾았어요. 이제 환자는 영국의 귀족과 결혼했다고 믿고 있어요. 자기를 레이디 스미스Lady Smith로 불러달라고 우기고 있어요. 그리고 자식 얘기를 하자면, 이제 환자는 매일 밤 아기가 생기는 상상을 하고 있어요. 나를 볼 때마다 '선생님, 어젯밤에 아기가 생겼어요'라고 얘기합니다."

꿈을 싣고 있는 환자의 배는 현실이라는 날카로운 바위에 부딪혀 산산조각이 났다. 그게 환자의 삶이었다. 그런데 이제 정신 이상이라는 환상의 섬에서 환자의 바켄틴barkentine(돛대가 세 개인 범선)은 바람이 불어 빵빵해진 돛을 달고 그 바람 소리를 들으며 항구를 향해 떠나고 있다.

"비극일까요? 음, 전 잘 모르겠어요."

의사가 이야기를 이었다.

"제 손을 내밀어 환자의 정신 이상을 고칠 수 있다고 해도, 전 그럴 생각이 없어요. 환자는 지금이 훨씬 행복합니다."

중요한 사람이 되고 싶은 욕구가 너무나 큰 나머지 그러한 기분을 느끼려고 실제로 미치는 사람들이 있다. 여러분과 내가 이런 사람들을 진정으로 인정해준다면 어떤 기적이 일어날지 상상해보라.

찰스 슈와브Charles Schwab는 미국에서 1년에 100만 달러(이때는 소득세가 없었고, 평범한 사람이 주당 50달러를 받는 것은 꽤 고액인 편이었다)를 받은 최초의 사람 중 한 명이다. 1921년 앤드루 카네기Andrew Carnegie는 미국 철강 회사United States Steel Company의 초대 사장으로 고작 38세에 불과한 슈와브를 뽑았다(슈와브는 훗날 미국 철강 회사를 퇴사한 다음, 당시 어려움을 겪고 있던 베들레헴 철강 회사Bethlehem Steel Company를 인수한 뒤, 미국에서 가장 수익성이 높은 회사로 다시 만들었다).

그렇다면 앤드루 카네기는 왜 찰스 슈와브에게 1년에 100만 달러, 즉 하루에 3,000달러 이상을 주었을까? 이유가 무엇일까? 슈와브가 천재여서 그랬을까? 절대 아니다. 슈와브가 다른 사람들보다 철강 제조에 대해 더 많이 알아서 그런 것일까? 말도 안 되는 소리다. 찰스 슈와브는 직원 대다수가 자신보다 철강 제조에 대해 더 많이 알고 있다고 얘기해주었다.

슈와브는 자신이 이렇게 많은 월급을 받는 것은 사람을 상대하는 능력 덕분이라고 했다. 나는 그에게 어떻게 그런 능력을 발휘했냐고 물었다. 다음은 그가 직접 말한 비결을 그대로 옮긴 것이다. 반드시 동판에 새겨서 미국의 모든 가정과 학교와 상점과 사무실에 걸어두어야 할 이야기다. 아이들이 라틴어 동사 활용이나 브라질의 연간 강수량을 암기하느라 낭비할 시간에 반드시 외워야 할 이야기다. 이렇게만 산다면 우리 인생은 완전히 바뀔 것이다.

"내 생각에는 직원들의 열의를 일으키는 능력 덕분인 것 같습니다. 내가 가진 자산 중 최고의 자산이거든요. 어떤 사람에게서 최고를 끌어내려면 그 사람을 인정하고 격려해야 합니다. 상사에게 비판받으면 누구든 의욕이 꺾일 수밖에 없습니다. 나는 누구도 비난하지 않습니다. 직원들에게 일하고 싶은 동기를 부여하는 것이 중요합니다. 그래서 나는 칭찬은 아주 열심히 하지만 결점을 찾는 것은 아주 싫어합니다. 나는 마음에 드는 게 있으면 진심을 담아 아낌없이 칭찬합니다."

슈와브는 이렇게 하며 생활했다. 그런데 평범한 사람들은 어떻게 살고 있을까? 이들은 정반대로 행동한다. 이들은 마음에 들지 않는 게 있으면 직원들에게 악을 쓰며 달달 볶고, 혹시 마음에 드는 부분이 있어도 입을 꾹 닫아버린다. '한번 잘못하면 계속 그 소리를 듣지만, 두 번 잘해도 잘했다는 소리를 한 번도 들은 적이 없다'라는 2행시와 같다.

"나는 폭넓은 교제를 하며 살았습니다. 다양한 영역에서 활약하는 위대한 사람들을 많이 만났죠. 사람들은 아무리 잘나고 지위가 높아도 비난받는 상황보다는 인정받는 상황에서 일을 훨씬 잘했습니다."

슈와브는 이렇게 단언했다. 그는 앤드루 카네기가 엄청난 성공을 거둔 것도 바로 그런 이유가 한몫했다고 솔직히 얘기했다. 카네기는 사적인 자리는 물론이고 공개적인 자리에서도 동료들을 칭찬했다.

카네기는 심지어 무덤에 묻힐 때도 자신을 도와준 사람들을 칭찬하고 싶은 마음이 있었다. 그래서 이런 내용의 묘비 문구를 직접 지었다.

'자신보다 더 똑똑한 사람들을 주위에 두는 방법을 알았던 사람이 여기 묻혔다.'

다른 사람에 대한 진심 어린 인정은 존 D. 록펠러가 사람들을 잘 다룰 수 있었던 비결 가운데 하나였다. 예컨대 록펠러의 파트너였던 에드워드 T. 베드포드Edward T. Bedford가 남미에서 구매를 잘못하는 바람에 기업에 100만 달러의 손실을 끼친 적이 있었다. 록펠러는 비난을 퍼부을 수도 있었지만 베드포드가 최선을 다했고 사건이 이미 마무리가 된 것을 알고 있었기에 칭찬할 거리를 찾아냈다. 그는 투자금의 60퍼센트를 살렸다며 베드포드를 칭찬해주었다.

"정말 훌륭해. 우리도 늘 그 정도는 못 하는데 말이야."

내가 알기로 실화는 아니지만, 진실을 보여주는 이야기가 있어서 그 내용을 실었다.

정말 터무니없는 이야기다. 고된 일과를 마친 어느 날, 농장주의 아내가 남자들 앞에 건초 더미를 산더미처럼 내놓았다. 그러자 남자들이 미친 듯이 화를 내며 여자에게 미친 것 아니냐며 따졌다.

"너희들이 눈치챈 걸 내가 어떻게 알았을까? 난 지난 20년 동안 너희 남정네들을 위해서 요리했어. 그런데 너희는 늘 건초를 먹었다는 소리만 했잖아. 난 그 소리만 들었다고."

몇 년 전 가출한 아내들을 대상으로 연구가 진행되었다. 아내들이 가출하는 주된 이유는 무엇이었을까? 그건 바로 '인정 부족' 때문이었다. 나는 가출한 남편들을 대상으로 같은 연구를 진행해도 같은 결과가 나올 것이라고 확신한다. 우리는 배우자를 너무 당연하게 생각한 나머지 상대방에게 감사하는 마음을 알려주지 않는 경향이 있다.

우리가 진행한 수업을 듣는 수강생 중 아내에게 어떤 요청을 받은 사람이 있었다. 수강생의 아내는 교회에서 다른 여자들과 함께 자기계발 프로그램을 진행하고 있었다. 그녀는 남편에게 자신이 더 좋은 아내가 되려면 고쳐야 할 것들을 6가지 목록으로 작성해달라고 부탁했다. 수강생인 남편은 수업 시간에 이런 이야기를 했다.

> 저는 그런 요구를 받았을 때 너무 놀랐습니다. 솔직히 아내를 바꾸고 싶은 대목을 여섯 가지 목록으로 작성하는 건 너무 쉬운 일이었지요. 그런데 아내가 저를 바꾸고 싶은 부분을 목록으로 작성한다면 천 가지는 넘을 거예요. 그래서 저는 그런 이야기는 하지 않았습니다. 이렇게만 얘기했습니다.
>
> "잘 생각해보고, 내일 아침에 얘기해줄게."
>
> 다음 날 아침 저는 아주 일찍 일어났어요. 꽃집에 연락해서 우리 아내에게 줄 붉은 장미 여섯 송이를 부탁했지요. 이런 메모도 함께 보내

달라고 했습니다.

'당신한테 바꾸고 싶은 것 여섯 가지를 아무리 생각해도 없네. 난 지금 그대로의 당신을 사랑해.'

그날 저녁 집에 도착했을 때 문 앞에서 누가 저를 맞이했을 것 같나요? 맞아요. 우리 아내였죠! 아내는 눈물을 글썽이고 있었어요. 저는 아내가 요청한 대로 아내를 비판하지 않아서 정말 기뻤습니다.

돌아오는 일요일에 교회에서 아내는 자신이 할당받은 과제의 결과를 보고했습니다. 아내와 함께 과제를 수행했던 여자들이 제게 와서 말하더군요.

"지금까지 저희가 들어본 것 중에 최고로 사려 깊은 행동이었어요."

저는 그때 인정의 힘을 제대로 깨달았습니다.

브로드웨이를 화려하게 장식했던 가장 뛰어난 제작자 플로렌츠 지그펠드Florenz Ziegfeld는 '평범한 소녀를 미화시키는' 절묘한 능력으로 명성을 얻은 사람이다. 지그펠드는 어떤 사람이라도 두 번 다시 쳐다보지 않을 평범한 여성을 무대 위에 올린 순간, 신비스럽고 유혹적이며 화려한 여성으로 탈바꿈시켰다. 그는 인정과 자신감의 가치를 알고 있었기에 무대에 오른 여성을 순전히 예의 바르게 배려하는 마음만으로 여성 스스로 아름답다는 느낌을 받게 할 수 있었다. 현실적인 지그펠드는 주당 30달러를 받던 코러스 여성들의 급여를 주당 175달러까지 올려주었다. 또한 그는 폴리스Follies를 개막하던 어느 날 저녁, 배역에 뽑힌 배우들에게 모두 전보를 보내고, 무대에 선 모든 코러스 여성에게도 장미꽃을 푹 파묻힐 만큼 보낼 정도로 기사도가 넘치는 사람이었다.

나는 한때 유행하던 금식에 굴복해서 6일 밤낮을 아무것도 먹지 않고 지낸 적이 있다. 그렇게 어렵지는 않았다. 6일째 저녁이 이틀째 저녁보다 배가 덜 고팠다. 하지만 가족이나 직원들이 6일 동안 음식을 먹지 못한다면 누구나 범죄를 저지를 것이라는 사실은 나도 알고 있다. 하지만 가족이나 직원들이 음식만큼이나 갈망하는 진심 어린 인정을 6일은커녕, 6주 혹은 6년까지도 주지 않을 사람들도 있을 것이다.

역사상 가장 위대한 배우 중 한 명인 알프레드 런트Alfred Lunt는 〈빈에서의 재회Reunion in Vienna〉라는 영화에서 주역을 맡았는데 이런 이야기를 남겼다.

"내 자존감을 키워줄 자양분만큼 필요한 것은 없다."

우리는 자식과 친구와 직원들의 몸을 챙기지만, 이들의 자존감을 챙기는 일은 거의 없다. 우리는 이들이 힘을 비축하도록 소고기 구이와 감자 요리를 내주지만, 새벽별의 노래처럼 오랫동안 이들의 머릿속에 울려 퍼질 인정 어린 친절한 말은 거의 하지 않고 지낸다.

폴 하비Paul Harvey는 자신이 진행하는 〈나머지 이야기The Rest of the Story〉라는 라디오 방송 프로그램에서 진솔한 인정으로 한 사람의 인생이 어떻게 바뀌었는지 들려주었다. 디트로이트의 어느 교사가 스티비 모리스Stevie Morris에게 교실에서 잃어버린 생쥐 한 마리를 찾아달라는 부탁을 했다. 교사는 교실의 어떤 학생에게도 없는 능력을 스티비가 갖고 있다고 인정한 것이었다.

스티비는 시각장애인이었는데 그에 대한 보상작용으로 청각 능력이 무척 뛰어났다. 그런데 스티비가 뛰어난 청각 능력을 이렇게 인정받은 것은 정말 처음이었다. 스티비는 이런 인정을 받은 덕분에 몇 년 후 새로운 인생을 시작할 수 있었다. 스티비는 그때 이후로 뛰어난 청각을 개발했다. 그리고 스티비 원더라는 가명으로 70년대 가장 뛰어난 대중 가수이자 가장 뛰어난 작곡가가 될 수 있었다.

여기까지 읽다가 지금 당장 이런 이야기를 하는 독자들도 있을 것이다.

"치, 아첨이라고! 나도 그런 건 해봤어. 아무 소용도 없었어. 똑똑한 사람들한테는 안 먹히던데."

물론 분별력이 있는 사람들에게 아첨은 거의 효과가 없다. 아첨은 얄팍하고 이기적이며 진실성이 없다. 반드시 실패할 수밖에 없다. 물론 인정에 목마른 사람이라면 굶주린 사람이 풀과 지렁이를 먹는 것처럼 얄팍한 인정이라도 좋아할 수 있다.

심지어 빅토리아 여왕도 아첨을 받아들였다. 영국의 전직 수상 벤저민 디즈레일리Benjamin Disraeli도 여왕을 상대할 때는 아첨을 꽤 떨었다고 고백했다. 그의 말을 그대로 옮기면, '삽으로 뜰' 정도로 아첨을 떨었다고 했다. 하지만 디즈레일리는 세계 이곳저곳을 지배했던 대영제국을 통치한 지도자 중 가장 세련되고 능수능란한 사람으로 자기 분야에서 천재였다. 그에게 효과가 있었던 것이 우리 같은 사람에게도 반드시 효과가 있으란 법은 없다. 득보다 실이 많은 아첨은 위조지폐와 같은 것이다. 다른 사람에게 위조지폐를 건네면 문제를 일으키는 것처럼 아첨도 상황을 악화시킬 뿐이다.

인정과 아첨은 어떤 차이가 있을까? 둘의 차이는 정말 간단하다. 인정은 진실하지만, 아첨은 가식적이다. 인정은 마음에서 우러나오지만, 아첨은 말만 번지르르하다. 인정은 이타적이지만 아첨은 이기적이다. 인정은 대개 칭찬받지만, 아첨은 대개 비난받게 마련이다.

나는 최근 멕시코시티에 소재한 차플테펙Chapultepec 궁전에 있는 멕시코의 영웅 알베로 오브레곤Alvaro Obregon 장군의 흉상을 본 적이 있다. 흉상 아래에는 오브레곤의 철학이 담긴 현명한 글귀가 새겨져 있었다.

'당신을 공격하는 적들을 두려워하지 말라. 당신에게 아첨을 떠는 친구들을 두려워하라.'

아니다! 절대 아니다! 나는 지금 아첨을 제안하는 것이 아니다. 아첨은 결코 내가 하고 싶은 말이 아니다. 나는 지금 새로운 삶의 방식에 대해 얘기하고 있다. 다시 한번 말하지만 중요한 것은 새로운 삶의 방식이다.

영국 왕 조지 5세George V는 버킹엄 궁전의 서재 벽에 6가지 격언을 세트로 전시해두었다. 그중의 격언 하나는 다음과 같다.

'값싼 칭찬은 하지도 말고 받지도 않게 가르쳐주소서.'

값싼 칭찬은 바로 아첨이다. 다음은 예전에 읽은 적이 있는 아첨의 정의로 되풀이할 만한 가치가 있는 구절이다.

'아첨은 상대방이 본인에 대해 어떻게 생각하는지 그대로 말해주는 것이다.'

랄프 왈도 에머슨Ralph Waldo Emerson은 말했다.

"사람은 어떤 말을 하든 말로써 자신의 참모습이 그대로 드러나게 마련이다."

아첨만으로 모든 게 가능했다면 우리는 모두 아첨에 통달하고 인간관계의 전문가가 되었을 것이다.

사람들은 어떤 특정 문제를 깊이 생각하지 않을 때, 자신에 대해 생각하느라 95퍼센트의 시간을 쓴다. 지금 잠시라도 자신에 대해서는 그만 생각하고 다른 사람의 좋은 점을 생각해보자. 그러면 입 밖으로 나오기도 전에 알아차릴 정도로 값싸고 거짓된 아첨에 의존하지 않게 될 것이다.

우리가 살아가면서 가장 소홀히 하는 덕목 하나는 바로 인정이다. 우리는 자식이 좋은 성적표를 갖고 집으로 돌아와도 칭찬을 잘 하지 않는다. 또한 아이들이 난생처음 케이크를 굽거나 새집을 지어도 잘했다고 격려하지 못하는 경향이 있다.

부모의 관심과 인정보다 자식을 기쁘게 하는 것은 없다.

식당에서 안심스테이크를 맛있게 먹었다면 셰프에게 정말 훌륭하게 준비된 요리였다는 쪽지를 보내야 한다. 피곤한 판매사원이 특별히 예의를 차렸다면 그 점을 언급해야 한다.

목회자와 강사와 공개 연설가들은 청중에게 자신을 쏟아붓는 연설을 했는데도 한마디의 칭찬도 듣지 못하는 실망스러운 상황을 잘 알고 있다. 전문가들에게 적용되는 사실은 사무실 직원과 상점 점원, 공장의 노동자들과 우리의 가족 및 친구들에게는 2배로 적용된다. 인간관계를 맺을 때 우리 동료들이 인정에 목마른 인간이라는 사실을 절대 잊지 말아야 한다. 인정은 모든 사람이 좋아하는 화폐 같은 것이다.

매일 만나는 사람들에게 작은 감사의 표시를 남기도록 노력해야 한다. 그 사람들이 다음 만남에 작은 우정의 표시로 장밋빛 불꽃을 발사한다면 깜짝 놀라게 될 것이다.

코네티컷주 뉴페어필드New Fairfield에 사는 파멜라 던햄Pamela Dunham은 일을 정말 못하는 청소부를 감독해야 할 책임이 있었다. 다른 직원들은 그 청소부를 보면 야유를 보내거나, 그가 일을 얼마나 못하는지 알려주려고 복도에 쓰레기를 버리곤 했다. 상점의 생산성이 떨어지는 등 상황이 정말 좋지 않았다.

던햄은 이 사람에게 일할 의욕을 주려고 여러 방법을 썼지만 아무 소용이 없었다. 그런데 이 청소부가 가끔 일을 잘할 때가 있었다. 던햄은 바로 그때 다른 사람들 앞에서 청소부를 칭찬했다. 날이 갈수록 청소부의 솜씨가 좋아지더니 어느 순간 정말 효율적으로 일을 하기 시작했다. 이제 청소부는 아주 일을 잘할 뿐만 아니라 다른 사람들도 그를 인정하고 칭찬했다. 비난과 조롱은 실패를 낳을 뿐이지만 정직한 칭찬으로 좋은 결과를 얻을 수 있다.

다른 사람들에게 상처를 주면 그들을 변화시킬 수 없을 뿐만 아니라 그 자체로 적절하지 못한 행동이다. 다음은 내가 매일 보기 위해 오려서 거울에 붙여둔 격언이다.

> 나는 이 세상을 딱 한 번만 살 것입니다. 그러니 내가 할 수 있는 어떤 선행이든, 어느 인간에게 베풀 수 있는 어떤 친절이든, 지금 할 수 있게 허락하소서. 그것을 미루거나 소홀히 하지 말게 하소서. 나는 이 세상을 다시 살 수 없으니까요.

에머슨은 이런 말을 남겼다.

"내가 만난 사람은 모두 어떤 면에서 나보다 나은 점이 있다. 나는 그들에게서 나보다 나은 점을 배운다."

이 말이 에머슨에게 적용된다면 우리 같은 사람에게는 천배 더 맞는 말이 아닐까? 이제 우리가 성취한 것과 우리가 원하는 것은 그만 생각하자. 다른 사람의 장점을 파악하려고 노력하자. 그리고 아첨은 잊어버리자. 정직하고 진솔하게 다른 사람을 인정하자. 진정으로 인정하고 칭찬을 아끼지 않으면 다른 사람들은 여러분의 말을 소중히 여기며 평생 반복할 것이다. 여러분이 그런 말을 했다는 것을 잊은 후에도 사람들은 그 말을 되풀이할 것이다.

원칙 2 솔직하고 진지하게 상대방을 칭찬하라.

3장

이렇게 할 수 있는 사람은 세상을 다 가질 수 있다, 이렇게 할 수 없는 사람은 외로운 길을 걷게 될 것이다

나는 여름이면 메인주로 낚시를 자주 가는 편이다. 개인적으로 나는 딸기와 크림을 좋아하지만, 물고기는 지렁이를 좋아한다. 그래서 낚시를 가면 내가 좋아하는 것은 생각하지 않고 물고기들이 좋아하는 것만 생각한다. 나는 낚시 고리에 딸기와 크림을 미끼로 걸지 않는다. 그 대신 물고기 앞에 지렁이나 메뚜기를 흔들며 이렇게 묻는다.

"이거 먹고 싶지 않니?"

사람들을 낚을 때도 이 같은 상식을 써보면 어떨까?

대영제국의 수상 로이드 조지Lloyd George는 제1차 세계대전 중에 나처럼 행동했다. 누군가 그에게 윌슨Wilson과 올랜도Orlando와 클레망소Clemenceau 같은 전시의 지도자들이 사람들의 뇌리에서 지워진 후에도 권력을 유지할 수 있었던 이유를 물었다. 그는 자신이 정상에 머무를 수 있었던 건 한 가지 이유, 즉

물고기에 맞는 미끼를 써야 한다는 것을 알았기 때문이라고 대답했다.

우리는 왜 우리가 원하는 것만 얘기할까? 유치하고 불합리한 짓이다. 물론 우리는 자신이 원하는 것에만 관심이 있다. 영원히 그럴 것이다. 하지만 다른 사람은 우리가 좋아하는 것에는 관심이 없다.

그러니 다른 사람들의 마음을 사로잡으려면 그들이 원하는 것에 대해 얘기하고 그걸 얻는 방법을 알려주는 수밖에 없다.

내일이라도 누군가에게 어떤 일을 시키고 싶다면 명심해야 할 것들이 있다. 예컨대 자식이 금연하기를 원한다면 설교는 금물이다. 내가 원하는 것을 말하는 게 아니라 담배를 계속 피우면 농구팀에 들어갈 수 없다거나 단거리 달리기에서 이길 수 없다고 알려줘야 한다.

다음은 자식을 상대하든 송아지나 침팬지를 다루든 기억해 두면 좋을 이야기다. 예를 하나 들겠다. 어느 날 랄프 왈도 에머슨은 아들과 함께 송아지 한 마리를 헛간으로 들이는 데 애를 먹고 있었다. 두 사람은 자기들이 바라는 것만 생각하는 흔한 실수를 저지르고 있었다. 에머슨은 뒤에서 송아지를 밀고 아들은 앞에서 당기고 있었다. 물론 송아지도 자기가 늘 하던 대로만 행동하고 있었다. 송아지는 자기가 원하는 것만 생각하고 있었다. 그래서 다리를 뻣뻣하게 뻗대며 풀밭을 떠나지 않으려고 고집을 피웠다. 그때 아일랜드 출신의 하녀가 궁지에 몰린 부자를 보고 있었다. 하녀는 에세이나 책을 쓸 수는 없었지만, 에머슨보다 말이나 소의 감각을 더 많이 이해했다. 송아지가 무엇을 원하는지 곰곰이 생각하더니 손가락을 송아지의 입안에 집어넣었다. 그리고 하녀는 송아지가 본인의 손가락을 빠는 동안 부드럽게 헛간 안으로 집어넣었다.

여러분이 태어난 후로 지금까지 한 행동은 모두 원하는 게 있어서 그렇게 한 거다. 여러분이 적십자에 큰돈을 기부할 때는 어땠을까? 당연히 예외일 수 없는 행동이다. 적십자에 큰돈을 기부한 것은 도움의 손길을 내밀고 싶었기 때문이다. 아름답고 이타적이고 성스러운 행동을 하고 싶었던 것이다.

'내 형제 중에 지극히 작은 자 하나에게 한 것이 곧 내게 한 것이니라(마태복음 25:40).'

혹시 그런 기분을 갖기보다 돈을 더 원했더라면 기부는 하지 않았을 것이다. 물론 거절하는 게 부끄럽거나 고객이 그렇게 해달라고 부탁해서 그런 기부를 했을지도 모른다. 하지만 한 가지는 확실하다. 원하는 게 있어서 기부했다는 사실이다.

해리 A. 오버스트리트Harry A. Overstreet는 저서 《인간 행동에 영향을 미치는 방법Influencing Human Behavior》에서 이런 이야기를 했다.

'우리는 본질적으로 원하는 대로 행동한다. 업무상 만나는 사람을 설득하거나 가정, 학교, 정치 쪽에서 남을 설득하고 싶다면 다음 조언을 받아들여야 한다. 무엇보다 먼저 상대방의 마음에 열망을 일으켜야 한다. 이렇게 할 수 있는 사람은 세상을 다 가질 수 있지만 그렇지 못한 사람은 혼자가 될 것이다.'

가난에 찌든 스코틀랜드 출신의 청년 앤드루 카네기는 시간당 2센트를 받는 일부터 시작했지만, 결국에는 3억 6,500만 달러를 기부하는 사람이 되었다. 그는 다른 사람들을 설득하려면 그 사람이 원하는 방향으로 대화를 이끄는 것이 가장 좋다는 사실을 일찌감치 깨달았다. 그는 학교를 4년밖에 다니지 않았지만, 사람을 다루는 방법은 제대로 알았다.

사례를 들자면, 그에게는 두 아들 때문에 걱정이 많은 처제가 있었다. 처제의 두 아들은 예일대학교에 다니고 있었는데 각자 일 때문에 너무 바빠서 집에 편지를 쓸 시간이 없었다. 물론 걱정 때문에 두서없이 쓴 어머니의 편지에 관심을 기울일 여유도 없었다.

그러자 카네기는 조카들에게 요구하지 않아도 답장을 받을 수 있다며 100달러 내기를 제안했다. 어떤 사람이 그의 내기에 응했다. 그래서 그는 조카들에게 격의 없는 편지 한 통씩을 보냈는데 5달러짜리 지폐를 동봉한다는 추신도 추가했다.

하지만 그는 5달러를 동봉하지 않았다.

'보고 싶은 앤드루 삼촌에게'로 첫머리를 시작한 답장이 돌아왔다. 친절한 삼촌의 편지가 고맙다는 조카의 답장이 어떻게 마무리되었는지 여러분의 짐작에 맡기겠다.

오하이오주 클리블랜드에 사는 스탠 노박Stan Novak은 우리가 진행한 수업의 수강생이다. 다음은 설득의 사례를 잘 보여준 스탠의 가정 이야기다.

스탠은 어느 날 저녁 직장에서 돌아왔더니 거실 바닥에서 발로 차며 소리를 지르는 막내아들 팀이 눈에 들어왔다. 팀은 다음날부터 유치원에 가야 하는데, 가지 않겠다고 반항하고 있었다. 평상시라면 스탠은 아이를 제방으로 쫓아내며 유치원은 무조건 가야 하는 곳이며, 그렇게 마음을 정하는 게 더 좋을 거라고 말했을 것이다. 하지만 그날 밤 이런 식으로는 팀이 좋은 마음으로 유치원생활을 시작할 수 없다는 것을 알았기에 스탠은 자리에 앉아서 곰곰이 생각했다.

'내가 팀이라면 어떻게 해야 유치원에 가고 싶은 마음이 들까?'

스탠과 아내는 핑거페인팅, 노래 부르기, 새 친구 사귀기 등 팀이 좋아할 것들을 목록으로 작성했다. 그리고 바로 행동으로 옮겼다. 스탠은 그 상황을 이렇게 얘기했다.

"우리는 부엌 식탁에서 핑거페인팅을 시작했어요. 나와 아내 릴과 맏아들 밥은 무척 재미있게 놀았어요. 곧 팀이 부엌 주변을 훔쳐보더군요. 그리고 자기도 끼워달라고 애걸했죠. 저는 이렇게 대답했습니다. '어, 안 돼! 넌 우선 유치원에 가서 핑거페인팅하는 방법을 배워야 해.' 저는 아이가 이해할 수 있는 단어로 만든 목록을 살펴본 후, 온 열정을 끌어모아서 아이가 유치원에서 누리게 될 재미있는 것들을 모두 얘기해주었습니다. 다음 날, 저는 제일 먼저 일어난 사람이 저인 줄 알았습니다. 그런데 아래

층에 내려갔더니 거실 의자에 앉은 채로 곤히 잠든 팀이 보였습니다. '너 여기서 뭐 하는 거야?' 제가 물었습니다. '유치원에 가려고 기다리고 있어요. 늦기 싫어요.' 우리 가족의 열정 덕분에 팀의 마음에도 열정이 생겼습니다. 그 많은 토론과 위협으로도 해낼 수 없는 일이었죠."

여러분은 내일 어떤 사람에게 시키고 싶은 일이 생길지도 모른다. 시키고 싶은 일을 말하기 전에 잠시 시간을 두고 스스로 물어봐야 한다.

"이 사람이 이걸 하고 싶게 하려면 어떻게 해야 할까?"

이런 질문을 던지면 자신이 바라는 것들만 얘기하는 시시한 수다나 떠는 경솔한 행동은 하지 않을 것이다.

예전에 나는 강연을 하기 위해 시즌마다 뉴욕에 있는 호텔의 대연회장을 20일 동안 빌리곤 했다.

한번은 시즌을 시작하려는데 갑자기 이전보다 세 배나 높은 사용료를 내야 한다는 통지를 받았다. 인쇄를 마친 표를 모두 배포하고 공지도 다 했는데, 이런 소식을 들은 것이었다.

당연히 나는 가격이 오른 사용료를 내고 싶지 않았다. 하지만 내가 원하는 것을 호텔에 얘기해봤자 무슨 소용이 있었을까? 호텔 사람들은 자신들이 원하는 것에만 관심이 있을 뿐이었다. 그래서 며칠 후 나는 지배인을 보러 갔다.

"지배인님이 보낸 편지를 받았을 때 조금 놀랐습니다. 하지만 지배인님을 탓하고 싶은 마음은 전혀 없습니다. 제가 지배인님

입장이라도 비슷한 편지를 보냈을 겁니다. 호텔 지배인으로서 이윤을 가능한 한 많이 올려야 하는 의무가 있으니까요. 그렇게 하지 않으면 지배인님은 해고당하겠죠. 어쩔 수 없는 일이죠. 그러니 이제 지배인님이 이렇게 오른 사용료를 주장할 경우, 호텔 측이 어떤 이득을 누리고, 어떤 불리한 일들이 발생할지 종이에 적어봅시다."

나는 주소와 이름이 인쇄된 편지지 한 장을 꺼내서 중앙에 선을 그은 다음, 한 칸에는 '이득'이라고 쓰고 다른 칸에는 '불리한 일'이라는 제목을 붙였다.

나는 '이득' 칸 밑에 이런 내용을 적었다.

'연회장의 여유.'

그리고 이런 말을 했다.

"연회장이 비는 경우 호텔은 무도회나 대회를 열어서 이용료를 받을 수 있는 이점이 생깁니다. 정말 큰 이득이죠. 강연보다는 그런 행사가 돈을 더 많이 지급하니까요. 제가 20일 동안 연회장을 빌려서 강연하면 호텔은 수익 면에서 손실이 발생할 테니까요.

자, 그럼 이제 불리한 일을 생각해봅시다. 지배인님은 저한테 받을 수입이 늘기는커녕 줄어들게 될 것입니다. 실제로는 전혀 못 받을 겁니다. 저는 지배인님이 요구한 이용료를 줄 수 없으니까요. 전 다른 장소에서 강연을 열 수밖에 없을 거예요.

지배인님한테 불리한 게 또 하나 있어요. 제가 하는 강연 때문에 학식 있고 교양 있는 사람들이 이 호텔에 몰려들지요. 호텔에는 정말 좋은 홍보거리일 거예요, 그렇죠? 설사 지배인님이 신문에 5천 달러짜리 광고를 실어도 제가 하는 강연으로 호텔에 끌어들이는 만큼 사람들을 많이 불러들일 순 없을 겁니다. 그 정도면 호텔에 참 좋은 일 아닌가요, 그렇죠?"

나는 지배인과 얘기하면서 '불리한 일' 두 개를 썼다. 그리고 지배인에게 종이를 주면서 이런 말을 했다.

"호텔에 이득과 불리한 일이 될 만한 것들을 잘 생각한 다음 최종 결정을 내려주세요."

다음 날 나는 사용료를 300퍼센트 대신 50퍼센트만 올린다는 내용이 적힌 편지 한 통을 받았다.

여러분은 내가 원하는 것은 한마디도 얘기하지 않고 사용료를 깎았다는 사실을 주목해야 한다. 나는 상대방이 원하는 것과 어떻게 하면 그걸 얻을 수 있는지 그 얘기만 계속했다.

내가 인간적으로 당연한 일을 했다고 가정해보자. 내가 지배인의 사무실로 쳐들어가서 이렇게 말했다면 어땠을까.

"강연 표를 이미 다 인쇄했고 공지도 다 끝났는데, 이제 와서 사용료를 300퍼센트나 올리면 어쩌자는 거요? 300퍼센트라니! 말도 안 돼! 정말 터무니없는 일이야! 난 그 돈 절대 못 내요!"

그러면 무슨 일이 일어났을까? 언쟁이 과열돼서 불꽃이 튀는 지경까지 갔을 것이다. 설사 내가 잘못은 지배인에게 있다고 잘 설득하더라도, 지배인은 자존심 때문에 물러서거나 포기하기는 어려울 것이다.

다음은 인간관계를 제대로 이해할 수 있는 가장 좋은 충고 중 하나다.

“혹시 성공의 비결이라는 것이 있다면, 우선 상대방의 관점을 알아야 한다. 내 관점은 물론이고 상대방의 관점으로도 상황을 파악하는 능력이 있어야 성공할 수 있다.”

헨리 포드Henry Ford는 이렇게 얘기했다.

정말 좋은 말이다. 나는 다시 한번 반복하고 싶다.

‘혹시 성공의 비결이라는 것이 있다면, 우선 상대방의 관점을 알아야 한다. 내 관점은 물론이고 상대방의 관점으로도 상황을 파악하는 능력이 있어야 성공할 수 있다.’

아주 단순하고 정말 분명해서 누구라도 한눈에 이 말이 옳다는 것을 알아봐야 하지만 이 세상 사람 중 90퍼센트는 사는 동안 이 사실을 90퍼센트나 무시하며 살아간다.

예를 들어볼까? 내일 아침 여러분 책상 위에 놓인 편지 한 통을 읽어보라. 대부분의 편지가 중요한 상식을 어긴다는 것을 알게 될 것이다. 전국에 지사를 둔 광고 에이전시의 라디오 광고팀장이 쓴 편지 한 통을 예로 들겠다. 전 지역의 라디오 방송국 국장들이 이 편지를 읽었다(괄호 안의 내용은 내가 보인 반응이다).

존 블랭크Mr. John Blank 귀하

인디애나주

블랭크빌Blankville

블랭크 국장님께,

우리 회사는 라디오 분야를 담당하는 광고 에이전시로서 선두를 유지하고 싶은 바람이 있습니다.

(당신네 회사의 바람을 누가 신경 쓴대? 난 내 문제만으로도 걱정이 많은 사람이야. 우리 집에 담보권을 행사한다고 은행이 경고하고, 접시꽃에는 벌레가 꼬여서 시들시들하고, 어제는 주식시장이 폭락했어. 오늘 아침에는 8시 15분 기차를 놓쳤어. 어젯밤 존의 댄스파티에 나만 초대를 받지 못했어. 의사는 내가 고혈압과 신경염과 비듬이 있다고 했어. 그런데 이게 지금 무슨 일이야? 오늘 아침 걱정만 한가득 안고 사무실로 와서 편지를 개봉했더니 뉴욕에 있는 어떤 건방진 애송이가 자기네 회사가 원하는 것만 떠들고 있네. 흠! 자기가 쓴 편지가 다른 사람이 보기에 어떤지 깨달을 수 있다면 광고계를 떠나 세양액sheep dip(양털의 기생충을 없애기 위해 양을 담그는 액체나 통)이나 만들 건데.)

전국에 걸쳐 있는 우리 에이전시의 고객들은 우리 회사의 네트워크를 지켜주는 방어벽과 같은 존재입니다.

우리 에이전시는 광고를 끊이지 않고 계속 내보낸 덕분에 해마다 업계 최고의 자리를 유지할 수 있었습니다.

(그래, 당신네 회사는 참 크고 돈도 많고 최고야, 그렇지? 그래서 뭐? 당신네 회사가 제너럴 모터스와 제너럴 일렉트릭과 미 육군의 참모본부를 다 합한 것보다 크다고 해도, 난 눈 하나 깜짝하지 않아. 당신이 얼빠진 벌새만큼이라도 지각이

있다면 나는 내가 얼마나 중요한 사람인지만 관심이 있을 뿐이고, 당신네가 얼마나 거물인지는 눈곱만큼도 관심이 없다는 걸 알았을 거야. 당신네가 엄청나게 성공했다는 이야기만 듣다 보니 나라는 사람이 참으로 작고 부족하다는 생각만 들 뿐이야.)

우리는 고객들에게 라디오 방송국에 대한 최신 정보를 제공하고 싶은 바람이 있습니다.

(당신네 바람이라! 당신네가 바란다고. 이 바보 같은 자식아. 난 당신네가 뭘 바라는지, 아니 미국 대통령이 뭘 바라는지도 전혀 관심 없어. 분명히 말할게. 난 내가 원하는 것에만 관심 있어. 그런데 당신은 이 터무니없는 편지에 그런 얘기는 한 마디도 적지 않았어.)

그러니 주간 방송 정보를 내보내는 우선순위 목록에 우리 회사를 넣어주실 수 있을까요? 광고 에이전시가 예약 시간을 잡는 데 유용한 세세한 정보를 모두 보내주는 우선순위 목록 말입니다.

(우선순위 목록이라니, 진짜 뻔뻔하네! 자기네 회사가 엄청 크다고 떠벌려서 내가 하찮은 사람이라는 기분이 들게 하더니 이제는 우선순위 목록에 자기네 회사를 넣어달라고 요구하네. 게다가 요청하면서 '부탁합니다'라는 말도 안 하네.)

이 편지를 받았다고 즉시 알려주시고, 귀사에서 현재 무슨 '일들'을 하는지 알려주시면 서로에게 이로울 것입니다.

(이런 바보 자식을 봤나! 아니 여기저기 흩어진 가을 낙엽처럼 싸구려 편지나 한 통 보낸 주제에 참, 배짱도 좋네. 안 그래도 집 담보와 접시꽃과 고혈압 때문에 걱정돼 죽겠는데, 가만히 앉아서 네가 보낸 편지를 받았다는 답장을 보내달라고, 그것도 '즉시' 보내달라고 요구하네. 무슨 의미로 '즉시'라고 한 거야? 내가 너

만큼 바쁜 사람이라는 걸 몰라, 아니, 최소한 나는 내가 바쁜 사람이라고 생각하고 싶거든. 그리고 이 문제에 대해 나한테 이래라저래라 명령하라는 권한은 대체 누구한테 받은 거야? 당신은 '서로에게 이로울 것'이라고 얘기했어. 이제야, 정말 이제야 내 관점에서 상황을 보기 시작했네. 하지만 당신은 그게 어떻게 나한테 이득이 될지는 전혀 모른다고.)

존 도John Doe

라디오 광고팀장

추신. 귀하께서는 동봉한 〈블랭크빌 저널Blankville Journal〉 전재에 관심이 있으실 것입니다. 귀하의 방송국에서 방송을 원하실 수도 있으니까요.

(마침내 추신까지 와서야 내 문제를 푸는 데 도움 될 만한 걸 언급하네. 편지 첫머리에 도움이 될 만한 걸 썼어야지. 나한테 보낸 이딴 쓸데없는 편지나 쓰는 광고업자라면 당신이 누구든 뇌가 잘못된 게 분명해. 당신한테는 우리가 최근에 뭘 하는지 알려주는 편지 같은 건 필요 없어, 당신 갑상선에 부어줄 요오드나 한 말 있으면 되겠지.)

현재 광고로 먹고사는 사람들과 다른 사람들에게 물건을 구매하도록 설득하는 전문가라고 행세하는 사람들이 이런 식으로 편지를 쓴다면 정육점 주인이나 제빵업자나 정비공은 어떤 수준일까?

여기 또 다른 편지 한 통을 소개하겠다. 대규모 화물 터미널의 관리자가 내 수업을 듣는 에드워드 버밀렌Edward Vermylen에게 보낸 것이다. 이 편지는 수신인에게 어떤 영향을 미쳤을까? 먼저 읽어보고 말해주겠다.

에드워드 버밀렌 귀하

브루클린 뉴욕 11201

프런트가Front St. 28

A. 제레가스 선스 주식회사A. Zerega's Sons, Inc

여러분,

우리 회사의 화물 수취 작업에 심각한 장애가 생겼습니다. 물건의 상당량이 오후 늦게 인도되었기 때문입니다. 이로 말미암아 화물이 적체되고, 우리 직원들은 초과근무를 하고, 물건을 옮겨야 할 트럭이 지체되고, 화물 운송도 늦어지고 있습니다. 우리 회사는 11월 10일에 귀사로부터 510개의 화물을 받았지만, 이곳에 도착한 시간은 오후 4시 20분이었습니다.

화물 수령이 늦어지는 바람에 바람직하지 못한 결과가 발생했습니다. 이를 극복하기 위해 귀사의 협조를 간청합니다. 다음에 귀사가 위 날짜에 받은 화물과 같은 분량을 운송할 때는 좀 더 일찍 트럭을 이곳으로 보내주시든가, 아니면 일부 화물이라도 오전에 우리 쪽으로 넘겨주실 수 있을까요?

이런 합의가 이뤄진다면 귀사의 트럭에서 좀 더 신속하게 화물을 내리고, 귀사가 화물을 받은 날 일이 잘 진행될 것이라고 보장할 수 있습니다. 귀사는 이러한 이점을 누리게 될 것입니다.

이만 줄이겠습니다.

J-B_Supt.

'A. 제레가스 선스'의 영업부장인 버밀렌은 이 편지를 읽은 후 아래와 같은 지적을 달아서 편지를 보내주었다.

이 편지는 원래 의도와는 달리 오히려 역효과만 낳았습니다. 이 편지는 터미널이 처한 여러 가지 곤경을 설명하는 것으로 첫머리를 시작했습니다. 우리는 아무 관심도 없는 내용이었죠.

다시 말해 그나마 우리가 가장 관심 있는 내용은 편지 끝부분에 언급되었죠. 그 결과 협조가 아닌 적대심만 생겨났습니다.

우리는 이 편지를 다시 써보았다. 우리 문제를 얘기하는 것은 시간 낭비일 뿐이다. '상대방의 견해를 파악한 다음, 상대방과 우리의 견해로 상황을 이해하자'라고 헨리 포드는 충고했다.

아래는 그 편지를 고친 것이다. 최고는 아닐 수 있지만, 많이 나아지지 않았을까?

브루클린 뉴욕 11201

프런트가 28

A. 제레가스 선스 주식회사

버밀렌 부장님께

귀사는 지난 14년 동안 우리 회사의 우수 고객이었습니다. 귀사가 우리 회사를 애용해주셔서 정말 감사드립니다. 당연히 빠르고 신속한 서비스를 제공해드리고 싶은 마음이 간절합니다. 하지만 11월 10일에 그런 것처럼 오후 늦게 귀사의 트럭이 대형 화물을 갖고 오시면 저희는 일을 제대로 처리하는 것이 불가능합니다. 이런 말씀을 드리게 되어 정말 유감입니다. 이유는 다른 고객도 이렇게 오후 늦게 물건을 인도하는 경우가 많기 때문입니다. 당연히 혼잡이 발생합니다. 그렇게 되면 귀사의 트럭은 부두에 묶일 수밖에 없고 귀사의 화물이 지연되는 경우도 가끔 발생합니다.

좋지 않은 상황이지요. 하지만 피할 수 있습니다. 가능한 한 오전에 귀사의 화물을 부두에 도착할 수 있게 해주신다면, 귀사의 트럭은 계속 이동할 수 있고, 귀사의 화물은 바로 우리 직원들의 눈에 띄게 될 것입니다. 그 덕분에 우리 직원들은 일찍 퇴근해서 귀사가 만든 맛있는 마카로니와 국수를 즐길 수 있을 것입니다.

귀사의 화물이 언제 도착하든 저희는 즐거운 마음으로 신속한 서비스를 제공하기 위해 늘 온 힘을 다해 노력할 것입니다. 버밀렌 부장님은 바쁘실 테니 이 편지에 굳이 답장을 보내지 않으셔도 됩니다.

이만 줄이겠습니다.

J-B_ Supt.

뉴욕의 어느 은행에서 일하는 바버라 앤더슨Barbara Anderson은 아들의 건강 문제로 애리조나주 피닉스로 이사 가고 싶은 마음이 간절했다. 앤더슨은 우리가 진행한 수업 시간에 배운 원칙을 활용해서 피닉스에 있는 은행 12곳에 아래처럼 편지를 써 보냈다.

관계자님께,

저는 은행에서 10년 동안 일했습니다. 귀사처럼 급속히 성장하는 은행이라면 관심을 기울일 만한 경력이라고 생각됩니다.

저는 뉴욕에 소재한 '뱅커스 트러스트 컴퍼니Bankers Trust Company에서 다양한 역량을 발휘한 덕분에 지점장의 자리에 올랐습니다. 저는 예금 관리와 신용, 대출, 집행을 비롯해 모든 은행 업무에 필요한 기술을 쌓았습니다.

저는 5월에 피닉스로 이사 갈 예정입니다. 제가 귀사에 입사한다면 귀사가 성장하고 이윤을 쌓는 데 공헌할 수 있다고 확신합니다. 저는 4월 첫째 주에 피닉스로 갈 예정입니다. 귀사가 목표를 이루는 데 제가 어느 정도 도움을 드릴 수 있을지 보여줄 기회를 주시길 바랍니다.

그럼 이만 줄이겠습니다.

바버라 L. 앤더슨Barbara L. Anderson

앤더슨이 이 편지를 보내서 응답을 몇 통이나 받았을 것 같은가? 그녀는 은행 12곳에 편지를 보냈는데 11곳에서 인터뷰에 응해달라는 답장을 받았다. 그리고 어떤 은행의 제안을 받아들일 것인지 선택했다. 이유가 무엇일까? 그녀는 본인이 원하는 것은 언급하지 않았다. 자신이 은행을 어떻게 도울 수 있을지, 본인이 원하는 것이 아닌 은행이 원하는 것에 초점을 맞춘 편지를 보낸 덕분이었다.

지치고 낙담하고 저임금에 시달리는 수많은 영업사원이 오늘도 거리를 누비고 있다. 이유가 무엇일까? 그런 영업사원들은 늘 자신들이 원하는 것만 생각하기 때문이다. 그들은 여러분이나 내가 어떤 것도 구매할 마음이 없다는 것을 깨닫지 못하고 있다. 우리가 뭔가를 사고 싶다면 밖으로 나가서 구매할 것이다. 우리는 늘 우리의 문제를 푸는 것에만 관심이 있다. 그러니 영업사원들이 자사의 서비스나 물건이 우리의 문제를 해결하는 데 얼마나 도움 되는지 알려준다면 우리에게 물건을 판매하려고 노력할 필요가 없을 것이다. 우리는 그 서비스나 물건을 구매할 것이다. 고객들은 자발적으로 산 것 같은 기분을 좋아한다. 사람들은 서비스나 물건을 억지로 강매당한 기분을 좋아하지 않는다.

그런데 대다수 영업사원은 고객의 관점으로 상황을 보지 않고 물건 파는 데만 평생을 바친다. 사례를 하나 들겠다. 나는 뉴욕의 중심에 있는 단독 주택단지인 포레스트 힐Forest Hills에서 몇 년 동안 살았다. 어느 날 기차역으로 급히 가다가, 몇 년간 이 지역에서 부동산을 사고판 부동산 업자를 우연히 만났다. 그가 포레스트 힐에 대해 잘 알고 있어서, 나는 바로 치장벽돌로 만든 집은 메탈 라드metal lath(회반죽 벽의 바탕으로 쓰는 얇은 쇠 그물)로 지은 것인지 아니면 속이 빈 타일로 지은 것인지 물었다.

그는 그런 건 모른다고 하면서 내가 이미 알고 있는 걸 알려주었다. 즉, 포레스트 힐스 가든 어소시에이션Forest Hills Garden Association(포레스트 힐 정원 협회)에 전화하면 알 수 있다는 말이었다. 다음 날 아침 나는 그 사람에게 편지 한 통을 받았다. 그 사람이 내가 원하던 정보를 주었을까? 그는 60초 동안 전화 한 통만 걸었다면 정보를 알 수 있었다. 하지만 그는 그렇게 하지 않았다. 그 대신 내가 전화를 걸면 알 수 있을 것이라는 말만 반복했다. 그러더니 자신이 내 보험을 처리하고 싶다고 부탁했다.

그는 나를 돕는 일에는 전혀 관심이 없었다. 그저 자신을 돕는 일에만 관심이 있었다.

다음은 앨라배마주 버밍햄Birmingham에 사는 J. 하워드 루카스J. Howard Lucas가 같은 보험 회사에 다니는 영업사원 두 사람이 같은 상황을 어떻게 처리했는지 보고한 내용이다.

몇 년 전 작은 회사의 관리부서에서 일할 때 일어난 일입니다. 우리 회사 인근에 대형 보험 회사의 지사가 있었습니다. 대리점마다 지역이 할당되는데, 그 보험 회사의 대리점 담당자 두 명이 우리 회사를 맡고 있었습니다. 저는 보험 대리점insurance agent(보험 회사를 대리하여 보험을 모집하거나 고객에게 서비스를 제공하는 사업자) 담당자 두 명을 칼과 존이라고 부를 것입니다.

어느 날 아침, 칼이 우리 사무실에 들렀습니다. 자기 회사에서 중역들을 대상으로 새로운 생명 보험 정책을 도입했다며, 우리가 나중에 관심이 있을 것 같으니 이에 대해 더 많은 정보를 알게 되면 돌아오겠다고 얘기했습니다.

바로 그날 우리는 커피를 마시고 사무실로 복귀하고자 인도를 걷는 중이었습니다. 존이 우리를 발견하고 소리쳤습니다.

“안녕하세요, 루크. 잠깐 기다려요. 여러분한테 딱 맞는 좋은 소식이 있어요.”

존은 급히 다가오더니 그의 회사에서 그날 도입한 중역 대상의 생명 보험 정책에 대해 아주 흥미진진하게 얘기했습니다(칼이 무심하게 언급한 것과 같은 정책이었습니다). 존은 우리가 제일 먼저 발표한 보험을 듣기를 원했습니다. 우리에게 보장 범위에 대한 중요한 사실을 몇 가지 알려준 후 이런 이야기를 하며 대화를 끝냈습니다.

“정책이 너무 새로워요. 저도 내일 본사에서 나올 사람을 만난 다음 설명해줄게요. 이제 보험 신청서에 서명 먼저 해주세요. 그럼 본사에서 나온 사람이 더 많은 정보를 알려줄 거예요.”

존이 보인 열정 덕분에 우리는 아직 세부 사항도 모르면서 이 보험 정책을 알고 싶은 마음이 커졌습니다. 우리는 신청서를 작성한 후, 존이 새로운 보험 정책을 제대로 이해했다는 것을 알 수 있었습니다. 존은 우리에게 보험 증권을 팔기만 한 것이 아니라 보장 범위도 두 배로 늘려주었습니다.

칼도 그 보험을 팔 수 있었지만, 우리가 그 보험 증권을 알아보고 싶은 마음이 들도록 노력하지 않았습니다.

세상은 이권을 추구하는 이기적인 사람이 너무 많다. 다른 이들을 섬기려고 노력하는 이타적인 사람은 거의 없다. 그렇게 이타적인 사람은 희귀한 만큼 엄청난 이점을 갖고 있다. 경쟁자가 거의 없기 때문이다. 유명한 변호사이며 미국의 위대한 비즈니스 리더 가운데 한 명인 오웬 D. 영Own D. Young은 말했다.

"스스로 다른 사람의 입장에 설 수 있는 이는 다른 사람이 어떻게 생각하는지 이해할 수 있다. 그런 이는 자신의 미래가 어떻게 펼쳐질지 걱정할 필요가 전혀 없다."

여러분은 이 책을 통해 늘 다른 사람의 관점으로 주변 상황을 생각하며 판단하는 인물이 될 수 있다. 이렇게 다른 사람의 관점을 읽는 능력을 키우면, 여러분의 경력을 키우는 데 큰 힘이 되어줄 것이다.

다른 사람의 관점으로 상황을 바라보고, 다른 사람의 마음에 무언가를 원하는 열망을 키워야 한다. 하지만 그런 행동이 나한테만 이익이 되고 그 사람에게는 손해가 되도록 그 사람을 조종하는 것으로 오해하지 말아야 한다. 각자 협상을 통해 이득을 취해야 한다. 버밀렌에게 보낸 편지는 보낸 사람과 받는 사람 모두가 제안된 내용을 시행해서 이득을 얻는 내용이었다. 앤더슨이 지원한 은행과 그녀는 그녀의 편지 때문에 이득을 봤다. 은행은 귀중한 직원을 얻었고, 앤더슨은 안정적인 직장을 구했으니 서로 이득을 취한 것이다. 존이 루카스에게 보험을 판매한 사례를 보면 둘 다 이득이 되는 거래를 한 것이다.

로드아일랜드주 워릭Warwick에 사는 마이클 E. 휘든Michael E. Whidden은 다른 사람의 마음에 무언가를 원하는 열망을 불러일으킨 덕분에 모두가 이득을 보았다. 셸 정유 회사Shell Oil Company의 판매사원인 마이클 휘든은 담당 구역에서 제일 우수한 사원이 되고 싶었다. 그런데 휴게소 한 곳이 휘든의 발목을 잡았다. 나이 든 남자가 운영하는 휴게소였는데, 그는 휴게소를 단장하려는 마음이 없었다. 휴게소는 상태가 너무 좋지 않아서 판매가 무척 부진했다.

그런데 나이 든 매니저는 휴게소를 개선하라는 휘든의 간청을 전혀 귀담아듣지 않았다. 때로는 휴게소를 단장하라고 강력히 권하거나 진심을 담아 여러 차례 이야기했지만 아무 소용이 없었다. 그래서 휘든은 자신이 담당하는 구역에 최근 개장한 셸 휴게소 한 곳을 방문해달라며 나이 든 매니저를 초대했다.

나이 든 매니저는 새 휴게소의 시설을 보고 깜짝 놀랐다. 이후 휘든은 나이 든 매니저가 운영하는 휴게소를 방문했을 때 무척 깨끗이 단장한 휴게소와 상승한 판매 기록을 볼 수 있었다. 이로 말미암아 휘든은 자신의 담당 구역에서 1등을 차지할 수 있었다. 그는 이야기와 논쟁은 전혀 도움 되지 않았지만 현대적인 휴게소를 보여주어서 나이 든 매니저의 마음에 열망을 일으킨 덕분에 목표를 달성할 수 있었다. 매니저와 휘든 둘 다 이득을 본 상황이었다.

사람들은 대학을 다니며 베리길리우스Virgil(로마의 시인)의 시를 읽고 수수께끼 같은 미적분을 완전히 익히지만 자기 마음이 어떻게 작용하는지는 전혀 모르는 경우가 대부분이다. 예를 들어보겠다. 나는 대규모 에어컨 제조업체인 캐리어사Carrier Corporation에 입사할 예정인 젊은 대학 졸업생들을 대상으로 효과적인 말하기 수업을 개최한 적이 있다.

이 수업에 참여한 참가자 중 한 사람이 한가할 때, 다른 참가자들을 설득해서 농구를 하고자 했다. 그 참가자는 이렇게 이야기를 꺼냈다.

"여러분과 함께 밖에 나가서 농구를 하고 싶어요. 전 농구를 좋아해요. 그런데 지난번에 몇 번이나 체육관에 갔는데 농구를 할 만큼 사람들이 모이지 않았어요. 며칠 전에는 두세 명밖에 모이지 않아서 함께 공 던지기를 하다가 공을 맞고 눈에 멍이 들었어요. 내일 밤에는 여러분 모두 나오면 좋겠어요. 전 꼭 농구를 하고 싶어요."

그 친구는 여러분이 원하는 이야기를 했나? 다른 사람들이

가고 싶지 않은 체육관은 여러분도 가고 싶지 않다, 그렇지 않을까? 그 친구가 뭘 좋아하든 여러분은 관심도 없다. 눈에 멍이 드는 걸 바라지도 않는다.

그 친구가 체육관을 이용해서 여러분이 원하는 것을 하고 싶은 마음이 들게 할 수는 없었을까? 물론 있었다. 농구를 하면 활력이 생기고, 식욕이 좋아지고, 머리가 맑아지고, 재미있고, 게임도 된다 얘기했다면 어땠을까?

오버스트리트 교수의 현명한 조언을 다시 한번 얘기하겠다. 먼저 상대방의 욕구를 일으켜야 한다. 이렇게 할 수 있는 사람은 온 세상을 가질 수 있다. 이렇게 할 수 없는 사람은 외로운 길을 걷게 될 것이다.

내 수업을 듣는 한 수강생은 어린 아들 때문에 걱정이 많았다. 아이는 저체중이었는데 제대로 먹을 생각이 없었다. 부모는 아이를 야단치고 잔소리를 퍼붓는 다른 부모들과 같은 방법을 썼다. 때로는 간청하기도 했다.

"엄마는 네가 이것도 먹고 저것도 먹었으면 좋겠어."

"아빠는 네가 키가 큰 사람으로 자라면 좋겠어."

이 아이가 부모의 간청에 눈곱만큼이라도 관심을 보였을까? 아이는 모래 해변의 모래 부스러기만큼 신경을 썼을 뿐이다.

상식이 조금이라도 있는 사람이라면 세 살 먹은 아이가 서른 살인 아버지의 관점에 반응을 보이리라고 기대하지는 않을 것이다. 그런데 문제는 그 아버지가 바로 그렇게 예상했다는 점이다.

정말 터무니없는 일이다. 하지만 결국 그 아버지도 상황을 알아차렸다. 그래서 속으로 이렇게 물었다.

'저 아이가 뭘 원하는 걸까? 어떻게 하면 내가 원하는 것과 아이가 원하는 것을 협상할 수 있을까?'

아버지가 이렇게 생각하기 시작하자 일이 쉽게 풀렸다. 아들은 세발자전거를 갖고 있었는데, 그 자전거를 타고 브루클린에 있는 집 앞 인도를 오르락내리락 다니는 것을 무척 좋아했다. 그런데 몇 집 건너편에 악동이 살고 있었다. 몸집이 커다란 이 악동은 몸집이 작은 아이를 세발자전거에서 끌어내고 자기가 타고 다니곤 했다.

당연히 몸집이 작은 아이는 울며 엄마를 찾았다. 그러면 엄마는 밖으로 나와서 악동이 빼앗은 세발자전거를 되찾은 다음 다시 어린 아들을 태웠다. 이런 일이 거의 매일 반복되었다.

몸집이 작은 이 아이는 무엇을 원했을까? 셜록 홈즈가 아니더라도 답을 알 수 있는 문제다. 자존심, 분노, 대단한 사람이 되고 싶은 열망. 아이는 이 모든 감정을 합해서 악당에게 복수하고 악당을 한 대 때리고 싶은 바람이 있었다. 그래서 아이의 아버지는 엄마가 먹이려는 음식을 먹기만 한다면 몸집이 커다란 악당을 얼마든지 제압할 수 있다고 설명했다. 이제 음식 문제는 사라졌다. 아이는 늘 자신을 모욕했던 악당을 후려칠 만큼 몸집을 키우기 위해서 시금치와 사우어크라우트(독일식 김치), 소금에 절인 고등어까지 무엇이든 먹으려고 했다.

이 문제가 해결된 후, 그 부모에게 또 다른 문제가 생겼다. 그 어린 아들에게 침대에 오줌을 싸는 지독한 버릇이 있었다.

아이는 할머니와 함께 잠을 잤는데 아침에 일어나서 침대 시트가 젖은 것 같으면 할머니는 이렇게 얘기했다.

"조니, 봐라. 어젯밤에 네가 무슨 짓을 했는지."

그러면 아이는 이렇게 말하곤 했다.

"아니요, 내가 안 그랬어요. 할머니가 그랬잖아요."

부모는 아이가 다시 그런 짓을 하지 않기를 바란다고 반복해서 말했다. 꾸짖고 때리고 망신까지 주었지만, 별짓을 다 해도 침대 시트가 마를 날이 없었다. 그래서 부모는 자문했다.

"어떻게 해야 이 아이가 침대에 오줌 싸는 걸 멈출 수 있을까?"

도대체 아이는 무얼 원하는 걸까? 우선 아이는 할머니 잠옷 같은 나이트가운 대신 아빠처럼 파자마를 입고 싶어 했다. 아이가 밤마다 오줌을 싸는 것에 진저리를 치던 할머니는 오줌 싸기를 고치기만 한다면 기꺼이 파자마 한 벌을 사주겠다고 약속했다. 그리고 아이는 자기 침대를 갖고 싶다고 했다. 할머니도 반대하지 않았다.

엄마는 아이를 브루클린에 있는 백화점으로 데려가더니 여직원에게 윙크하며 이야기를 꺼냈다.

"여기 꼬마 신사가 사고 싶은 게 있어요."

여직원은 아이가 중요한 사람이 된 것 같은 기분을 느끼게 해주려고 이렇게 대답했다.

"손님, 무얼 보여드릴까요?"

아이는 몇 센티라도 키를 커 보이게 하려고 똑바로 서며 대답했다.

"제가 쓸 침대를 사고 싶어요."

여직원이 엄마가 사주고 싶은 침대를 아이에게 보여주자, 엄마가 여직원에게 윙크했다. 결국 아이는 여직원의 권유를 받아들였다.

다음 날 침대가 도착했다. 그날 밤 아버지가 집에 오자, 어린 아들은 문간으로 달려가며 소리쳤다.

"아빠! 아빠! 위층으로 와서 내가 산 침대 좀 보세요."

침대를 바라보던 아버지는 '진심으로 칭찬하라, 칭찬을 아끼지 말라'고 한 찰스 슈와브의 강력한 충고대로 칭찬을 아끼지 않았다.

"이제 이 침대에 오줌 싸지 않을 거지, 그렇지?"

아버지가 물었다.

"안 쌀 거예요, 절대 안 싸요! 이 침대에 절대 오줌 싸지 않을 거예요."

아이는 자존심을 지키기 위해 약속을 지켰다. 그 침대는 아이의 침대였다. 아이가 직접 고른 침대였다. 이제 어른처럼 행동하고 싶었던 아이는 실제로 어른처럼 굴었다.

또 다른 아버지 K. T. 더치먼K. T. Dutschmann은 내 수업을 듣는 수강생이자 전화기를 설치하고 수리하는 기사다. 그의 세 살짜리 딸은 아침을 먹지 않았다. 부모가 딸을 꾸짖고, 간청하고, 구슬리고 온갖 방법을 동원해도 아무 소용이 없었다. 그래서 부모는 자문했다.

"어떻게 해야 아이가 아침을 먹고 싶다는 생각을 하게 만들까?"

어린 여자아이는 엄마처럼 되고 싶었다. 다 큰 어른이 되고 싶었다. 그래서 어느 날 아침 엄마는 아이를 의자에 앉힌 후 아침 식사를 만들게 했다. 아이가 시리얼을 휘젓는 바로 그 순간 아빠가 때맞춰 부엌으로 쓱 들어왔다. 아이는 아빠에게 이렇게 얘기했다.

"아빠, 봐요. 오늘 아침은 내가 시리얼을 만들고 있어요."

아이는 시리얼에 관심이 생겼기에 아무도 구슬리지 않았는데, 그 시리얼을 두 그릇이나 먹었다. 아이는 중요한 사람이 된 것 같았다. 시리얼을 만들면서 자기표현의 방법을 알아낸 것이다.

윌리엄 윈터William Winter는 "자기표현은 인간의 본성 가운데 지배적이고 불가피한 욕구다"라고 얘기한 적이 있다. 우리는 왜 이 같은 심리를 비즈니스나 거래에 적용할 수 없을까? 우리에게 번득이는 아이디어가 떠올랐을 때, 다른 사람들이 그 아이디어를 우리의 아이디어라고 생각하게 놔두지 말고, 그 사람들이 직접 요리하고 휘젓게 하면 어떨까. 그러면 그들은 그 아이디어를 본인의 생각이라고 여기고 좋아하게 될 것이다. 어쩌면 그 아이디어를 통째로 흡수할 수도 있다.

명심하라.

'먼저 다른 사람의 마음속에 열렬한 욕구를 일으켜야 한다. 이렇게 할 수 있는 사람은 온 세상을 가질 것이다. 이렇게 할 수 없는 사람은 외로운 길을 걷게 될 것이다.'

원칙 3 다른 사람의 마음속에 열렬한 욕구를 일으켜라.

사람들을 상대하는 가장 기본적인 기술

원칙 1 다른 사람을 비판하거나 비난하거나 불평하지 말라.

원칙 2 솔직하고 진지하게 상대방을 칭찬하라.

원칙 3 다른 사람의 마음속에 열렬한 욕구를 일으켜라.

2부

사람들이 나를 좋아하게 만드는 방법

1장

이렇게만 하면 어디서든 환영받을 수 있다

여러분은 왜 친구를 사귀는 방법을 찾기 위해 이 책을 읽고 있나? 세상에서 친구를 가장 잘 사귀는 이가 가지고 있는 기술을 배우는 게 낫지 않을까? 그는 누구일까? 내일 아침 길을 걷다 보면 그를 만날 수 있다. 코앞으로 가까이 다가가면 그는 꼬리를 흔들어댈 것이다. 가던 길을 멈추고 만지려고 하면 그는 펄쩍 뛰어오르며 자기가 여러분을 얼마나 좋아하는지 몸으로 보여주려고 할 것이다. 여러분은 그가 보이는 애정 표현에 어떤 꿍꿍이도 없다는 것을 알고 있다. 그는 여러분에게 어떤 주택을 팔 마음이 없다. 물론 결혼할 생각도 없다.

여러분은 혹시 살아가기 위해 일을 하지 않아도 되는 유일한 동물이 개라는 생각을 해본 적 있나? 암탉은 알을 낳아야 하고, 암소는 젖을 짜야 하고, 카나리아는 노래를 불러야 한다.

하지만 개는 살아가기 위해 여러분한테 내주는 게 아무것도 없다. 그저 여러분을 사랑하기만 하면 된다.

내가 다섯 살 때, 우리 아버지는 50센트를 주고 털이 노란 강아지 한 마리를 사주셨다. 노란 강아지는 내 어린 시절을 밝혀 준 빛이자 행복의 원천이었다. 매일 오후 4시 30분이 되면 노란 강아지는 앞마당에 앉은 채 예쁜 두 눈으로 한결같이 길을 빤히 쳐다보고 있었다. 그러다 내 목소리가 들리거나 덤불 사이로 도시락통을 흔들어대는 내 모습이 보이기만 하면, 마치 총알처럼 언덕 위까지 숨도 쉬지 않고 달려와 나를 반겨주었다. 녀석은 너무 기쁜 나머지 펄쩍펄쩍 뛰며 짖어댔다.

티피는 5년 동안 나의 단짝 친구가 돼 주었다. 그런데 어느 날 밤, 정말 잊을 수 없는 일이 일어났다. 티피는 바로 내 눈앞에서 벼락에 맞아 죽었다. 유년 시절에 일어난 비극적인 사건이었다.

> 티피, 넌 심리학책을 읽은 적이 없어. 그럴 필요도 없었지. 넌 다른 사람들이 너에게 관심을 보이게 하려고 2년 동안 노력하는 것보다 네가 다른 사람들에게 진심으로 관심을 보이면 두 달 만에 더 많은 친구를 사귈 수 있다는 걸 알고 있었지. 너에겐 그런 신성한 본능이 있어.

다시 한번 반복하겠다. 여러분은 다른 사람들이 여러분에게 관심을 보이게 하려고 2년 동안 노력하는 것보다 여러분이 다른 사람들에게 진심으로 관심을 보이면 두 달 만에 더 많은 친구를 사귈 수 있다.

하지만 다른 사람들이 자신에게 관심을 보이기를 바라며 평생 애쓰는 실수를 저지르는 이들이 있다.

물론 그런 노력은 아무런 효과도 없다. 사람들은 여러분에게 관심이 없다. 물론 나에게도 관심이 없다. 사람들은 자기 자신에게만 관심이 있다. 아침, 점심, 저녁에도.

뉴욕 전화 회사가 전화 통화 중 어떤 단어가 가장 많이 사용되는지 파악하기 위해 상세한 연구를 했다. 짐작한 답이 나왔다. 그것은 인칭대명사 '나', '나', '나'였다. 500통의 전화 통화에서 '나'라는 단어가 3,900번 사용되었다. '나', '나', '나', '나'.

여러분은 본인이 찍힌 단체 사진을 볼 때 누구를 가장 먼저 찾아보는가?

단순히 사람들에게 깊은 인상을 남기고, 사람들이 우리에게 관심을 보이게 하려 애쓴다고 해서 진정한 친구를 많이 사귈 수는 없다. 친구, 특히 진정한 친구는 그런 식으로 사귈 수 없다. 나폴레옹도 이런 노력을 했었다. 그는 조세핀Josephine을 마지막으로 만났을 때 말했다.

"조세핀, 난 이 세상 그 누구보다 행운아였소. 하지만 지금 내가 의지할 수 있는 사람은 이 세상에 당신 하나뿐이오."

그런데 역사가들은 그가 조세핀을 의지할 수 있었는지 의심하고 있다.

유명한 빈의 심리학자 알프레드 아들러Alfred Adler는 《심리학이란 무엇인가What Life Should Mean to You》를 저술했다. 그는 이 책에 이런 말을 남겼다.

'동료에게 관심이 없는 사람은 살면서 가장 큰 곤경에 처하고, 타인에게도 가장 큰 상처를 준다. 인류의 모든 실패는 그런 사람들에게서 비롯된다.'

극소수만 알고 있는 심리학 관련 책을 아무리 많이 읽더라도 여러분과 내게는 별 의미가 없을지도 모른다. 아들러의 말은 정말 의미가 있으므로 다시 한번 반복해보겠다.

동료에게 관심이 없는 사람은 살면서 가장 큰 곤경에 처하고,
타인에게도 가장 큰 상처를 준다.
인류의 모든 실패는 그런 사람들에게서 비롯된다.

예전에 나는 뉴욕대학교에서 진행한 단편소설 쓰기 강좌를 들은 적이 있다. 강좌를 진행한 유명 잡지의 편집자가 수업 시간에 이런 이야기를 했다. 그는 매일 자기 책상 위에 흩어져 있는 소설 10여 편 중에 아무거나 하나 골라서 몇 문단만 읽어도 작가가 사람들을 좋아하는지 아닌지를 알 수 있다고 했다. 그리고 이런 말을 덧붙였다.

"작가가 사람을 싫어하면, 사람들도 작가의 이야기를 좋아하지 않을 것입니다."

감정을 잘 드러내지 않는 이 편집자는 소설 쓰기를 주제로 수업하다가 두 번이나 강의를 중단하고 설교를 해서 미안하다며 이렇게 덧붙였다.

"지금 제가 하는 말은 목사님도 하실 만한 이야기입니다. 어쨌든 명심하세요. 소설가로 성공하고 싶다면 사람들에게 꼭 관심을 가져야 합니다."

이 말이 소설 쓰기에 적용되는 말이라면 사람들을 직접 만나서 상대할 때도 반드시 적용될 수 있는 말이다.

나는 지난번에 브로드웨이의 무대에 출연한 유명한 마술사 하워드 서스턴Howard Thurston의 분장실에서 그와 함께 저녁 시간을 보냈다. 그는 지난 40년간 전 세계를 돌아다니며 환상을 만들고 관객을 미혹했다. 사람들은 그의 공연을 보면 감탄한 나머지 입이 떡 벌어졌다. 입장료를 내고 그의 마술쇼를 구경한 관객 수가 6,000만 명이 넘었다. 그가 벌어들인 돈은 거의 200만 달러에 달한다.

나는 그에게 성공 비결을 알려달라고 부탁했다. 그는 자신이 배운 학교 교육은 성공과는 아무런 관련이 없다고 했다. 그는 어린 시절 집을 뛰쳐나와 떠돌이 일꾼이 되었다. 유개차(화물기차)를 타고 다니며 건초 더미에서 잠을 자고 이집 저집을 전전하며 음식을 구걸했다. 그리고 유개차 너머로 선로를 따라 늘어선 표지판을 바라보며 글자를 배웠다.

그렇다면 그는 마술에 대한 지식이 월등했을까? 아니다. 그는 손 마술과 관련된 책이 이미 수백 권 나왔고, 자신만큼 알고 있는 사람이 꽤 많다고 했다. 그런데 그에게는 다른 사람들에게 없는 두 가지가 있었다. 첫째, 그는 무대에서 자신의 매력을 발산하는 능력이 있었다. 그는 쇼맨 기질이 다분했다. 그리고 인간의 본성을 알고 있었다. 그가 하는 행동, 몸짓, 목소리 톤, 눈썹을 치켜뜨는 동작 하나하나가 미리 세심하게 준비된 것이었다. 그의 움직임은 모두 초 단위로 계획된 것이었다. 하지만 그 무엇보다도 서스턴은 사람들에게 진심 어린 관심을 보였다.

그는 많은 마술사가 청중을 보고 이렇게 혼잣말을 한다고 내게 얘기했다.

"음, 순진하게 잘 속는 촌놈들 잔뜩 왔네. 이 사람들을 잘 속여야지."

하지만 서스턴은 이들과는 전혀 달랐다. 그는 무대 위로 올라갈 때마다 이렇게 혼잣말을 한다고 했다.

"정말 고맙게도 사람들이 이렇게 나를 보러 왔네. 이 사람들 덕분에 내가 이렇게 즐겁게 살 수 있지. 난 이들을 위해 최선을 다할 거야."

그는 관객들 앞에 나서기 전에는 꼭 이 말을 몇 번이나 다짐한다고 얘기했다.

"난 관객이 너무 좋아. 관객을 사랑해."

웃긴다고? 터무니없는 얘기라고? 여러분은 원하는 대로 생각할 권리가 있다. 나는 그저 역사상 가장 유명한 마술사 중 한 사람이 애용한 비법을 아무런 견해도 달지 않고 그대로 전달했을 뿐이다.

펜실베이니아주 노스 워렌North Warren에 사는 조지 다이크George Dyke는 30년 동안 휴게소에서 근무했다. 그런데 휴게소 위로 고속도로가 새로 생기면서 어쩔 수 없이 은퇴했다. 은퇴한 지 얼마 되지 않아서 다이크는 슬슬 무료하기 시작했다. 그래서 오래된 바이올린을 다시 연주한 지 얼마 지나지 않았을 때, 유명한 바이올린 연주자들과 이야기를 나누고 그들의 연주를 경청하기 위해 여행을 떠났다. 그는 교류했던 음악가들이 털어놓는 배경과 그들의 관심사에 겸손한 태도로 다정하게 귀를 기울였다. 다이크 본인은 뛰어난 연주자가 되지는 못했지만 이런 식으로 많은 친구를 사귈 수 있었다. 그는 여러 대회에 참석하면서 미국 동부의 컨트리 뮤직 팬들에게 '킨쥬아 카운티Kinzua County 출신의 바이올린 주자Fiddle Scrape, 조지 아저씨'라는 별칭으로 이름을 알리게 되었다. 이제 일흔두 살이 된 조지 아저씨는 인생의 매 순간을 즐기며 살고 있다. 다른 사람들에게 지속적인 관심을 보인 결과 대부분의 사람이 무덤덤하게 사는 노년에 스스로 새로운 인생을 개척한 것이다.

그것은 시어도어 루스벨트가 엄청난 인기를 누린 비결이기도 했다. 심지어 하인들도 그를 좋아했다. 그의 시종인 제임스 E. 아모스James E. Amos는 《시종의 영웅, 시어도어 루스벨트Theodore Roosevelt, Hero to His Valet》라는 책을 출간했다. 책에서 아모스는 이해를 도울 멋진 일화를 소개했다.

우리 아내가 한번은 대통령께 메추라기에 대해 여쭤본 적이 있다. 대통령은 메추라기를 한 번도 본 적이 없는 아내를 위해 메추라기에 대해 아주 자세히 묘사해주었다. 그리고 얼마 후, 우리가 사는 집의 전화벨이 울렸다(아모스와 아내는 오이스터 베이Oyster Bay에 있는 루스벨트 저택에 붙어 있는 작은 오두막에서 살고 있었다). 우리 아내가 전화를 받았는데, 전화를 건 사람은 루스벨트 대통령 본인이었다. 대통령은 아내에게 전화기 너머로 우리 집 창문 밖에 메추라기 한 마리가 있으니, 밖을 내다보면 볼 수 있을 것이라고 얘기했다. 이런 사소한 일로 그분의 특징을 잘 알 수 있었다. 그분은 우리 집을 지나갈 때마다, 우리가 눈에 보이지 않을 때도, 늘 "오-오-오, 애니?"라고 부르거나 "오-오-오, 제임스!"라고 부르곤 했다. 그분이 지나가면서 친근하게 인사하는 소리였다.

직원들이 이런 사람을 어떻게 좋아하지 않을 수 있을까? 누구라도 그를 싫어할 수 없었다. 현직 대통령이던 태프트 부부가 자리를 비운 어느 날, 임기를 마친 루스벨트가 백악관을 방문한 적이 있었다. 루스벨트가 재임 중 백악관에서 일했던 고용인들의 이름을 모두 불러주며 인사한 것을 보면 평범한 사람들을 무척이나 좋아했다는 것을 알 수 있다. 그는 심지어 식기 닦는 메이드의 이름도 기억하고 있었다.

아치 버트Archie Butt는 이런 일화를 남겼다.

그분은 주방 메이드인 앨리스를 보더니 아직도 옥수수빵을 만드느냐고 물었다. 앨리스가 고용인들 먹으라고 가끔 만들기는 하지만 위층 분들은 아무도 먹지 않는다고 했다.

"그 사람들 취향이 참 별로네."

루스벨트가 쩌렁쩌렁한 목소리로 덧붙였다.

"대통령을 만나면 내가 얘기할게요."

앨리스가 옥수수빵 한 접시를 그에게 건넸다. 그는 빵을 먹으며 사무실로 걸어가는 길에 마주치는 정원사와 일꾼들에게 인사를 건넸다. 그는 예전과 마찬가지로 만나는 사람마다 말을 걸었다. 40년 동안 백악관에서 수석 안내인으로 근무했던 이케 후버는 눈물을 흘리며 얘기했다.

"오늘은 거의 2년 만에 유일하게 행복한 날이었어요. 우리 중 누구도 100달러를 준다고 해도 이 기분을 바꿀 사람은 없을 거예요."

뉴저지주 채텀Chatham에 사는 에드워드 M. 사이크스 주니어Edward M. Sykes Jr.는 겉으로 보기에 별로 중요하지 않은 사람들에게 관심을 보인 덕분에 고객을 계속 유지할 수 있었다. 다음은 사이크스의 이야기다.

저는 몇 년 전에 매사추세츠 지역에서 존슨 앤 존슨의 고객을 방문하러 다녔습니다. 힝햄Hingham의 편의점 한 곳이 제 고객이었죠. 저는 그곳에 들를 때마다 음료수 판매원이나 다른 판매원들과 늘 몇 분 동안 이야기를 나눈 다음에 사장님께 물건을 주문받았습니다. 어느 날, 그 편의점 사장님을 찾아갔는데 이제 J & J의 물건을 구매할 생각이 없다며 저더러 나가달라고 했습니다. 사장님은 J & J가 작은 편의점은 무시하고 대형 할인점이나 음식점에 집중하는 것 같다고 이유를 밝혔습니다. 기가 팍 죽은 저는 몇 시간 동안 차를 타고 그 동네를 배회했습니다. 결국 다시 돌아가서 그 편의점 사장님께 우리 회사의 입장을 설명하기로 마음먹었습니다.

그 편의점으로 돌아간 저는 평상시처럼 음료수 판매원과 다른 판매원들에게 안부 인사를 했습니다. 그리고 사장님께 갔는데, 사장님이 저를 보고 미소를 짓더니 잘 왔다고 했습니다. 그리고 다른 때보다 주문을 두 배나 더 했습니다. 깜짝 놀란 저는 사장님을 바라보면서 몇 시간 전에 왔다 갔는데 그사이 무슨 일이 있었냐고 물었습니다. 편의점 사장님은 음료수 판매원을 가리키며 제가 떠난 후, 그 판매원이 다가오더니 이 편의점을 찾을 때마다 굳이 자신과 다른 판매원들에게 인사를 건네는 영업사원은 거의 없는데 제가 그런 사람이라며, 제가 사업에 성공할 자격이 있는 사람이라고 얘기했다고 전해주었습니다. 편의점 사장님은 음료수 판매원의 의견에 동의했다며 오래도록 고객이 되어주겠다고 했습니다. 저는 정말 순수한 마음으로 다른 사람들에게 관심을 보이는 것이 판매사원, 아니 모든 사람이 가져야 할 가장 중요한 자격이라는 생각을 버리지 않게 되었습니다.

나는 가장 인기 있는 사람들의 관심과 시간과 협조를 얻으려면 그들에게 진심으로 관심을 보이면 된다는 것을 개인적인 경험을 통해 깨달았다. 다음은 그 사례다.

몇 년 전 나는 브루클린 예술과학대학에서 소설 쓰기 강좌를 열었다. 나와 수강생들은 캐슬린 노리스Kathleen Norris와 페니 허스트Fannie Hurst, 아이다 타벨Ida Tarbell, 알버트 페이슨 터훈Albert Payson Terhune, 루퍼트 휴Rupert Hughes처럼 유명하고 바쁜 인사들이 우리를 찾아와서 본인들의 멋진 경험을 들려주길 바랐다. 그래서 우리는 그들의 작품을 정말 좋아하고, 그들의 충고를 꼭 얻고 싶고, 성공 비결을 알고 싶다는 내용의 편지를 썼다.

수강생 150명이 자신이 쓴 편지에 이름을 썼다. 우리는 편지에 이 작가들이 강의를 준비할 시간이 없을 정도로 바쁘다는 것을 알고 있다고 했다. 그래서 우리는 작가들이 미리 대답을 준비할 수 있도록, 작가 본인의 이야기와 작업 방식에 대해 궁금한 점을 질문 형식으로 동봉했다. 작가들은 그 편지를 좋아했다. 누군들 좋아하지 않을까? 그리고 작가들은 우리에게 도움의 손길을 내밀기 위해 브루클린까지 찾아왔다.

나는 작가들에게 썼던 방법으로 시어도어 루스벨트 내각의 재무장관 레슬리 M. 쇼Leslie M. Shaw와 태프트 내각의 법무장관 조지 W. 위커샴George W. Wickersham, 윌리엄 제닝스 브라이언, 프랭클린 D. 루스벨트 등 수많은 저명인사가 내 수업에 참여해서 수강생들에게 본인의 이야기를 들려주도록 설득했다.

공장 노동자나 사무실 직원, 혹은 왕좌에 앉은 왕이라도 사람들은 자신을 칭송하는 이들을 좋아한다. 독일의 황제를 예로 들겠다.

제1차 세계대전 말기에 독일 황제는 이 세상 거의 모든 사람이 가장 극심하게 경멸하는 대상이 되었다. 심지어 그가 목숨을 구하려고 네덜란드로 도망갔을 때 조국도 등을 돌렸다. 수많은 사람이 그의 사지를 갈가리 찢어 죽이거나 기둥에 매달아 불태워 죽이고 싶어 할 정도로 그에 대한 증오심은 정말 강했다. 사람들의 분노가 산불처럼 타오르고 있을 때, 한 어린 소년이 황제에게 다정함과 존경심을 가득 담은 편지를 보냈다. 이 어린 소년은 다른 사람들이 어떻게 생각하든 자신은 빌헬름Wilhelm을 황제로서 늘 사랑할 것이라고 했다. 어린 소년의 편지에 깊이 감동한 황제는 어린 소년을 초대했다. 소년은 어머니와 함께 그를 찾아왔다. 결국 황제는 소년의 어머니와 결혼했다. 이 어린 소년은 친구를 사귀고 사람들의 마음을 사로잡는 방법을 알려주는 책을 읽을 필요도 없었다. 이미 본능적으로 그 방법을 알고 있었다.

친구를 사귀고 싶다면 먼저 다른 사람들을 위해 자신이 먼저 시간과 에너지를 쏟고, 이타심과 사려 깊은 마음이 필요한 행동을 해야 한다. 윈저 공Duke of Windsor은 왕세자일 때 남미 순방 계획이 잡힌 적이 있었다. 그는 순방을 떠나기 전, 대중 앞에서 그 나라 언어로 얘기하려고 몇 달 동안 스페인어를 공부했다. 물론 남미 사람들은 그가 스페인어로 얘기하는 걸 무척 좋아했다.

나는 몇 년 동안 친구들의 생일을 반드시 알아낸 적이 있다.

나는 비록 점성술에 대해 털끝만큼도 몰랐지만, 상대방에게 탄생일이 성격이나 기질과 상관이 있는지 묻는 것으로 질문을 시작했다. 그리고 그 사람의 태어난 달과 날을 물었다. 혹시 그 사람이 11월 24일이라고 대답하면, 나는 속으로 '11월 24일, 11월 24일'이라고 계속 되뇌었다. 그리고 친구가 자리를 뜨는 순간, 친구의 이름과 생일을 적은 다음, 생일을 적어놓는 공책에 옮겨 적었다. 그리고 연초마다 생일을 자동으로 떠올리기 위해 달력에 친구들의 생일을 적어두었다. 친구들의 생일마다 나는 편지나 전보를 부쳤는데, 정말이지 반응이 좋았다. 나는 생일을 제일 잘 기억하는 유일한 사람이 되었다.

친구를 잘 사귀고 싶다면, 먼저 활기차고 열정적으로 사람들을 맞아줘야 한다. 전화를 받을 때도 같은 태도를 보여야 한다. 상대방의 전화를 받아서 "여보세요"라고 말할 때도 내가 얼마나 반가운지 알려줄 만한 어조로 받아야 한다. 전화 교환원들이 누구의 전화를 받더라도 관심과 열정을 나타낼 만한 어조로 말하도록 많은 회사가 훈련하고 있다. 전화를 건 사람들은 회사가 자신들에게 관심을 보이는 기분이 들게 마련이다. 내일부터 전화를 받을 때마다 이 점을 명심하자.

다른 사람들에게 진솔한 관심을 보이면 친구를 사귈 수 있을 뿐만 아니라 기업에 대한 고객들의 충성도도 올라간다. 뉴욕에 소재한 노스 아메리카 은행의 사보에 예금자 마들린 로즈데일 Madeline Rosedale이 보낸 편지 한 통이 실렸다.

귀사의 직원들에게 진심으로 감사드리고 싶습니다. 직원 모두가 너무 정중하고, 예의 바르며, 저를 잘 도와주었습니다. 긴 줄을 기다린 후였는데 창구 직원이 정말 유쾌하게 맞아주셔서 기분이 정말 좋았습니다.

작년에 우리 어머니가 5개월 동안 병원에 입원하셨어요. 전 창구 직원인 마리 페트루첼로를 자주 찾아갔어요. 그녀는 우리 어머니 걱정을 해주며 병세를 물었습니다.

로즈데일이 이 은행을 계속 이용할 것이라는 데 의심의 여지가 있을까?

뉴욕시에 소재한 대형 은행의 직원인 찰스 R. 월터스Charles R. Walters는 어떤 기업에 대해 비밀스러운 보고서를 준비하라는 임무를 맡았다. 그는 꼭 필요한 사실을 알고 있는 사람을 딱 하나 알고 있었다. 월터스가 바로 그 사장의 방으로 들어가는데, 젊은 여성이 문 사이로 머리를 내밀며 오늘은 그 사장에게 줄 우표가 하나도 없다고 얘기했다.

"열두 살 난 우리 아들 때문에 우표를 모으고 있거든요."

그 사장은 월터스에게 사정을 이야기했다. 월터스는 자신이 맡은 일을 설명하고 질문을 던졌다. 하지만 사장은 애매모호한 태도를 보였다. 그는 대화를 원하지 않았다. 그 무엇으로도 사장을 설득할 수 없어 보였다. 사장과의 만남은 아무 소득도 없이 짧게 끝났다.

"솔직히, 뭘 어떻게 해야 할지 몰랐습니다."
월터스는 수업 시간에 이 일을 얘기했다.

그런데 비서가 사장한테 하던 이야기가 떠오르더니, 우표와 열두 살 난 사장의 아들이 떠올랐죠. 그리고 우리 은행의 해외 부서가 우표, 그러니까 전 세계에서 쏟아져 들어오는 편지에서 떼어낸 우표를 수집한다는 사실이 생각났어요.

다음 날 오후 저는 그 사장에게 전화를 걸어서 그분 아들한테 줄 우표가 있다고 말했습니다. 그 사장이 저를 열광적으로 맞이했을까요. 물론이죠. 그분은 마치 의회에 출마한 것보다 더 열광적으로 제 손을 잡고 흔들었습니다. 그분은 정말 환하게 미소 지으며 저를 맞았습니다.

"우리 아들 조지가 이걸 보면 정말 좋아할 거예요."

그분은 우표를 애지중지 어루만지며 계속 이렇게 얘기했죠.

"이것 좀 보세요! 정말 보물 같아요."

우리는 30분 동안 우표 얘기를 하며 그분의 아들 사진을 바라봤어요. 그리고 그분은 제게 필요한 정보를 모두 알려주려고 한 시간을 더 할애했죠. 제가 그렇게 해달라고 제안하지도 않았거든요. 그분은 본인이 아는 것을 다 말해주셨어요. 그리고 부하 직원들을 불러서 질문하고 동료들에게 전화를 걸기도 했어요. 그분은 제가 원하는 정보와 관련된 사실과 수치와 보고서와 편지를 듬뿍 주셨어요. 신문 기자들의 말투를 빌리자면 저는 특종을 낚은 것이었죠.

또 다른 사례로 C. M. 네이플 주니어C. M. Knaphle Jr.를 예로 들겠다. 필라델피아에 사는 네이플은 인근의 대형 연쇄점에 연료를 판매하려고 몇 년 동안 노력했다. 하지만 대형 연쇄점은 외부 중개인에게 연료를 구매해서 네이플의 사무실 바로 앞으로 그 연료를 실어 날랐다. 어느 날 저녁 내가 진행하는 수업 시간에 네이플은 그 연쇄점에 대해 엄청난 분노를 터뜨리더니 그들을 국가의 암적인 존재라고 불렀다.

하지만 그는 대형 연쇄점을 설득할 수 없는 이유가 궁금했다.

그래서 나는 다른 방법을 써보라고 제안했다. 다음은 그 이야기를 간단히 풀어낸 것이다.

우리는 연쇄점의 확산이 국가에 득보다 실이 되는 것을 주제로 수업 시간에 수강생들 사이에 토론을 벌였다.

네이플은 내 제안대로 토론의 주제에 반대하는 논지를 펼쳤다. 즉 그는 연쇄점을 옹호하는 데 동의하고, 본인이 경멸하는 연쇄점의 중역을 바로 찾아가서 이렇게 이야기를 꺼냈다.

"저는 연료를 팔려고 여기 온 것이 아닙니다. 부탁을 드리러 왔습니다."

그는 수업 시간에 진행될 토론에 대해 얘기했다.

"제가 원하는 사실을 알려줄 수 있는 분은 당신밖에 없다는 생각이 들어서 이렇게 찾아온 것입니다. 저는 이번 토론에서 꼭 이기고 싶습니다. 무엇이든 도와주신다면 정말 감사하겠습니다."

네이플의 나머지 이야기는 다음과 같다.

저는 그 사람에게 딱 1분만 부탁했습니다. 그분은 그 조건으로 저를 만나주기로 했으니까요. 제 사정을 이야기하자, 그분은 제게 의자에 앉으라고 손짓하더니 정확히 한 시간 45분 동안 이야기를 했습니다. 그분은 체인점에 대한 책을 저술한 중역 한 분을 불렀습니다.

그분은 전국 연쇄점연합회에 편지를 써서 우리의 토론과 관련이 있는 책을 한 권 구해주었습니다. 그분은 연쇄점이 사람들에게 진정한 서비스를 제공한다고 생각하는 것 같았어요. 본인이 여러 지역사회를 위해 펼치는 활동에 대해 자부심을 보였습니다. 이야기하는 동안 그분의 두 눈은 빛이 났어요. 저는 그분 덕분에 지금까지 꿈꿔본 적도 없는 것들에 대해 눈을 떴다는 고백을 드리고 싶습니다. 그분은 저의 마음 자세를 완전히 바꾸었어요. 제가 자리를 뜨는데 그분은 문까지 배웅하면서 제 어깨를 감싸더니 토론을 잘하라고 하셨어요. 그리고 언제 한번 들러서 제가 토론을 잘했는지 알려달라고 하셨어요. 그분은 마지막으로 이런 말씀을 하셨죠.

"봄에 다시 한번 와주세요. 당신한테 연료를 구매하고 싶군요."

정말 기적 같은 일이었죠. 제가 청하지도 않았는데 연료를 구매하겠다고 제안하셨으니까요. 제가 그분과 그분의 문제에 진솔한 마음으로 관심을 기울인 지 단 두 시간 만에 이렇게 좋은 성과를 거두었으니까요. 그분이 저와 제 물건에 관심을 기울이도록 10년 동안 노력한 것보다 훨씬 큰 진전이었죠.

네이플이 새로운 진리를 발견한 것은 아니다. 오래전, 그러니까 예수가 태어나기 100년 전에 로마의 유명한 시인 푸블릴리우스 시루스Publilius Syrus가 이런 말을 남겼다.

"우리는 다른 사람들이 우리에게 관심을 보일 때, 그들에게 관심을 보인다."

인간관계와 관련된 다른 모든 원칙과 마찬가지로 관심은 진심으로 보여줘야 한다. 관심을 보이는 사람뿐만 아니라 관심을 받는 사람에게도 보람이 있어야 한다. 양쪽 모두 득이 되는 쌍방향 거래인 셈이다.

뉴욕 롱아일랜드에서 우리가 진행한 수업을 들은 마틴 긴스버그Martin Ginsberg는 자신의 인생에 엄청난 영향을 미친 어느 간호사의 특별한 관심을 얘기했다.

그날은 추수감사절이었죠. 당시 열 살이던 저는 시립병원의 복지 병동에 입원했습니다. 다음 날 중요한 정형외과 수술을 받을 예정이었어요. 저는 몇 달 동안 병실에만 갇힌 채, 통증을 견디고 건강을 회복해야 한다는 사실을 알고 있었어요. 아버지는 이미 돌아가셨고, 우리 어머니와 저는 작은 아파트에서 단둘이 살고 있었어요. 우리는 생활보호 대상자였죠. 어머니는 사정이 있어서 그날 저를 찾아오실 수 없었어요.

시간이 갈수록 저는 외로움과 절망감, 두려움이라는 감정에 눌려버렸어요. 우리 어머니가 집에서 홀로 저를 걱정하실 걸 알고 있었어요. 추수감사절을 함께 보낼 사람도 없는 어머니는 함께 식사할 사람은커녕 추수감사절 만찬을 준비할 돈도 없었죠.

제 눈에 눈물이 가득 고였어요. 저는 베개 밑에 고개를 파묻고 이불을 머리끝까지 끌어올렸어요. 조용히 울고 있었지만, 마음이 너무 아팠습니다. 온몸이 극심한 고통에 시달릴 정도로 울었어요.

제가 흐느끼는 소리를 들은 젊은 수습 간호사가 제게로 다가왔어요. 간호사는 제 얼굴을 덮은 이불을 걷어내더니 눈물을 닦아주었어요. 그리고 그날이 근무하는 날이라 가족과 함께할 수 없어서 너무 외롭다고 얘기했어요. 간호사는 자신과 함께 밥을 먹고 싶으냐고 물었어요. 그리고 음식을 두 쟁반에 갖고 왔어요. 조각낸 칠면조 고기와 으깬 감자, 크랜베리 소스와 디저트로 먹을 아이스크림이었지요. 간호사는 말을 걸어서 제가 두려움을 떨칠 수 있게 해주었어요. 근무 시간이 그날 오후 4시까지였는데, 거의 11시가 다 될 때까지 제 옆에 있어줬어요. 저와 게임을 하고 이야기를 걸어주더니, 결국 제가 잠이 들 때까지 함께 있었죠.

열 살 이후로 추수감사절이 여러 차례 지나갔죠. 그런데 추수감사절만 되면 좌절, 두려움, 외로움 그리고 그때를 견딜 수 있게 해준 낯선 간호사의 온기와 다정함 같은 여러 느낌이 떠오릅니다.

다른 사람들이 나를 좋아하게 만들고 싶다면, 진정한 우정을 쌓고 싶다면, 나 자신과 상대방을 동시에 보살피고 싶다면, 다음 원칙을 마음속에 계속 새겨야 한다.

원칙 1 다른 사람들에게 진심으로 관심을 보여라.

2장

좋은 첫인상을 만드는 간단한 방법

뉴욕에서 열린 어느 디너 파티에 유산을 상속받은 한 여성이 손님으로 초대되었다. 이 여성은 모든 사람에게 좋은 인상을 주고자 안간힘을 쓰고 있었다. 여성은 흑담비 모피, 다이아몬드와 진주를 사려고 얼마 되지 않는 재산을 모두 써버렸다. 그런데 본인의 얼굴에는 어떤 노력도 기울이지 않았다. 여성의 얼굴에 심술과 이기심이 다 드러났다. 하지만 여성은 다른 사람들은 다 아는 사실을 본인만 모르고 있었다. 표정이 몸에 두른 옷보다 훨씬 중요하다는 사실을 말이다.

찰스 슈와브는 내게 자신의 미소가 100만 달러짜리라고 말해준 적이 있다. 그는 표정이 옷보다 훨씬 중요하다는 진실을 잘 알고 있었다. 슈와브는 그만의 개성과 매력, 사람들이 자신을 좋아하게 만드는 능력 덕분에 엄청난 성공을 거둘 수 있었다. 그의 개성 중 가장 기분 좋은 특징은 바로 매력적인 미소였다.

말보다 행동이 중요하다.

'난 당신을 좋아해요. 난 당신 덕분에 행복해요. 당신을 만나서 기뻐요.'

미소에는 이런 의미가 내포되었다. 그래서 개들이 그렇게 인기가 많은 것이다. 개들은 우리를 보면 거의 떨 듯이 좋아한다. 그래서 우리도 개들을 보면 당연히 기분이 좋을 수밖에 없다. 아기의 미소에도 같은 효과가 있다.

혹시 병원 대기실에 가본 적이 있나? 진료받으려고 초조하게 기다리는 시무룩한 얼굴들을 본 적이 있나? 미주리주 레이타운 Raytown에서 수의사로 일하는 스티븐 K. 스프라울 박사Dr. Stephen K. Sproul가 애완동물에게 예방주사를 놔주려고 기다리는 고객으로 붐볐던 어느 봄날의 일을 이야기해주었다. 다른 사람과 이야기를 나누는 사람은 아무도 없었다. 대기실에서 시간을 낭비하는 것보다 하고 싶은 일을 10여 가지 정도 생각하는 모양이었다. 스프라울 박사는 우리가 진행한 수업 시간에 말했다.

"대기실에 예닐곱 명이 기다리고 있었는데 어떤 젊은 여성이 9개월 된 아기와 새끼 고양이 한 마리를 데리고 들어왔어요. 다행히 그 여성은 어느 신사 옆에 자리를 잡고 앉았습니다. 그런데 신사는 긴 대기 시간 때문에 기분이 조금 나빴지요. 그런데 아기가 그 신사를 올려다보더니 아주 환한 미소를 지었습니다. 아기들만 지을 수 있는 멋진 미소였지요. 이 신사가 어떻게 했을까요? 물론 여러분과 내가 생각하는 바로 그런 행동을 했습니다.

신사는 아기에게 미소로 답했지요. 곧 신사와 젊은 여성은 신사의 손자들과 젊은 여성의 아기에 대해 얘기했습니다. 그러자 대기실의 모든 사람이 대화에 끼어들었고 지루함과 긴장감은 즐겁고 유쾌한 경험으로 바뀌었습니다."

가식적인 미소라고? 아니다. 아무도 그런 미소에 속지 않는다. 우리는 가식적인 미소가 기계적인 것을 알고 있기에 가식적인 미소를 보면 화가 난다. 나는 진정한 미소, 가슴이 따뜻해지는 미소, 시장에서 비싼 값에 팔릴 것 같은 그런 미소를 말하는 거다.

심리학자로서 미시간대학교에 재직 중인 제임스 V. 매코넬James V. McConnell 교수는 미소에 대한 자신의 느낌을 이렇게 표현했다.

"미소를 짓는 사람들은 그렇지 않은 사람들보다 경영이나 교육, 판매 분야에서 효율성을 더 발휘하며, 아이들을 더 행복하게 키우는 경향이 있습니다. 찌푸린 얼굴보다는 미소 짓는 얼굴에 훨씬 더 많은 정보가 들어 있지요. 그래서 격려가 체벌보다 훨씬 더 효과적인 교육이라고 할 수 있습니다."

뉴욕에 소재한 대형 백화점의 고용관리자가 내게 이런 말을 한 적이 있다. "표정이 침울한 박사 학위 소지자를 뽑느니, 차라리 초등학교를 졸업하지 못했더라도 유쾌한 미소를 짓는 사람을 판매원으로 고용하는 게 낫다"라고 말이다.

미소에는 엄청난 위력이 있다. 보이지 않는 미소에도 그런 위력이 있다. 뉴욕 전역의 전화 회사에는 '전화의 힘'이라는 프로그램이 있다. 전화로 자사의 서비스나 제품을 판매하는 직원들에게 제공되는 프로그램이다. 이 프로그램은 전화로 이야기할 때도 미소 지으라고 제안한다. 직원들의 목소리를 통해 '미소'가 드러나기 때문이다.

로버트 크라이어Robert Cryer는 오하이오주 신시내티에 소재한 어느 회사의 전산실 팀장이다. 그는 고용이 힘든 자리에 딱 맞는 지원자를 성공적으로 찾게 된 배경을 설명했다.

"우리 부서는 컴퓨터 공학 박사 학위를 소지한 지원자를 찾으려고 정말 애를 썼습니다. 결국 퍼듀대학교Purdue University를 이제 막 졸업한 자격이 충분한 청년을 찾았습니다. 이 청년과 몇 번 전화 통화를 했는데 우리 회사보다 규모가 크고 더 훌륭한 몇몇 기업체의 제안받았다는 사실을 알았습니다.

그 청년이 저의 제안을 받아들였을 때 저는 뛸 듯이 기뻤습니다. 그가 일을 시작한 후에 저는 다른 회사를 제치고 우리 회사를 선택한 이유를 물었습니다. 그는 잠시 주저하더니 이렇게 대답했습니다. '다른 회사의 팀장님들과 전화 통화를 했는데 목소리가 차갑고 정말 사무적인 것 같았습니다. 마치 저를 두고 거래를 하는 것 같은 기분이 들었습니다. 그런데 팀장님 목소리는 저를 반기는 것처럼 들렸습니다. 제가 팀장님 부서의 일원이 되기를 진심으로 바라는 것 같았죠.' 저는 지금도 전화를 받을 때 미소를 짓습니다."

미국의 대규모 고무 회사의 대표가 내게 이런 말을 한 적이 있다. 그가 관찰한 바로는 일을 재미있게 하지 못하는 사람은 무슨 일을 하든 성공할 수 없다는 것이다. '열심히 일만 하면 우리의 욕구를 해결할 수 있다, 근면만이 마법의 열쇠'라는 오래된 금언이 있다. 산업계의 리더인 그는 이 금언을 믿지 않기에 이런 말을 했다.

"아주 즐겁게 일해서 성공한 사람들을 알고 있습니다. 그런데 나중에 이 사람들이 재미있는 일을 정말 일처럼 여기면서 그 일은 점점 지루해졌죠. 그 사람들은 일에서 재미를 느끼지 못하면서 실패하고 말았어요."

다른 사람들이 여러분을 만날 때 즐겁기를 바란다면 먼저 그 사람들을 만나는 걸 즐겨야 한다.

나는 수많은 비즈니스맨에게 매일, 매 순간 만나는 그 누군가에게 미소를 지어달라고 말했다. 그러고는 다음 수업을 들을 때 그 결과를 알려달라고 부탁했다. 그 결과는 어땠을까?

먼저 뉴욕의 주식중개인 윌리엄 B. 스타인하트William B. Steinhardt가 보낸 편지 한 통을 소개하겠다. 그의 사례는 특별하지 않다. 사실, 수백 건의 사례와 유사하다.

저는 결혼한 지 18년이 넘었습니다. 그 18년 동안 아내에게 미소를 지은 적은 거의 없습니다. 아침에 일어나서 출근 준비를 할 때까지 아내에게 열 마디 이상을 한 적도 거의 없었죠. 저는 성격이 나쁘고 짜증도 많은 진짜 최악의 남편이었죠.

그런데 선생님께서 저에게 미소와 관련된 경험을 말해보라고 하셨죠. 저는 일주일 정도 노력해보려고 했습니다. 그래서 다음 날 아침, 머리를 빗으며 거울 속에 비친 침울한 제 얼굴을 빤히 쳐다보며 이렇게 혼잣말했죠.

"빌, 너 오늘부터 그 뚱한 표정 좀 싹 지워버려. 넌 웃어야 해. 지금 당장 시작이야."

그러고는 아침을 먹으려고 자리에 앉으면서 아내에게 "잘 잤어, 여보?" 하며 씩 웃었습니다.

선생님은 우리 아내가 놀랄지도 모른다고 경고하셨죠. 음, 선생님은 우리 아내의 반응을 과소평가하신 거예요. 아내는 어리둥절하더니 충격을 받았습니다. 저는 앞으로는 늘 이렇게 할 거라고 얘기했습니다. 그리고 아침마다 늘 이렇게 했습니다.

이 일로 우리 가정에 행복이 찾아왔죠. 이렇게 미소를 지은 지 두 달 만에 작년 한 해보다 우리 집은 훨씬 행복해졌어요.

저는 집을 나설 때, 아파트의 승강기 운전원을 만나면 "좋은 아침이에요" 하며 미소로 인사하죠. 도어맨을 봐도 미소를 지으며 인사하고, 지하철 내 점포의 계산원에게 잔돈을 받을 때도 미소를 짓습니다. 증권거래소에서도 지금까지 웃어주지 못한 사람들을 보고 미소를 지었습니다.

곧 모든 사람이 저를 보고 미소를 되돌려준다는 것을 알았어요. 불평이나 불만 거리가 있어서 저를 찾아온 사람들에게도 유쾌하게 대했죠. 제가 미소를 지으면서 그 사람들의 이야기를 들어주면서 일이 훨씬 쉽게 풀렸죠. 미소 덕분에 매일 돈을 더 많이 벌 수 있다는 것도 알았습니다.

저는 다른 주식중개인과 사무실을 같이 쓰고 있어요. 그 주식중개인의 직원 중 호감 가는 청년이 한 명 있거든요. 저는 요사이 미소를 지은 덕분에 생긴 좋은 결과에 마냥 신이 나서 최근 그 친구에게 인간관계에 대한 제 생각을 얘기했어요. 그러자 그 청년도 제 첫인상을 솔직하게 얘기하더군요. 제가 사무실을 함께 쓰려고 청년의 사무실을 처음 찾아왔을 때, 제가 아주 지독하게 불평이 많은 사람인 줄 알았다고 하더군요. 근데 요사이 그 청년의 생각이 바뀌었답니다. 제가 미소를 지을 때 정말 인간적으로 보인다고 하더군요.

그리고 저는 머릿속에서 비판도 떨쳐냈습니다. 다른 사람들을 비판하는 대신 그 사람을 인정하고 칭찬만 해주고 있습니다. 내가 원하는 것은 그만 얘기하고, 이제는 다른 사람의 관점에서 상황을 보려고 노력합니다. 이런 노력 때문에 제 인생은 완전히 바뀌었습니다. 저는 이제 완전히 다른 사람이 되었습니다. 더 행복해졌고 더 부자가 되었죠. 우정과 행복이 가득한 부자가 되었죠. 우정과 행복이 결국 가장 중요한 것이니까요.

웃고 싶은 마음이 들지 않는다고? 그럼 어떻게 해야 할까? 두 가지를 해야 한다. 먼저. 억지로 웃어야 한다.

혹시 혼자 있다면 휘파람이나 콧노래 아니면 노래라도 억지로 불러보자. 이미 행복한 것처럼 행동하면 마음이 즐거워지게 마련이다. 심리학자이자 철학자인 윌리엄 제임스는 말했다.

"행동이 감정을 뒤따르는 것 같지만 감정과 행동은 실제로 같이 갑니다. 그러니까 의지를 발휘해서 직접적으로 통제할 수 있는 행동을 조절하면, 직접적으로 통제할 수 없는 감정을 간접적으로 조절할 수 있게 됩니다."

그러니까 즐겁지 않더라도 마치 이미 즐거운 것처럼 즐겁게 지내고, 즐겁게 행동하고, 즐겁게 말해야 한다. 그러면 자발적으로 즐거워지는 길을 찾을 수 있다.

세상의 모든 사람은 행복을 추구한다. 행복을 찾는 확실한 방법이 하나 있다. 생각을 통제하는 것이다. 행복은 외부 조건에 따라 달라지는 것이 아니다. 행복은 마음가짐에 달린 것이다.

내가 가진 것, 나의 정체성, 나의 위치, 내가 하는 일 때문에 행복하거나 불행해지는 것이 아니다. 행복은 어떤 생각을 하느냐에 달린 것이다. 예컨대 같은 장소에서 같은 일을 하는 두 사람이 있다고 치자. 두 사람은 재산과 지위가 같다. 그런데 한 사람은 불행하고 다른 사람은 행복할 수 있다. 이유가 뭘까? 마음가짐이 다르기 때문이다. 나는 열대지방의 끔찍한 열기 속에서 원시적인 도구로 고된 노동을 하면서도 마치 뉴욕이나 시카고, 로스앤젤레스의 에어컨 시설이 잘된 사무실에서 일하는 것처럼 행복한 얼굴을 본 적이 있다.

"이 세상에 좋거나 나쁜 것은 없다. 그저 생각이 그렇게 만드는 것이다"라고 셰익스피어는 말했다.

에이브러햄 링컨은 이렇게 말했다.

"사람들은 대부분 자신이 마음먹은 만큼 행복해진다."

그의 말이 옳다. 나는 뉴욕 롱아일랜드 기차역 계단을 올라갈 때 링컨의 말이 옳다는 것을 입증한 생생한 사례를 직접 보았다. 내 바로 앞에 다리를 저는 사내아이들 30, 40명이 힘겹게 계단을 올라가고 있었다. 다리를 저는 사내아이들은 지팡이나 목발을 짚고 있었다. 다른 사람이 안고 올라가는 아이도 보였다. 나는 그 사내아이들의 즐겁게 웃는 소리에 깜짝 놀랐다. 사내아이들을 책임진 남자에게 내가 본 장면을 얘기했더니 그가 말했다.

"오, 맞아요. 아이들은 평생 다리를 절어야 한다는 사실을 알면 처음에는 무척 놀랍니다. 하지만 충격이 가신 후에는 대개 운명에 순응하고 다른 아이들처럼 즐겁게 지낸답니다."

나는 존경의 표시로 그 사내아이들에게 모자를 벗어 보이고 싶었다. 아이들은 내게 결코 잊을 수 없는 교훈을 가르쳐주었다.

사방이 꽉 막힌 방에서 혼자서만 일하면 외로울 뿐만 아니라 회사의 다른 직원들과 친하게 지낼 기회를 가질 수도 없다. 멕시코 과달라하라Guadalajara에 사는 마리아 곤잘레스Maria Gonzalez도 그런 경우였다. 그녀는 회사 내 다른 사람들의 웃음소리와 이야기 소리가 들릴 때마다 그들의 동료애가 부러웠다. 그녀는 회사에 취직한 처음 몇 주 동안 복도를 지날 때는 수줍게 다른 쪽을 바라봤다.

몇 주일 후, 곤잘레스는 생각했다.

'마리아, 저 여자들이 먼저 다가오기를 기대할 순 없어. 네가 먼저 다가가야 해.'

그녀는 정수기 앞으로 가면서 만나는 사람 모두에게 아주 환한 미소를 지으며 인사를 건넸다. "안녕하세요, 오늘 잘 지내셨나요?"라고 말이다.

효과는 즉각 나타났다. 미소와 인사말이 되돌아왔고, 복도는 더 환해지고 직장도 더 우호적인 곳이 되었다.

직원들과 친분이 쌓이더니 몇몇 직원과의 친분은 우정으로 무르익었다. 그녀의 일과 삶은 더 즐겁고 흥미로워졌다.

에세이 작가이자 출판 담당자인 앨버트 허버드Elbert Hubbard의 현명한 충고를 받아들여야 한다. 하지만 받아들이기만 하고 적용하지 않으면 아무 소용도 없는 법이다.

> 문밖을 나설 때마다 턱을 당기고, 정수리를 똑바로 세우고, 가슴을 한껏 부풀리고, 햇살을 들이마셔라. 미소를 지으며 친구를 맞이하고, 악수할 때는 진심을 담아라. 다른 사람의 오해를 받을까 봐 두려워하지 말고 적들을 생각하느라 1분도 낭비하지 말라.
>
> 하고 싶은 일이 무엇인지 마음속에 확실히 정하라. 이제 한눈팔지 말고 목표를 향해 전진하라. 꼭 하고 싶은, 멋지고 훌륭한 일에 마음을 쏟아라. 이렇게 시간을 보내면, 여러분은 욕망을 실현하는 데 필요한 기회를 바로 붙잡게 될 것이다. 마치 산호충이 흐르는 조수에서 필

요한 것들을 가져가는 것과 같다. 늘 꿈꾸었던 능력 있고, 성실하고, 쓸모 있는 사람을 머릿속에 그려라. 머릿속에 그런 생각을 품으면 매 시간 여러분은 특별한 사람으로 탈바꿈할 것이다.

생각이 가장 중요하다. 마음가짐을 올바르게 가져야 한다. 용기 있고 솔직하고 유쾌한 마음가짐이 필요하다. 올바르게 생각해야 창의력이 생긴다. 모든 것은 욕망을 통해 이뤄지며 진심 어린 기도는 모두 응답받는다. 사람은 자신의 마음이 바라는 대로 된다. 턱을 당기고 머리는 곧추세워라. 우리는 아직 허물을 벗지 못한 신과 같은 존재들이다.

고대 중국인들은 세상 이치에 맞는 현명함이 꽤 있었다. 오려서 모자 속에 붙여둬야 할 만큼 현명한 중국 속담을 소개하겠다.

'미소를 짓지 않는 사람은 상점을 열지 말아야 한다.'

미소는 미소를 짓는 사람의 선한 의지를 드러내는 것이다. 미소를 지으면 미소를 본 모든 사람의 삶이 환해진다. 눈살을 찌푸리거나 노려보거나 고개를 돌리는 사람들을 본 누군가에게 여러분의 미소는 마치 구름을 뚫고 비치는 햇살과 같다. 특히 상사나 고객, 혹은 교사나 부모, 자식 때문에 스트레스를 받는 사람에게 미소 짓는 얼굴은 모든 것이 절망은 아니며, 세상에 큰 기쁨도 있다는 사실을 깨닫게 해주는 힘이 된다.

몇 년 전, 뉴욕의 한 백화점이 크리스마스 특수기간 동안 판매원들이 받는 압박에 고마움을 표시하기 위해 다음 내용처럼 따뜻한 마음이 담긴 광고를 게재했다.

크리스마스 시즌에 미소의 가치

미소는 공짜지만 많은 것을 만들어냅니다. 미소를 받는 사람은 부자가 되지만 미소를 주는 사람은 가난해지지 않습니다.

미소는 순식간에 일어나지만, 그 기억은 영원히 지속될 때가 있지요.

돈이 아무리 많은 사람이라도 미소 없이는 잘 살 수 없지만, 돈이 한 푼도 없는 가난뱅이도 미소 덕분에 부자가 될 수 있어요.

미소 덕분에 가정이 행복해지고, 업무 처리에 호의가 생깁니다. 미소는 친구들 간의 암호가 되기도 합니다.

미소는 지친 사람에게는 안식처요, 낙담한 사람에게는 빛이며, 슬픈 사람들에게는 햇살이고, 곤경에 처한 사람에게는 자연이 준 최고의 해독제가 됩니다.

하지만 미소는 돈으로 살 수 없고, 구걸로 얻을 수 없으며, 빌릴 수도 없고, 훔칠 수도 없는 것입니다. 누군가 거저 주기 전에는 아무도 가질 수 없는 이 세상 물건이 아니기 때문이죠.

크리스마스라는 성수기의 마지막 순간에 우리 직원 몇 명이 너무 지친 나머지 여러분에게 미소를 지을 수 없다면, 여러분이 미소를 남겨 줄 수 없을까요? 미소를 줄 수 없는 사람만큼 미소가 필요한 사람은 없으니까요!

원칙 2 미소를 지어라.

3장

이렇게 하지 않으면 곤경에 처할 것이다

1898년, 뉴욕 로클랜드 카운티Rockland County에 불행한 사건이 일어났다. 동네 아이 한 명이 사망해서 이웃들이 장례식에 갈 준비를 하던 날이었다. 짐 팔리Jim Farley가 헛간으로 가서 말 한 마리를 끌어내는데, 땅에는 눈이 쌓여 있고 공기는 차가웠다. 며칠 동안 활동하지 못한 말을 여물통이 있는 곳까지 끌고 나오자, 말은 기분이 좋았는지 빙빙 돌다가 뒤꿈치를 높이 치켜올렸다. 말 뒤꿈치에 채인 짐 팔리는 죽고 말았다. 스토니 포인트Stony Point의 작은 마을에는 한 주 동안 두 차례의 장례식이 치러졌다.

짐 팔리가 세상을 떠난 후, 아내와 세 아들에게 보험금 몇백 달러가 남겨졌다.

짐 팔리의 첫째 아들 짐Jim은 당시 열 살이었는데 벽돌 공장에 다녔다. 모래를 날라서 거푸집 속에 부은 다음, 벽돌 모서리를 돌려가며 햇볕에 말리는 일을 했다. 짐은 학교 교육을 거의 받지 못했지만, 천성이 다정해서 사람들의 호감을 산 덕분에 정치 입문을 할 수 있었다. 세월이 지난 후, 짐은 사람들의 이름을 기억하는 특이한 능력을 개발했다.

고등학교는 구경도 해본 적 없는 짐은 마흔여섯 살이 되기도 전에 4개 대학에서 명예 학위를 받았고, 민주당 전국위원회 의장과 미국 체신부(정보통신부) 장관을 역임했다. 나는 언젠가 그를 인터뷰하는 자리에서 성공 비결을 물은 적이 있다.

"열심히 일한 덕분이죠."

그가 대답하자 나는 이렇게 응수했다.

"농담하지 마세요."

그러자 그가 자신의 성공 비결을 나는 어떻게 생각하느냐고 물었다.

"1만 명의 이름을 기억한다고 들었습니다."

내가 대답했다. 그는 이렇게 말했다.

"아니요, 틀렸습니다. 나는 5만 명의 이름을 기억할 수 있습니다."

그의 말은 정말이다. 그는 이런 능력 덕분에 1932년 루스벨트의 선거운동을 지휘해서 프랭클린 D. 루스벨트가 백악관에 들어가는 데 한몫할 수 있었다.

짐 팔리는 석고 회사의 영업사원으로 돌아다니던 시절과 스토니 포인트의 서기로 일하는 동안 이름을 기억하는 본인만의 체계적인 방법을 고안했다.

처음 시작한 방법은 간단했다. 그는 새로운 인물을 만날 때마다 그 사람의 성과 이름은 물론 가족과 관련된 몇 가지 사실 그리고 직업과 정치적 견해를 알아냈다. 그는 이 모든 사실을 그림처럼 머릿속에 새겼다. 설사 1년이 지났더라도 다음에 그 사람을 만나면 악수를 청하며 그의 가족이나 뒷마당의 접시꽃에 대해 아는 척을 할 수 있었다. 그를 좋아하는 사람들이 생길 수밖에 없었다.

짐 팔리는 루스벨트가 대통령 선거운동을 시작하기 몇 달 전부터 서부와 북서부 전역의 사람들에게 하루에 수백 통씩 편지를 썼다.

그리고 기차에 올라탄 후 19일 동안 20개 주를 이동했는데 마차와 기차, 배를 타고 12,000마일을 돌아다녔다. 그는 마을에 잠깐 들러 점심이나 아침 식사 자리에서 사람을 만났다. 차를 마시거나 저녁을 먹을 때도 있었는데, 이들과 진솔한 대화를 나누고는 다시 황급히 다른 곳으로 이동했다.

그는 동부로 돌아오자마자 자신이 방문했던 마을 사람 중 한 명에게 편지를 써서, 자신과 대화를 나눈 사람들의 명단을 만들어달라고 부탁했다. 마을 사람이 보낸 마지막 명단에는 수천 명의 이름이 들어 있었다. 명단에 이름이 오른 사람들은 모두 제임스 팔리가 개인적으로 보낸 편지를 받는 약간의 설렘을 누릴 수 있었다. 이들 편지는 '친애하는 빌' 혹은 '친애하는 제인'으로 시작되었고, 늘 '짐'이라는 서명이 들어 있었다.

짐 팔리는, 보통 사람은 이 세상 그 누구의 이름보다 자신의 이름에 훨씬 관심이 많다는 것을 어린 시절에 깨달았다. 사람의 이름을 기억해서 쉽게 부를 수 있다면 미묘하지만 아주 효과적으로 상대방을 칭찬한 것이나 마찬가지다.

하지만 상대방의 이름을 잊어버리거나 철자가 틀리면, 곤경에 처하게 된다. 예컨대 나는 파리에서 공개 연설 강좌를 개최한 적이 있다. 그때 파리에 사는 모든 미국인에게 편지를 보냈는데 프랑스인 타이피스트가 영어를 잘 몰라서 이름을 쓸 때 꽤 많은 실수를 저질렀다. 그래서 파리에 소재한 대형 미국 은행의 팀장이 자기 이름을 잘못 썼다며 신랄하게 꾸짖는 편지를 보낸 적도 있었다.

특히 발음하기 어려운 이름은 기억하기 어렵다. 사람 대부분은 그런 이름을 제대로 배우려고 노력하기보다는 무시하거나 발음하기 쉬운 별명으로 부르는 경향이 있다. 시드 레비Sid Levy는 니코디머스 파파둘러스Nicodemus Papadoulos라는 고객을 한동안 방문한 적이 있었다. 다른 사람들은 그를 그냥 '닉Nick'이라고만 불렀다. 그런데 레비는 우리에게 이런 이야기를 했다.

"저는 그 사람의 이름을 부르기 전에 그의 이름을 부르는 연습을 혼자서 몇 번이나 했습니다. 제가 '안녕하세요, 니코디머스 파파둘러스 씨' 하고 그의 이름을 성까지 제대로 부르며 인사하자 그 사람은 충격을 받았습니다. 그 사람은 거의 몇 분 동안 아무 소리도 내지 않았습니다. 결국 눈물을 흘리며 이렇게 대답했지요. '레비 씨, 이 나라에 산 지 15년이 되었지만, 지금까지 제 이름을 제대로 부르려고 노력한 사람은 아무도 없었어요'라고요."

앤드루 카네기의 성공 비결은 무엇일까?

그는 '철강왕'으로 불렸다. 하지만 그 자신은 철강 제조에 대해서는 아는 게 거의 없었다. 그는 자신보다 철강에 대한 지식이 훨씬 많은 수백 명을 자기 대신 일하는 직원으로 두었다.

하지만 그는 사람을 다루는 법을 알고 있었다. 그 덕분에 그는 부자가 되었다. 어린 시절부터 체계적인 성격이던 그는 리더십을 발휘하는 천재적인 재능이 있었다. 열 살 무렵에 사람들이 자신의 이름을 무척이나 중요하게 여긴다는 사실을 알아냈다.

그렇게 발견한 사실을 활용해서 다른 사람들의 협조를 끌어낼 수 있었다. 예를 들어보겠다. 어린 시절 스코틀랜드에서 살던 카네기는 우연히 토끼 한 마리를 잡았는데 엄마 토끼였다. 그리고 곧 새끼 토끼들이 사는 굴을 발견했는데 먹이가 없었다. 그때 꼬마 카네기에게 좋은 생각이 떠올랐다.

카네기는 동네 아이들에게 밖으로 나가서 새끼 토끼들에게 먹일 클로버와 민들레를 충분히 따온다면 새끼 토끼들에게 그 아이들의 이름을 붙여주겠다는 제안을 했다.

그 계획은 마법 같은 효과를 발휘했다. 카네기는 그때 일을 결코 잊을 수 없었다.

몇 년 후 카네기는 사업에서 같은 심리를 활용하여 수백만 달러를 벌었다. 예컨대 그는 펜실베이니아 철도Pennsylvania Railroad

에 강철 레일을 팔고 싶었다. 당시 펜실베이니아 철도의 사장은 J. 에드거 톰슨J. Edgar Thompson이었다. 앤드루 카네기는 피츠버그에 대형 철강 공장을 세웠는데, '에드거 톰슨 철강 공장'이라고 이름 지었다.

수수께끼를 하나 내려고 한다. 여러분이 답을 추측해야 한다. 펜실베이니아 철도에 강철 레일이 필요했을 때, J. 에드거 톰슨은 강철을 어디서 구매했을 것 같나? 시어스Sears일까, 아니면 로벅Roebuck일까? 둘 다 틀렸다. 다시 한번 추측해보라. 카네기와 조지 풀먼George Pullman이 침대 열차 사업의 우위를 두고 서로 다툴 때, 철강왕은 새끼 토끼의 교훈을 다시 기억해냈다.

센트럴 운송 회사Central Transportation Company를 지배하던 앤드루 카네기는 풀먼이 소유한 기업과 다투고 있었다. 양측은 유니언 퍼시픽 철도Union Pacific Railroad의 침대 열차 사업을 따내고자 서로 맞서고 가격을 내리더니, 이윤을 얻을 모든 기회를 버리면서까지 싸우고 있었다. 카네기와 풀먼은 유니언 퍼시픽의 임원진들을 만나기 위해 뉴욕으로 갔다. 어느 날 저녁 세인트 니콜라스 호텔에서 풀먼을 만난 카네기는 이런 이야기를 꺼냈다.

"잘 지냈나요? 풀먼 씨, 우리 지금 바보 같은 짓만 하는 것 아닌가요?"

"그게 무슨 말이요?"

풀먼이 따져 물었다. 그러자 카네기는 마음속에 있던 생각, 즉 두 기업의 이해관계를 합해보자는 이야기를 꺼냈다.

카네기는 서로 싸우는 것보다 함께 일하면 얻을 수 있는 상호 이익을 극찬하며 자세히 이야기했다. 풀먼은 열심히는 들었지만, 완전히 설득되진 않았다.

마침내 풀먼이 이렇게 물었다.

"그럼 새로운 회사의 이름을 뭐라고 부를 거요?"

카네기는 바로 대답했다.

"당연히 풀먼 객차 회사Pullman Palace Car Company라고 해야죠."

얼굴이 환해진 풀먼이 얘기했다.

"내 방으로 들어오세요. 이야기를 좀 더 하죠."

이 이야기로 산업의 역사가 이루어졌다.

친구나 업무상 만나는 동료의 이름을 기억하고 존중하는 방침은 앤드루 카네기가 리더십을 지킬 수 있는 비결 중 하나였다. 카네기는 본인이 공장 직원들의 이름을 대부분 기억할 수 있다는 것을 자랑스러워했다. 또한 자신이 경영하는 동안은 파업이 한 번도 일어나지 않아서 철강 공장의 불꽃이 꺼지지 않은 것을 무척이나 자랑스러워했다.

텍사스 커머스 뱅크셰어스Texas Commerce Bancshares의 의장인 벤턴 러브Benton Love는 기업은 규모가 커질수록 분위기가 차가워진다고 믿고 있다. 그래서 그는 이런 말을 남겼다.

"회사의 분위기를 띄우려면 사람들의 이름을 기억해야 합니다. 자신은 이름을 기억할 수 없다고 말하는 중역은 업무상 중요한 부분을 기억할 수 없다고 말하는 것이나 마찬가지입니다. 즉,

모래사장에서 업무를 보는 셈이죠."

캘리포니아주 랜초 팰로스 버디스Rancho Palos Verdes에 사는 카렌 키르슈Karen Kirsech는 TWA의 승무원으로 일하고 있다. 키르슈는 비행기에 탄 승객들의 이름을 가능한 한 많이 기억하는 습관을 만든 덕분에 기내에서 서비스를 제공할 때 미리 외워둔 승객들의 이름을 잘 활용하고 있다. 그 결과 그녀의 서비스에 감동받은 승객들이 그녀는 물론이고 항공사에 칭찬을 보내는 일이 많아졌다. 한 승객은 이런 글을 남겼다.

'저는 한동안 TWA를 타지 않았어요. 그런데 이제부터는 TWA만 타고 다닐 생각이에요. 키르슈 씨 덕분에 TWA의 비행기가 정말 고객 맞춤형 비행기가 된 것 같습니다. 제가 가장 중요하게 생각하는 부분입니다.'

사람들은 자신의 이름을 무척이나 자랑스럽게 여기기에 어떤 대가를 치르더라도 본인의 이름을 영원히 남기고 싶은 마음이 있다. 당대의 가장 위대한 쇼맨이자 성격이 무척 거칠고 냉정한 P. T. 바넘P. T. Barnum도 그런 사람이었다. 그는 성을 물려줄 아들이 없는 것에 무척 낙담했다. 그래서 손자 C. H. 실리C. H. Seeley가 '바넘' 실리로 이름을 바꾸면 25,000달러를 주겠다고 제안했다.

많은 귀족과 거물이 수 세기 동안 예술가, 음악가, 작가 들을 후원한 덕분에 이들의 창작품이 그 후원자들에게 헌정될 수 있었다.

도서관과 박물관이 다채로운 작품을 소장할 수 있는 것은 인류의 기억 속에서 자신들의 이름이 잊힐지도 모른다는 사실을 참을 수 없는 사람들 덕분이다. 뉴욕 공립 도서관은 아스터Aster와 레녹스Renox의 컬렉션을 소장하고 있다. 메트로폴리탄 박물관은 벤저민 알트먼Benjamin Altman과 J. P. 모건J. P. Morgan의 이름을 영원히 남겼다. 거의 모든 성당을 장식한 스테인드글라스 창문은 기부자의 이름을 기념한 것이다. 대학 캠퍼스 빌딩 중 다수는 거액을 기부한 사람들의 이름을 따온 것이 대부분이다.

대부분의 사람이 다른 이의 이름을 기억하지 못하는 것은 간단한 이유 때문이다. 즉, 다른 사람의 이름을 외우는 데 집중하고 반복해서 지워지지 않게 머릿속에 저장해야 하는데, 그럴 시간과 공을 들이지 않기 때문이다. 그런 사람들은 자신이 너무 바쁘다는 핑계를 댄다. 하지만 그런 사람들도 프랭클린 D. 루스벨트보다 더 바쁘지는 않을 것이다. 루스벨트는 안면이 있는 정비공들의 이름을 기억하고 외우기 위해 시간을 쏟았다.

다음은 그 사례다. 크라이슬러는 하반신 마비 때문에 일반적인 차를 이용할 수 없는 루스벨트를 위해 특별한 차를 제작했다. W. F. 챔버레인W. F. Chamberlain과 정비공 한 명이 이 차를 백악관으로 가져왔다. 챔버레인의 경험이 들어 있는 편지를 내가 갖고 있기에 그 내용을 소개하겠다.

저는 루스벨트 대통령께 특이한 장치가 많이 달린 자동차를 운행하는 방법을 알려드렸는데, 그분은 제게 사람들을 다루는 좋은 기술을 많이 가르쳐주셨습니다.

제가 백악관을 방문했을 때 대통령은 무척 즐겁고 유쾌해 보였습니다. 그분이 제 이름을 불러주셔서 마음이 편안했습니다. 특히 그분께 보여드리고 알려드린 것들에 엄청난 관심을 보여주셔서 저는 무척 감동했습니다. 자동차는 손으로만 작동되도록 고안되었습니다. 사람들이 차 주위로 몰려들었죠. 대통령은 이렇게 말씀하셨습니다.

"이 차는 정말 신기한 것 같아요. 그냥 버튼 하나만 누르면 차가 저절로 움직여서 아무런 수고도 없이 차를 몰 수 있잖아요. 아주 멋진 차예요. 이 차가 어떻게 움직이는지 모르겠네요. 이 차를 다 뜯어서 어떻게 움직이는지 시간을 내서 알아보고 싶네요."

친구들과 동료들이 이 차를 보고 감탄하자, 대통령이 그분들 앞에서 이렇게 얘기하셨죠.

"챔버레인 씨, 시간과 공을 들여 이 차를 개발해주셔서 정말 고마워요. 무척 훌륭한 일을 하셨어요."

라디에이터와 특별 제작한 후방 거울과 시계, 특별 제작한 조명, 좌석 덮개, 운전자 좌석, 트렁크 안에 들어 있는 대통령의 모노그램이 찍혀 있는 특별 제작한 여행 가방까지 대통령은 관심을 보였습니다. 제가 깊이 고민한 끝에 만들었다는 생각이 드는 것마다 사소한 것 하나하나까지 관심을 보였습니다. 대통령은 영부인과 미스 퍼킨스Miss Perkins 노동부 장관과 본인의 비서에게 이 모든 장비를 일일이 다 보여주셨습니다. 심지어 백악관의 짐꾼을 불러서 이런 말씀도 하셨죠.

"조지, 자네 이 가방은 특히 살살 다뤄야 해."

운전 교습이 끝나자, 대통령이 말씀하셨죠.

"음, 챔버레인 씨, 연방준비제도이사회를 30분 동안 미뤄놨어요. 이제 바로 일하러 가야 할 것 같네요."

저는 백악관에 갈 때 정비공 한 명을 데리고 갔죠. 그 친구를 대통령께 소개해드렸습니다. 그 친구는 대통령과 이야기는 하지 않았지만, 대통령은 그 친구의 이름을 한 번 듣기는 했습니다. 그 친구는 수줍음이 많은 성격이라 앞에 나서지 않았습니다. 그런데 우리가 떠나기 전 대통령이 정비공을 찾았습니다. 대통령은 그 친구와 악수하려고 손을 내밀 때 이름을 불러주며 워싱턴에 와줘서 고맙다고 하셨습니다. 겉치레가 아니었어요. 진심으로 그렇게 말씀하셨죠. 저는 대통령의 진심을 느낄 수 있었습니다.

뉴욕으로 돌아온 며칠 후에 루스벨트 대통령의 서명이 들어 있는 사진을 한 장 받았습니다. 도와줘서 고맙다며 다시 한번 감사를 표시한 작은 메모도 들어 있었습니다. 그분이 어떻게 그런 걸 하실 시간을 낼 수 있었는지, 제게는 수수께끼 같은 일이었습니다.

프랭클린 D. 루스벨트는 호의를 얻을 수 있는 가장 간단하고 분명하고 중요한 방법을 알고 있었다. 바로 사람들의 이름을 기억해서 그 사람이 중요한 인물이라는 기분이 들게 해주는 방법 말이다. 그런데 우리 중 몇이나 그렇게 하고 있을까?

우리는 낯선 사람을 소개받고 몇 분간 이야기를 나누지만, 작별 인사를 할 때쯤에는 그 사람의 이름을 기억하지 못하는 경우가 대부분이다.

정치인이라면 배우게 될 첫 번째 교훈은 바로 이것이다.

'유권자의 이름을 기억하는 것은 정치인의 수완이다. 유권자의 이름을 잊어버리는 정치인은 유권자에게 잊히게 마련이다.'

정치에서 다른 사람의 이름을 기억하는 능력이 중요하게 작용하는 것만큼 업무상 만남이나 친목 도모에도 중요하게 작용한다.

프랑스의 황제이자 위대한 나폴레옹의 조카인 나폴레옹 3세는 황제로서 많은 임무를 맡았지만, 만났던 모든 사람의 이름을 기억할 수 있었다고 자부심을 드러냈다.

그만의 방법이 뭐였을까? 간단하다. 그는 상대방의 이름을 정확하게 듣지 못하면 이렇게 얘기했다.

"정말 미안하지만 이름을 제대로 못 들었어요."

그리고 상대방의 이름이 특이한 경우 이렇게 물었다.

"철자가 어떻게 되죠?"

나폴레옹 3세는 대화하는 도중에도 상대의 이름을 외우려고 몇 번이나 그 이름을 반복하며 머릿속에 그 사람의 특징과 표정, 외모를 이름과 연관 지었다.

상대방이 중요한 사람일 경우, 나폴레옹 3세는 더 노력했다. 그는 혼자 남게 되면 바로 상대방의 이름을 종이에 적은 다음, 직접 쓴 그 이름을 뚫어지게 쳐다보면서 머릿속에 확실히 새기려고 집중했다. 그리고 종이는 찢어버렸다. 그는 이런 식으로 상대방의 이름을 눈으로 익히는 동시에 귀로도 익혔다.

이 모두가 시간이 걸리는 일이다. 그래서 에머슨은 이런 명언을 남겼다.

'바른 예절에는 작은 희생이 따른다.'

다른 사람의 이름을 외우고 활용해서 누리는 혜택은 왕이나 회사 중역들에게만 해당되는 특권은 아니다. 우리 모두에게 해당된다. 인디애나주에 있는 제너럴 모터스의 직원인 켄 노팅햄Ken Nottingham은 회사 구내식당에서 주로 점심을 먹었다. 그런데 계산대 뒤에서 늘 찡그린 얼굴로 일하는 여성이 그의 눈에 띄었다.

"그 여자는 약 두 시간 동안 샌드위치를 만들고 있었죠. 그녀에게 저는 샌드위치나 하나 더 주문하는 사람에 불과했죠. 저는 제가 원하는 대로 주문했습니다. 그녀는 작은 저울 위에 샌드위치를 달더니, 속에서 햄 하나를 덜어내고 양상추 한 장과 감자칩 몇 개만 건네주었습니다.

다음 날 저는 같은 줄에 서 있었죠. 찌푸린 얼굴을 한 같은 여자가 보였습니다. 어제와 달리 그녀의 이름표가 보였습니다. 저는 미소하며 인사했습니다. '안녕하세요, 유니스' 하고요. 그리고 제가 원하는 바를 말했습니다. 음, 이번에 그녀는 저울은 무시하고, 햄을 더 넣더니 양상추 세 장과 감자 칩이 수북이 쌓인 접시를 주었습니다."

이름에는 마법이 있다는 것을 인지해야 한다. 그 누구도 아닌 우리가 상대하는 바로 그 사람이 전적으로 온전히 소유한 것이 바로 이름이라는 사실을 깨달아야 한다. 이름으로 개인이 구별된다. 이름 때문에 그 사람은 다른 사람들과는 다른, 하나밖에 없는 유일한 존재가 된다. 우리가 어떤 상황을 처리할 때 그 사람의 이름을 활용하면 우리가 제공하는 정보나 요청이 특별한 의미를 갖게 된다. 우리가 다른 사람들을 상대할 때, 식당 종업원부터 기업의 최고 중역에 이르기까지 그 사람의 이름을 잘 활용하면 마법 같은 효과를 발휘할 것이다.

원칙 3 상대방의 이름은 당사자에게 가장 달콤하고 가장 중요한 소리라는 사실을 명심하라.

4장

대화를 잘하는 사람이 되는 쉬운 방법

얼마 전에 나는 브리지 게임(카드놀이의 일종)을 하는 파티에 참석했다. 나는 원래 브리지 게임을 하지 않는다. 근데 나처럼 브리지 게임을 하지 않는 여자가 파티 장소에 있었다. 그녀는 로웰 토머스가 라디오에서 일하기 전에 내가 그의 매니저로 일하며 프로그램 〈사진으로 보는 여행담illustrated travel talks〉 진행을 돕기 위해 유럽을 돌아다녔음을 알고 있었다. 그녀가 내게 말을 걸었다.

"어머, 카네기 씨. 카네기 씨가 두루 찾아보고 구경했던 멋진 명소에 대해 다 듣고 싶어요."

우리가 소파에 앉는데 그녀는 남편과 함께 최근 아프리카에 다녀온 이야기를 꺼냈다.

"아프리카요!"

내가 큰 소리로 얘기했다.

"정말 멋지네요! 전 늘 아프리카를 보고 싶었어요. 하지만 전

알제Algiers(알제리의 수도)에 딱 한 번 24시간 동안 머문 게 다입니다. 맹수들이 사는 열대 초원도 가보셨나요? 그래요? 정말 운이 좋네요. 부러워요. 아프리카 이야기 좀 해주세요."

그러자 그녀는 45분 동안 쭉 이야기를 늘어놓았다. 그녀는 내가 가본 곳이나 구경한 곳에 대해서는 다시 묻지도 않았다. 그녀는 내 여행 이야기를 듣고 싶은 게 아니었다. 오로지 흥미진진하게 이야기를 들어줄 사람이 필요했다. 그녀는 내가 질문을 던진 덕분에 자신이 가봤던 곳에 대해 자신 있게 이야기할 수 있었다.

그녀가 특이한 사람일까? 아니다. 대부분의 사람이 그런 편이다.

사례를 들어보겠다. 나는 뉴욕의 출판업자가 주최한 디너 파티에서 유명한 식물학자를 만난 적이 있다. 그전에는 식물학자와 얘기를 나눠본 적이 없었는데, 그 사람은 정말 매력이 넘쳤다. 나는 문자 그대로 의자 끝에 걸터앉아서 이국적인 식물과 새로운 식물을 개발하는 실험과 실내 정원에 대한 그의 이야기에 홀딱 빠져들었다(그는 심지어 보잘것없는 감자에 대한 놀라운 사실도 이야기해주었다). 나에게는 자그마한 실내 정원이 있었는데, 문제가 몇 가지 있었다. 그 식물학자는 그 문제를 해결할 방법을 충분히 알려주었다.

이미 말했듯이 우리는 디너 파티에 참석하고 있었다. 다른 손님도 10여 명 있었을 것이다. 그런데도 나는 모든 규범과 예절을 어기고 다른 사람들을 깡그리 무시한 채 그 사람하고만 몇 시간 동안 대화를 나누었다.

자정이 되자, 나는 모든 사람에게 작별 인사를 한 후 자리를 떠났다. 그 식물학자는 파티 주최자에게 나에 대한 칭찬을 몇 가지 늘어놓았다. 그는 나를 '아주 재미있는' 사람이라고 했다. 나를 이렇고 저런 사람이라고 하더니 '가장 흥미진진한 대화 상대'라는 말로 이야기를 끝냈다.

내가 흥미진진한 대화 상대라고? 왜? 나는 거의 한마디도 하지 않았다. 설사 내가 하고 싶은 말이 있더라도 대화 주제를 바꾸지 않는 한 나는 한 마디도 할 수 없었다. 나는 펭귄의 몸속을 모르는 것처럼 식물에 대해 아는 게 전혀 없었기 때문이다. 그저 나는 정말 열심히 귀를 기울였다. 진심으로 관심이 있었기에 그렇게 열심히 들었다.

그 사람도 그렇게 느꼈다. 당연히 그는 기분이 좋았을 것이다. 이런 식으로 경청하는 태도는 상대방에게 최고의 찬사를 베푸는 것이나 마찬가지다. 우리는 누구한테도 이런 식의 찬사를 베풀 수 있다. 잭 우드포드Jack Woodford는 저서 《낯선 사람들의 사랑Strangers in Love》에서 말했다.

'넋을 잃은 것 같은 관심을 보이는 암묵적인 아부에 넘어가지 않는 사람은 거의 없다.'

나는 그 식물학자에게 넋을 잃은 것 같은 관심보다 더 나아갔다. 나는 그때 진심으로 칭찬하고 찬사를 아끼지 않았다.

나는 그에게 정말 재미있는 시간이었고, 배운 것도 많았다고 얘기했다. 진심이었다. 또한 그가 아는 것을 나도 알고 싶다고 했고 그와 함께 자연을 돌아다니면 좋겠다고 얘기했다. 진짜 그런 바람이 있었다. 나는 다시 한번 그를 보고 싶다고 얘기했다. 모두 진심으로 한 얘기였다.

그가 나를 훌륭한 대화 상대라고 생각하게 된 것은 실제로 내가 이야기를 아주 잘 들어주고 그가 이야기를 더 하게 잘 부추긴 덕분이었다.

업무상 만남을 성공적으로 이끄는 비결 혹은 비책은 무엇일까? 음, 하버드대학교 총장을 역임한 찰스 W. 엘리엇Charles W. Eliot은 이렇게 말했다.

"업무상 만남을 성공적으로 이끄는 비결 같은 것은 없습니다. 나와 대화를 나누는 상대방에게 절대적으로 집중하는 것이 제일 중요합니다. 그만한 아부는 어디에도 없습니다."

엘리엇 자신도 경청의 기술을 정복한 장인이었다. 미국의 위대한 초대 소설가인 헨리 제임스Henry James는 이렇게 회상했다.

"엘리엇 박사님이 경청하는 자세에는 그저 단순히 침묵만 하는 것이 아니라 어떤 특정 동작도 있었죠. 그분은 허리를 똑바로 펴고 앉아서 무릎 위에 양손을 올린 채, 엄지를 더 빨리 돌리거나 혹은 천천히 돌릴 때를 제외하고는 꼼짝도 하지 않았죠. 그분은 상대방의 얼굴을 빤히 쳐다보는데, 마치 귀는 물론이고 눈으로도 이야기를 듣는 것 같았어요. 상대방의 이야기를 마음속으로 받아들이며 상대방이 해야 할 말을 다 하도록 세심하게 배려했습니다. 그분과 대화를 나눈 사람은 이야기가 끝나면 하고 싶은 얘기를 다 했다는 기분이 듭니다."

자명한 사실이다. 이런 사실을 알아내려고 하버드에서 4년 동안 공부할 필요는 없다. 그런데 백화점 사장들 중 이런 사람들이 있다. 비싼 임대료를 내고, 상품을 알뜰한 가격으로 구매하고, 창문을 멋지게 장식하고, 광고에 수천 달러를 들이면서, 고객의 이야기를 잘 귀담아듣지 않는, 다시 말해 고객의 이야기에 끼어들고, 고객의 이야기에 반박하고, 고객을 짜증 나게 해서 결국 백화점 밖으로 몰아내기만 하는 직원들을 고용하는 사장들을 우리는 알고 있다.

시카고의 한 백화점은 해마다 수천 달러를 쓰는 단골을 잃을 뻔한 적이 있다. 판매사원이 고객의 이야기에 귀를 기울이지 않았기 때문이다. 시카고에서 진행된 내 수업을 듣고 있는 헨리에타 더글러스 여사Mrs. Henrietta Douglas는 특별 할인 가격으로 코트 한 벌을 구매했다. 그녀는 집으로 돌아와 살펴보다가 코트의 안감이 찢어진 것을 발견했다. 다음 날 그녀는 백화점에 가서 코트를 판매한 그 판매사원에게 코트를 교환해달라고 했다.

그런데 판매사원은 더글러스 여사의 불평을 귀담아들으려고 하지도 않으며 이렇게만 얘기했다.

"손님은 이 옷을 특별 할인 가격에 사셨잖아요."

판매사원은 벽보를 가리키며 소리쳤다.

"저것 좀 읽어보세요. 환불 및 교환 불가. 일단 구매하시면 그냥 간직해야 합니다. 안감은 직접 꿰매세요."

"하지만 이건 하자가 있는 물건이잖아요."

더글러스 여사가 불평했다.

"아무런 차이도 없습니다. 환불 및 교환은 불가합니다."

판매사원은 더글러스 여사의 말을 끊어버렸다.

더글러스 여사가 다시는 이 백화점에 오지 않겠노라 다짐했다. 그렇게 화를 내며 나가려던 순간 백화점 지배인이 알은척을 했다. 지배인은 더글러스 여사가 몇 년 동안 백화점을 애용한 것을 알고 있었기에 그녀에게 무슨 일이 있었냐고 물었다. 지배인은 모든 이야기를 무척 주의 깊게 듣더니 코트를 잘 살펴본 후 이렇게 얘기했다.

"특별 할인은 환불 및 교환이 불가합니다. 그래야만 시즌 말에 상품을 다 소진할 수 있거든요. 하지만 이런 '반품 불가' 정책이 하자 있는 물건에 적용되지는 않습니다. 안감은 꼭 수선하거나 교체해드리겠습니다. 아니, 원하신다면 환불해드릴게요."

같은 고객에 대한 처우가 정말 달랐다! 그 지배인이 나타나지 않아서 고객의 이야기에 귀를 기울이지 못했더라면, 백화점을 애용하던 단골을 영원히 놓칠 뻔한 일이었다.

경청하는 태도는 비즈니스의 세계에서 중요한 것만큼 가정에서도 중요하다. 뉴욕 허드슨에 사는 밀리 에스포지토Millie Esposito는 자식 중 누구라도 대화를 원하면 반드시 주의 깊게 들어주는 성격이었다. 어느 날 저녁 에스포지토 부인은 아들 로버트Robert와 함께 부엌에 앉아 있었다. 아들은 자신의 머릿속에 있던 어떤 일을 어머니와 잠깐 논의한 후 이렇게 얘기했다.

"엄마, 난 엄마가 나를 정말 좋아하는 걸 알겠어요."

감동한 에스포지토 부인이 말했다.

"당연히 엄만 널 정말 사랑해. 의심이라도 했었어?"

로버트가 대답했다.

"아니요, 엄마가 날 사랑한다는 걸 확실히 알아요. 엄마와 이야기를 나누고 싶을 때마다 엄만 하던 일을 멈추고 내 이야기를 잘 들어주니까요."

마치 독을 내뿜는 킹코브라처럼 늘 불평하고 성을 내며 주변을 헐뜯으며 가장 공격적으로 비판하는 사람이라도 공감하며 끈기 있게 들어주는 사람을 만나면 누그러질 것이다.

다음은 그 사례다. 몇 년 전, 뉴욕 전화 회사는 고객 서비스 상담 사원에게 욕설을 퍼붓는 정말 사나운 고객 한 명을 상대해야 했다. 이 고객은 욕을 하고 미친 듯이 악을 쓰며 전화기를 뿌리째 뽑아버리겠다고 위협했다. 그는 어떤 요금이 잘못 부과된 것이라고 주장하며 절대 내지 않겠다고 거부했다. 신문사에 편지를 보내고, 공공 서비스 위원회Publick Service Commission에 수많은 불평을 접수하고 뉴욕 전화 회사를 상대로 소송도 몇 건 진행했다.

결국 회사에서는 분쟁을 즐기는 기세등등한 고객의 이야기를 들어보기 위해 가장 유능한 '분쟁 중재인'을 보냈다. 이 분쟁 중재인은 우선 그의 말에 귀를 기울였다. 그리고 성미 고약한 고객이 장황한 비난을 쏟아내면서 혼자 즐기도록 놔두었다. 회사의 분쟁 중재인은 고객 이야기를 경청하며 "네"라고 대답하며 그의 불만에 공감을 표했다.

"그 사람은 열변을 토했어요. 저는 거의 세 시간 동안 이야기를 들어주었죠."

그 분쟁 중재인은 내가 주최한 수업 시간에 본인의 경험을 이렇게 얘기했다.

저는 다시 그 사람을 만나서 이야기를 더 들어주었습니다. 그 사람을 총 네 번 만났습니다. 저는 네 번째 인터뷰가 끝나기 전에 그 사람이 만들려던 조직의 창립 멤버가 되었습니다. 그 사람은 '전화 가입자 보호 협회Telephone Subscribers' Protective Association'라는 명칭을 썼어요. 저는 아직 그 조직의 회원이지요. 제가 알기로 그 사람을 빼고는 재가 유일한 회원입니다.

저는 인터뷰를 진행하는 동안 그 사람이 하는 모든 이야기에 귀를 기울이며 공감했습니다. 그는 이런 식으로 본인의 이야기를 들어주는 대리인은 만나본 적이 없어서인지 거의 상냥할 정도로 태도가 바뀌었습니다. 심지어 첫 번째 인터뷰를 진행하는 동안 그를 만나러 가야 했던 이야기는 거의 나오지도 않았습니다. 두 번째, 세 번째, 네 번째 인터뷰 때도 그 이야기는 꺼내지 않았죠. 저는 그 사건을 완전히 종결했습니다. 그 사람은 요금을 다 냈습니다. 그리고 뉴욕 전화 회사와 갈등을 겪은 후 처음으로 공공서비스위원회에 제기했던 각종 고소도 자발적으로 취소했죠.

그 사람은 자신을 몰인정한 착취에 맞서서 공공의 권리를 지키려는 거룩한 십자군처럼 여겼다. 하지만 그는 사실 중요한 사람이라는 기분을 느끼고 싶었던 것이었다. 처음에는 불평과 불만을 제기해서 그런 기분을 얻으려고 했다. 하지만 회사의 대리인으로부터 그런 느낌을 받게 되자 상상 속 불만은 사라져버렸다.

몇 년 전 어느 날 아침, 잔뜩 화가 난 고객 한 명이 줄리언 F. 데트머Julian F. Detmer의 사무실로 쳐들어왔다. 데트머가 설립한 데트머 양모 회사Detmer Woolen Company는 나중에 재봉 업체에 울을 공급하는 세계 최대 규모의 회사로 성장했다.

"이 남자는 원래 우리 회사에 소액을 갚아야 했습니다."

데트머는 내게 이런 이야기를 했다.

그런데 그 고객은 이런 사실을 부인했죠. 우리는 고객이 틀렸다는 것을 알고 있었습니다. 그래서 우리 채권부서에서 그에게 돈을 지급하라고 주장했죠. 우리 채권부서에서 편지 몇 통을 보내자, 그 고객은 마음을 다잡고 시카고로 왔습니다. 그리고 서둘러 내 사무실로 쳐들어와서는 자신은 그 돈을 갚지 않을 것이며, 또한 데트머 양모 회사의 물건을 사기 위해 한 푼도 쓰지 않겠다고 얘기했습니다.

저는 그 사람이 하고 싶은 이야기를 정말 끈기 있게 다 들어주었습니다. 중간에 끼어들고 싶은 마음도 있었지만 그건 나쁜 방법이라는 것을 알았기에 그 사람이 다 얘기하도록 놔두었습니다. 그 사람은 결국 화를 가라앉히고 다른 사람의 이야기를 받아들일 준비가 되었습니다. 저는 조용히 이야기를 꺼냈습니다.

"이 일을 이야기하시려고 시카고까지 오시다니 고맙습니다. 저희가 큰 빚을 졌습니다. 우리 채권부서가 고객을 짜증 나게 했다면 다른 좋은 고객들도 짜증이 날 수 있겠죠. 그건 정말 나쁜 일이죠. 전 고객님이 말씀하신 것보다 더 열심히 들을 준비가 되었습니다."

그 고객은 제가 이런 말을 하리라고는 기대도 안 했을 겁니다. 제가 보기에 그 고객은 살짝 실망한 것 같았습니다. 한두 가지 문제를 따지려고 시카고까지 왔는데 제가 다투기는커녕 고맙다고 했으니까요. 저는 장부에 적힌 요금을 다 지우고 싹 잊어버리겠다고 약속했습니다. 정말 세심한 그 고객이 봐야 할 계좌는 딱 하나지만, 우리 직원들이 봐야 할 계좌는 수천 개가 넘으니까 그 고객이 우리보다 틀릴 가능성은 거의 없다고 얘기했지요.

저는 그 고객이 그런 기분이 드는 것을 완전히 이해한다고 했습니다. 제가 고객님 입장이라면 딱 그렇게 느꼈을 것이라고 했습니다. 그리고 고객이 우리 물건을 더 이상 구매하지 않겠다고 했으니 다른 양모 회사를 추천해드리겠다고 했습니다.

예전에 그 고객이 시카고에 오면 우리는 늘 함께 점심을 먹었습니다. 그래서 이번에도 그에게 같이 점심을 먹자고 청했습니다. 고객은 내키지는 않았지만 제 청을 받아들였죠. 그런데 점심을 먹고 난 후 사무실로 돌아오자 고객은 전보다 훨씬 많은 물건을 주문했습니다. 기분도 확 풀려서 돌아갔습니다. 그런데 그 고객은 우리가 그랬던 것처럼 자신도 공정해지고 싶어서 청구서를 다시 봤는데 잊어버린 청구서 한 장을 찾았답니다. 그래서 사과의 글과 수표를 보내주었습니다.

훗날 아내가 사내아이를 낳았을 때, 그 고객은 아들의 중간 이름을 데트머라고 했습니다. 그리고 22년 후 세상을 뜰 때까지 친구인 동시에 고객의 한 사람으로 남았습니다.

오래전 네덜란드 출신의 가난한 소년이 방과 후에 가족을 부양하기 위해 빵집 창문 닦는 일을 했다. 가족이 너무 가난해서 소년은 매일 바구니를 들고 거리로 나가서 석탄 차가 석탄을 나르다가 배수구에 흘린 석탄 조각을 줍는 일도 해야 했다. 이 소년의 이름은 에드워드 보크Edward Bok다. 보크는 평생 학교에 다닌 기간이 채 6년도 되지 못했지만 결국 미국 저널리즘 역사상 가장 성공한 잡지 편집인이 되었다. 그가 어떻게 그 자리에 오를 수 있었을까? 이야기가 정말 길다. 하지만 그의 시작은 짧게 얘기할 수 있다. 그는 이 장에서 지지한 원칙들을 활용해서 인생의 첫발을 떼었다.

그는 열세 살에 학교를 그만두고 웨스턴 유니언Western Union(미국에 본사를 둔 금융 통신 회사)에 사환으로 들어갔다. 그런데 한 순간도 배움을 포기한 적이 없던 그는 독학을 시작했다. 차비를 아끼고 점심을 거르며 일한 덕분에 미국 전기 백과사전을 살 수 있었다. 그리고 그는 정말 듣도 보도 못한 일을 해냈다. 그는 유명한 사람들의 삶에 대해 읽은 후 그들의 어린 시절에 대해 더 듣고 싶다는 편지를 당사자들에게 보냈다.

그는 다른 사람의 이야기를 정말 잘 들어주는 사람이었다. 그는 저명인사들에게 그들의 이야기를 더 듣고 싶다고 부탁했다. 당시 대통령에 출마한 제임스 A. 가필드James A. Garfield 장군에게 편지를 보내서 장군이 어린 시절에 운하를 견인하는 일을 한 것이 정말인지 물었다. 그리고 그랜트 장군Grant에게 편지를 보내서 특정 전투와 관련된 질문도 던졌다. 그랜트 장군은 지도를 그린 답장을 보내더니, 열네 살 소년이던 보크를 집으로 초대해서 저녁 식사를 함께하며 시간을 보냈다.

웨스턴 유니언의 사환은 이제 곧 랄프 왈도 에머슨과 올리버 웬델 홈즈Olver Wendell Holmes, 롱펠로Longfellow, 에이브러햄 링컨 여사, 루이자 메이 올컷Louisa May Alcott, 셔먼 장군, 제퍼슨 데이비스Jefferson Davis 등 미국에서 가장 유명한 인사들과 편지를 주고받는 사이가 되었다. 그는 이렇게 유명한 사람들과 편지를 주고받을 뿐만 아니라 휴가 때는 저명인사들의 집에 손님으로 초대되어 좋은 대접을 받았다. 이런 경험으로 그는 돈으로 살 수 없는 귀한 자신감을 얻었다. 이들 저명인사 덕분에 인생을 바꿔줄 비전과 야망이 그의 마음속에 이글이글 타오르게 되었다. 다시 한번 반복하지만, 이 모든 일이 가능했던 것은 우리가 지금 여기서 논의하는 원칙들을 적용했기 때문이다.

아이작 F. 마커슨Isaac F. Marcosson은 수많은 저명인사를 인터뷰한 언론인이다. 그는 많은 사람이 주의 깊게 듣지 않기 때문에 좋은 인상을 남기지 못한다고 주장했다.

"그런 사람들은 다음에 무슨 이야기를 해야 할지 고심하느라 귀를 쫑긋 세우지 못하는 것입니다. 중요 인사들은 말을 잘하는 사람들보다 잘 들어주는 사람들을 좋아한다고 했습니다. 그런데 상대방의 이야기를 잘 들어주는 능력은 다른 좋은 장점보다 더 희귀한 능력인 것 같습니다."

중요 인사들만 이야기를 잘 들어주는 사람을 좋아하는 것이 아니라 평범한 사람들도 마찬가지다. 〈리더스 다이제스트〉에 이런 글이 실린 적이 있다.

'사람들이 의사를 찾을 때는 들어줄 사람이 필요한 경우가 대부분이다.'

남북 전쟁 중 가장 암울했던 시기에 링컨은 일리노이주 스프링필드에 사는 오랜 친구에게 워싱턴을 방문해달라고 부탁하는 편지 한 통을 썼다. 오랜 친구와 의논하고 싶은 문제가 몇 가지 있다는 내용이었다. 오랜 친구가 백악관을 방문하자, 링컨은 노예 해방 선언의 타당성에 대해 몇 시간 동안 얘기했다. 그리고 이런 조치에 대한 찬반론을 모두 논의했다. 링컨은 노예를 해방한다고 자신을 비난하는 신문 기사는 물론이고 노예를 해방하지 않는다고 비난하는 신문 기사와 편지도 읽어주었다.

링컨은 몇 시간 동안 이야기를 한 후에 오랜 친구와 악수하며 잘 가라고 인사하더니 일리노이주로 돌려보냈다. 링컨은 친구의 의견은 묻지도 않고 대화 시간 내내 혼자서 떠들었다. 그런 식으로 자신의 마음을 정한 것 같았다.

"대통령은 이야기를 마친 후에 마음이 좀 편안해진 것 같았어요."

링컨의 오랜 친구는 이렇게 얘기했다. 링컨은 조언을 원한 것이 아니라 마음의 짐을 덜 수 있게 고개를 끄덕이며 잘 들어줄 다정한 사람이 필요한 것이었다. 사람들이 곤경에 처했을 때 원하는 바로 그런 사람 말이다. 이는 짜증 난 고객들과 불만을 가진 직원들이나 마음이 상한 친구들이 원하는 것이다.

지그문트 프로이트는 이야기를 가장 잘 들어주는 사람으로 꼽힌다. 프로이트를 만난 어떤 사람은 그의 경청 자세를 이렇게 묘사했다.

"결코 그 사람을 잊을 수 없을 만큼 강렬했습니다. 그분에게는 다른 어떤 사람에게서 볼 수 없던 몇 가지 자질이 있었습니다. 그분처럼 다른 사람에게 집중하는 태도는 처음 봤습니다. 그렇게 영혼으로 꿰뚫어 보는 듯한 강렬한 시선은 처음이었습니다. 그분의 시선은 온화하고 다정했습니다. 목소리는 낮고 친절했죠. 다른 몸짓은 거의 없었습니다. 내가 아무리 심한 말을 해도 제게로 향한 그분의 집중력과 공감은 정말 뛰어났습니다. 그런 식으로 내 이야기에 다른 사람이 귀를 기울이는 게 어떤 것인지 아무도 모를 거예요."

혹시 사람들이 나를 피하고, 뒤에서 나를 비웃고, 심지어 나를 경멸하게 만들고 싶다면 다음 비법을 따라 하면 된다.

'누구의 이야기든 오래 듣지 마라. 내 이야기만 계속하라. 다른 사람이 얘기하는 데 좋은 생각이 떠오른다면 그 사람이 말을 마칠 때까지 기다리지 마라. 바로 치고 들어가서 그 사람의 말을 끊어버려라.'

혹시 이런 사람들을 알고 있나? 유감스럽게도 나는 알고 있다. 놀랍게도 이런 사람 중 일부는 저명인사다.

지겨운 사람들, 모두 지겨운 사람들이다. 자신만의 자아에 중독되고 자만심에 취한 지긋지긋한 사람들 말이다.

오직 자기 얘기만 하는 사람들은 자기만 생각하는 사람들이다. 컬럼비아대학교 총장 니콜라스 머레이 버틀러 박사Dr. Nicholas Murray Butler는 자기만 생각하는 사람들에 대해 이렇게 얘기했다.

"자기만 생각하는 사람들은 구제 불능으로 무지한 사람들이다. 그런 사람들은 아무리 교육을 많이 받았더라도 그저 무지한 사람들이다."

훌륭한 대화 상대가 되고 싶다면 다른 사람들의 이야기에 세심하게 귀를 기울여야 한다. 관심을 받고 싶다면 먼저 관심을 보여야 한다. 다른 사람들이 대답하고 싶은 질문을 던져야 한다. 그들과 그들이 이룬 성취를 얘기하게 부추겨야 한다.

지금 여러분이 이야기를 나누는 사람들은 여러분이나 여러분이 당면한 문제보다 본인과 본인이 원하는 것에 100배는 관심이 많음을 명심해야 한다. 어떤 사람의 치통은 당사자가 보기에 중국에서 100만 명이 죽어 나간 기근보다 중요하다. 누군가의 목에 난 종기는 아프리카에서 일어난 마흔 번의 지진보다 더 위급하다. 다음에 대화를 시작할 때 이 점을 기억해야 한다.

원칙 4 잘 들어주는 사람이 되어라. 상대방이 자신에 대해 이야기하도록 부추겨라.

5장

사람들의 관심을 끄는 방법

시어도어 루스벨트를 방문한 적이 있는 사람이라면 누구라도 방대하고 다양한 분야를 알고 있는 그의 지식에 깜짝 놀랐을 것이다. 그는 손님이 카우보이이든 의용 기병대이든 뉴욕의 정치가 혹은 외교관이든 무슨 말을 해야 할지 알고 있었다. 대체 어떻게 이런 일이 가능했을까? 답은 간단하다. 루스벨트는 손님을 기다릴 때마다 손님이 특별히 관심을 품는 분야에 대해 밤새도록 자료를 찾아봤다.

다른 모든 지도자처럼 루스벨트도 사람의 마음을 얻는 지름길은 그 사람이 가장 중요하게 여기는 것에 대해 얘기하는 것이라는 사실을 알고 있었다. 예일대학교 문학 교수이며 수필가인 다정한 성품의 윌리엄 라이언 펠프스William Lyon Phelps는 어린 시절에 이런 교훈을 깨우쳤다.

'나는 여덟 살 무렵 후서토닉Housatonic 강가의 스트래트포드

Stratford에 사는 고모인 리비 린슬리Libby Linsley 댁에서 주말을 보낸 적이 있다.'

펠프스가《인간의 본성Human Nature》이라는 에세이에 쓴 대목이다.

어느 주말 저녁 한 중년 남자가 고모를 찾아왔다. 남자 손님은 고모와 살짝 언쟁을 벌인 후 내게 관심을 보였다. 나는 당시 보트에 관심이 많았다. 그 손님은 정말 엄청난 관심을 보이며 나와 보트 이야기를 했다. 나는 손님이 떠난 후 그분에 대해 열의를 담아 얘기했다. 정말 멋있는 남자라고.

우리 고모는 그분이 뉴욕에서 일하는 변호사라고 알려주셨다. 그런데 그분은 보트에 대해서는 전혀 모르고 털끝만큼도 관심이 없는 사람이라고 했다.

"그럼 왜 그분은 계속 보트 얘기만 하신 거예요?"

"그분은 신사거든. 네가 보트에 관심이 있는 걸 보고, 네가 관심을 보이고 기뻐할 만한 얘기를 한 거야. 호감 가는 행동을 한 거지."

윌리엄 라이언 펠프스는 이렇게 덧붙였다.

'나는 고모의 이야기를 절대 잊지 않았다.'

나는 이 장을 쓰면서 보이 스카우트 운동에 적극적으로 참여하는 에드워드 L. 찰리프Edward L. Chalif가 보낸 편지 한 통을 바라보고 있다.

'어느 날 크게 신세 질 일이 생겼습니다.'

이는 찰리프의 편지 내용이다.

대규모 스카우트 대회가 유럽에서 진행되는데, 저는 미국의 대기업 사장이 보이 스카우트 아이 한 명의 여행 경비를 대주기를 바라고 있었습니다.

다행히 제가 그분을 만나기 직전에 그분이 100만 달러 수표를 발행했는데 취소돼서 그 수표를 액자에 넣었다는 이야기를 들었습니다.

그래서 저는 그분 사무실로 들어가서 우선 그 수표를 보고 싶다고 부탁했습니다. 100만 달러 수표 말입니다! 저는 그만한 수표를 발행한 사람은 처음 본다고 했습니다. 그리고 100만 달러짜리 수표를 실제로 본 것을 우리 아이들한테 말해주고 싶다고 했습니다. 그분은 선뜻 수표를 보여주었습니다. 저는 그 수표를 보고 감탄한 후 어떻게 거액의 수표를 발행했는지 모두 알고 싶다고 했습니다.

찰리프는 보이 스카우트나 유럽의 잼버리나 본인이 원하는 것에 대해서는 시작도 하지 않았다. 그는 대기업 사장이 관심을 보이는 분야만 얘기했다. 그 결과는 다음과 같다.

제가 만난 그 사장은 곧 이런 말을 했습니다.

"그건 그렇고, 어쩐 일로 저를 보러 오신 거죠?"

그래서 제가 사정을 얘기했습니다. 정말 놀랍게도, 그분은 제가 요청한 것을 바로 들어주었을 뿐만 아니라 더 많은 것을 해주셨습니다. 저는 그분께 아이 하나만 유럽으로 보내달라고 부탁했는데, 그분은 아이 다섯 명과 저까지 보내주셨죠. 그리고 1,000달러짜리 신용장도 주시고 유럽에서 7주 동안 머물러도 좋다고 하셨습니다. 또 지사장들에게 우리를 돌봐달라는 소개장도 써주셨죠. 본인도 우리를 만나러 파리까지 와서 파리 구경을 시켜주셨습니다.

그 이후로 그분은 부모가 없는 아이들에게 일자리를 주셨습니다. 물론 지금까지도 우리 단체에서 활발하게 활동하고 있지요.

그분이 어떤 것에 관심이 있는지 몰랐더라면, 제가 먼저 분위기를 띄우지 못했더라면, 그분께 쉽게 다가가는 방법을 10분의 1도 찾지 못했을 겁니다.

이 방법이 비즈니스에도 활용할 만큼 소중한 방법일까? 뉴욕의 대형 제빵 회사 '뒤버노이 앤 선스Duvemoy and Sons'의 헨리 G. 뒤버노이Henry G. Duvernoy의 사례를 들어보겠다.

뒤버노이는 뉴욕에 소재한 호텔에 빵을 팔려고 애쓰고 있었다. 4년간 매주 호텔의 매니저를 찾아갔다. 호텔의 매니저가 참석하는 친목 모임도 나갔다. 주문을 얻으려고 심지어 그 호텔에 방을 빌려서 생활한 적도 있었지만, 모두 실패로 돌아갔다.

"그런데 인간관계를 공부한 후로 전략을 바꾸기로 마음먹었습니다. 저는 이 남자가 도대체 어디에 관심이 있는지, 어디에 열정을 쏟는지 알아내기로 했습니다."

뒤버노이가 이렇게 이야기를 시작했다.

저는 그분이 호텔 중역들의 모임인 '미국 호텔인 연합Hotel Greeters of America'에 소속되었다는 것을 알아냈습니다. 그분은 그냥 단순히 그 모임의 회원으로만 남지 않았습니다. 넘치는 열정으로 호텔인 연합의 회장이 되더니 나중에는 국제 호텔인 연합의 회장도 되었습니다. 그분은 호텔인 연합의 회의가 열리는 곳은 어디든 꼭 참석하셨죠.

그래서 저는 다음 날 그분을 뵈었을 때, '호텔인 연합'에 대해 이야기를 꺼냈습니다. 얼마나 반응이 대단했는지 몰라요. 정말 엄청난 반응이었죠. 그분은 한 시간 반 동안 열정이 넘치는 목소리로 '호텔인 연합'에 대해 얘기했습니다. 저는 그 모임이 그분의 취미가 아니라 평생의 열정이라는 것을 분명히 알 수 있었죠. 결국 저는 그분 사무실을 나서기 전에 그 모임의 회원권까지 구매하게 되었습니다.

대화를 나누는 동안, 저는 빵과 관련된 이야기는 꺼내지도 않았습니다. 그런데 며칠 후에 호텔 스튜어드(호텔의 식품 조달 담당자)가 제게 전화를 걸었는데, 견본 빵과 가격표를 갖고 오라고 했습니다.

"우리 영감님께 어떻게 하신 건지는 모르겠지만, 확실히 당신에게 푹 빠진 것 같아요."

호텔 스튜어드가 나를 반기며 이렇게 얘기했습니다.

생각해보세요! 전 그냥 4년간 그 매니저를 향해 헛불만 피운 꼴이었죠. 주문을 따내려고요. 그분이 어떤 것에 관심이 있는지, 그분이 어떤 이야기를 좋아하는지 알아내려고 애를 쓰지 않았더라면 지금까지도 헛불만 피우고 있겠죠.

메릴랜드주 해거스타운Hagerstown의 에드워드 E. 해리먼Edward E. Harriman은 군을 제대한 후 메릴랜드의 아름다운 컴벌랜드 계곡Cumberland Valley에서 살겠다고 마음먹었다. 그런데 당시 이 지역에는 쓸 만한 일자리가 거의 없었다. 그는 약간의 조사 끝에 이 지역의 회사 대부분을 독불장군 스타일의 비범한 사업가 R. J. 펑크하우저R. J. Funkhouser가 소유하거나 그가 영향력을 행사한다는 사실을 알아냈다. 해리먼은 가난을 물리치고 부자가 된 펑크하우저에게 흥미를 느꼈다. 하지만 펑크하우저는 일자리를 찾는 사람들이 접근하기 어려운 것으로 유명했다. 해리먼은 이런 글을 남겼다.

저는 많은 사람에게 의견을 구한 결과 돈과 권력을 추구하는 것이 펑크하우저 씨의 주된 관심사임을 알아냈습니다. 그런데 그분은 저 같은 사람들을 피하려고 헌신적이고 근엄한 비서를 옆에 두고 있었습니다. 저는 그 비서의 관심과 목표를 알아본 후 기습적으로 방문했습니다. 비서는 거의 15년 동안 마치 위성처럼 펑크하우저 씨의 주변을 맴돌고 있었습니다. 펑크하우저 씨가 경제적으로, 정치적으로 성공할 수 있는 제안을 하러 왔다고 얘기하자, 비서는 무척 좋아했습니다. 또한 저는 그가 성공하는 데 비서가 한몫할 수 있다는 대화를 나누었습니다. 이런 대화를 나눈 후, 비서는 저와 펑크하우저 씨의 만남을 주

선해주었습니다.

저는 눈에 띄는 거대한 사무실로 들어갈 때 바로 일을 부탁하지 않을 작정이었습니다. 깎아 만든 커다란 책상 뒤에 앉아 있던 그분이 저를 보자 대뜸 우렁찬 목소리로 물었습니다.

"무슨 일로 왔지, 젊은이?"

제가 이야기를 꺼냈습니다.

"펑크하우저 씨, 저는 제가 당신을 위해 돈을 벌 수 있다고 믿습니다."

그분은 바로 자리에서 일어나더니 저에게 덮개를 씌운 커다란 의자에 앉으라고 권했습니다. 제 머릿속에 있는 아이디어와 그 아이디어를 실현할 자질과 이 모든 것이 그분의 개인적 성공과 사업에 어떻게 도움 될 수 있을지 죽 나열했습니다.

제가 'R. J'로 부르는 그분은 그 자리에서 저를 고용했습니다. 그렇게 20년 넘게 저는 그분의 회사에서 중요한 자리에 올랐죠. 우리는 둘 다 번창했습니다.

다른 사람의 관심사를 이야기하면 양쪽에 다 이롭다. 직원 간 의사소통 분야의 리더인 하워드 Z. 헤르지히Howard Z. Herzig는 늘 이 원칙을 따랐다. 그는 이 원칙을 따르면 어떤 보상을 받느냐는 질문을 받자, 각 사람에게서 각각 다른 보상을 받았고 누군가와 이야기를 나눌 때마다 삶이 확장되었다는 대답을 내놓았다.

원칙 5 상대방의 관심사를 이야기하라.

6장

사람들이 바로 나를 좋아하게 만드는 방법

내가 뉴욕 8번 대로의 33번가에 있는 우체국에서 등기 우편을 부치려고 줄을 서고 있을 때의 일이다. 그때 자기가 하는 일에 질린 것처럼 보이는 직원이 내 눈에 띄었다. 우편 봉투의 무게를 달고, 우표를 나눠주고, 잔돈을 거스르고, 영수증을 발행하는 늘 그날이 그날 같은 단조로운 작업이었다. 나는 속으로 말했다.

'저 직원이 나를 좋아하게 만들어봐야지. 분명히 저 사람이 나를 좋아하게 만들어야 해.'

나는 뭔가 근사한, 내가 아닌 그 사람에 대해 좋은 말을 해야 했다. 나는 속으로 물었다.

'정말 솔직하게 저 사람에 대해 감탄할 만한 게 뭐가 있을까?'

대답하기 어려운 질문이 가끔 있게 마련이었다. 특히 낯선 사람에 대해서 그런 것을 찾기는 어렵다. 하지만 이 경우는 쉽게 찾을 수 있었다. 나는 꽤 감탄스러운 것을 바로 찾아냈다. 그 직원이 내 등기 우편의 무게를 다는 동안 나는 열정적으로 말했다.

"저도 그쪽처럼 머리숱이 많았으면 좋겠어요."

직원이 반쯤 놀라며 고개를 드는데, 환한 미소를 짓고 있었다.

"음, 예전만큼은 아니에요."

직원은 겸손하게 말했다. 나는 예전만큼은 아닐지도 모르지만, 여전히 너무 멋지다고 말해주었다. 직원은 무척 좋아했다. 그리고 우리는 기분 좋은 잡담을 나누었다. 직원은 끝으로 이런 말을 했다.

"제 머리카락을 부러워하는 사람이 많기는 해요."

나는 그날 그 직원이 점심을 먹으러 밖으로 나갈 때 날아갈 듯 기분이 좋았을 것이라고 확신한다. 그날 밤 집으로 돌아가서 아내에게 내가 해준 말을 얘기했을 것이다. 그리고 거울을 보며 이렇게 말했을 것이다.

"내 머리카락이 끝내주기는 하지."

내가 이 이야기를 여러 사람 앞에서 했더니 한 남자가 물었다.

"그분한테 뭘 바라신 거죠?"

내가 그 사람한테 뭘 받아내려고 그렇게 애를 쓴 걸까! 그 사람한테 대체 뭘 바란 걸까! 우리가 대가를 받지 않고는 상대에게 정직한 칭찬을 건네거나 작은 행복을 발산할 수도 없을 만큼 그렇게 경멸스러울 정도로 이기적인 사람이라면, 우리의 영혼이 시디신 야생 능금보다도 적다면, 우리는 받아 마땅한 실패만을 맛보게 될 것이다. 음, 맞다. 나는 그 직원에게 원하는 게 있었다.

나는 값을 매길 수 없는 것을 원했다. 나는 그것을 얻었다. 그 직원은 내게 되돌려줄 것이 없지만 나는 무언가를 해주었다는 그 느낌을 얻었다. 그 일이 지나간 후에도 오래도록 내 머릿속에 머물며 노래를 부르는 그런 느낌 말이다.

인간의 행동에는 지극히 중요한 법칙이 하나 있다. 우리가 그 법칙을 따르면 우리는 말썽에 휘말리는 일이 거의 없을 것이다. 사실 우리가 그 법칙을 따르기만 한다면 그 법칙 덕분에 우리는 수많은 친구를 사귀고 오랫동안 행복을 누릴 것이다. 하지만 그 법칙을 어기는 순간, 우리는 끝없는 말썽에 휘말릴 것이다. 그 법칙은 바로 이것이다.

'늘 상대방이 중요한 사람이라는 기분이 들게 하라.'

이미 언급한 것처럼 존 듀이는 중요한 사람이 되고 싶은 욕망은 인간의 본성 중 가장 뿌리 깊은 욕망이라고 설명했다. 윌리엄 제임스도 "인간의 본성에 가장 뿌리 깊이 자리한 원칙이 있다면 바로 인정받고 싶은 욕구다"라고 얘기했다. 내가 앞서 지적했듯, 우리 인간과 동물은 바로 이 원칙으로 구분 지을 수 있다. 우리 인간에게 이런 욕구가 있었기에 문명이 탄생할 수 있었다.

철학자들은 수천 년 동안 인간관계의 여러 원칙을 추측하고 가설을 세웠다. 모든 가설 중 한 가지 가설이 가장 중요한 단 하나의 교훈으로 발전했다. 그 교훈은 새로운 것이 아니다. 인류의 역사만큼 오래되었다. 2500년 전, 조로아스터는 페르시아에서 추종자들을 모아놓고 이 오래된 교훈을 가르쳤다. 2400년 전에 공자가 중국에서 이 교훈을 가르쳤고, 도교를 창시한 노자가 한 계곡Valley of the Han에서 이 교훈을 가르쳤다. 부처는 예수보다 500년 전에 갠지스강 둑에서 이 교훈을 가르쳤다. 이보다 1000년 전에 이런 가르침을 설파한 힌두교 경전도 있다. 1900년 전, 예수는 유대인들이 살던 바위투성이 언덕 사이에서 이 교훈을 가르쳤다. 예수는 모든 가르침을 한데 모아 단 하나의 생각, 즉 이 세상에서 가장 중요한 원칙을 도출했다.

'다른 사람에게 대접받고 싶은 대로 그 사람을 대접하라.'

사람들은 일상에서 만나는 사람들의 인정을 받고 싶어 한다. 자신의 진정한 가치를 인정받고 싶은 것이다. 사람들은 자신만의 세상에서 중요한 사람이 되고 싶은 것이다. 그렇다고 입에 발린 싸구려 칭찬을 듣고 싶은 것은 아니다. 진지하게 인정받고 싶은 것이다. 찰스 슈와브가 설명했듯, 사람들은 친구들과 동료들이 '마음에서 우러나온 칭찬을 아낌없이 해주기'를 바란다. 바로 모든 사람이 바라는 것이다.

그러니 황금률을 따르고 다른 사람들이 우리에게 해주기를 바라는 것을 그 사람들에게 해주자. 어떻게? 언제? 어디에서 해야 할까? 늘, 어디서나 해야 한다. 위스콘신주 오 클레어Eau Claire에 사는 데이비드 G. 스미스David G. Smith는 자선 콘서트의 음료 전시장을 맡아달라는 부탁을 받았을 때 미묘한 상황을 어떻게 처리했는지 우리가 진행한 수업 시간에 들려주었다.

콘서트가 열린 날 저녁, 공원에 도착했는데 노부인 두 명이 음료 전시장 옆에 서 있더군요. 그런데 노부인 두 분은 기분이 몹시 나빠 보였어요. 두 사람 모두 서로가 이 프로젝트를 담당해야 한다고 생각하는 것 같았어요. 제가 어떻게 해야 할지 곰곰이 생각하며 서 있는데 후원 위원회 한 명이 나타나더니, 저에게 현금이 들어 있는 작은 금고를 맡기며 이 프로젝트를 맡아줘서 고맙다고 하더군요. 후원 위원은 로즈와 제인을 소개하며 저를 도와줄 사람들이라고 얘기한 후 바로 자리에서 벗어났습니다.

그 순간 엄청난 적막이 흘렀습니다. 그 금고가 권위의 상징이라는 사실을 깨달은 저는 금고를 로즈에게 맡기며 저는 돈을 제대로 간수할 수 없을지도 모르니, 저 대신 금고를 맡아달라고 설명했습니다. 그리고 제인에게는 음료수 전시장을 맡은 10대 두 명에게 음료수 기계의 작동법을 알려주라고 제안했습니다. 그리고 제인에게 이번 프로젝트의 음료 전시장을 책임져달라고 부탁했습니다.

그날 밤은 기분 좋게 현금을 세는 로즈와 음료 전시장을 맡은 10대 두 명을 감독하는 제인 덕분에 무척 즐거웠습니다. 저는 물론 콘서트를 즐겼습니다.

다른 사람을 인정하라는 교훈을 활용하기 위해 프랑스의 대사가 되거나 클램베이크 위원회Clambake Committee의 의장이 될 때까지 기다릴 필요는 없다. 그저 매일 그 교훈을 마법처럼 활용할 수 있다.

사례를 들어보겠다. 우리가 식당에서 프렌치프라이를 주문했는데, 종업원이 매시트 포테이토를 갖다주었다면 이렇게 말해보는 거다.

"번거롭게 해서 미안하지만 난 프렌치프라이를 시켰어요."

그러면 종업원은 "아, 별말씀을요" 하며 기꺼이 요리를 바꿔줄 것이다. 우리가 종업원에게 존중의 태도를 보였기 때문이다.

'번거롭게 해서 미안하지만', '혹시 ~을 부탁해도 될까요?', '~하면 안 될까요?', '~해도 될까요?', '고맙습니다' 등으로 표현하는 사소한 예의범절은 지루한 일상의 톱니바퀴에 기름을 칠하는 구실을 한다. 이런 말을 잘 사용하면 가정교육을 잘 받았다는 보증서가 된다.

또 다른 사례 하나를 들겠다. 홀 케인Hall Caine의 소설 《기독교인The Christian》, 《재판관The Deemster》, 《맨섬 사람Manxman》은 모두 20세기 초반에 베스트셀러가 되었다. 수백만 명이 그의 소설을 읽었다. 홀 케인은 대장장이의 아들이다. 평생 8년밖에 교육을 받지 못했지만, 사망 당시 가장 부유한 작가였다.

그의 이야기는 이렇게 시작된다. 홀 케인은 소네트와 발라드를 무척 좋아했다. 그래서 단테 가브리엘 로제티Dante Gabriel Rossetti의 시를 집어삼킬 듯이 읽었다. 심지어 로제티의 예술적 성취를 찬양하는 글을 써서 그에게 보내기도 했다. 당연히 로제티는 무척 좋아했다. 아마도 속으로 이런 말을 했을 것이다.

'내 능력을 이렇게나 높이 사는 청년이라면 무척 똑똑할 거야.'

그래서 로제티는 이 대장장이의 아들을 런던으로 불러서 비서로 고용했다. 이 일은 홀 케인의 일생에 전환점이 되었다. 홀 케인은 새로운 자리를 맡은 덕분에 당대의 문학가들을 만날 수 있었다. 또한 그들의 조언을 활용하고 그들의 격려에 힘을 얻어, 본인의 이름을 영원히 남길 작품 활동을 시작할 수 있었다.

맨섬Isle of Man에 있는 케인의 저택 그리바 성Greeba Castle은 세계 곳곳의 관광객들이 찾는 명소가 되었다. 케인은 유산으로 몇백만 달러를 남겼다. 그가 저명인사를 찬양하는 에세이를 쓰지 않았더라면 가난하고 이름 없는 사람으로 죽었을지 누가 알 수 있을까?

이런 게 힘이다. 가슴에서 우러난 진솔한 인정으로 발휘되는 엄청난 위력이다. 로제티는 본인을 중요한 사람이라고 생각했다. 이상한 일이 아니다. 거의 모든 사람이 자신을 중요한, 매우 중요한 사람이라고 생각한다.

본인이 중요한 사람이라는 기분을 오직 한 사람만 줄 수 있다고 해도 많은 사람의 인생이 바뀔 수 있다. 로널드 J. 로랜드Ronald J. Rowland는 캘리포니아에서 개최하는 우리 교육 강좌의 강사로 활동하고 있다. 그는 또한 미술과 공예를 가르치는 선생님이다. 다음은 그가 공예 수업을 시작할 때 만난 학생 크리스Chris의 이야기를 편지로 전해준 것이다.

크리스는 정말 조용하고 수줍음이 많은 데다 자신감이 부족한 아이입니다. 당연히 받아야 할 관심을 받지 못할 때가 많았습니다. 저는 고급반 수업도 가르치고 있습니다. 고급반 승급은 실력 향상이라는 상징적인 의미가 있습니다. 그 반에 들어가기 위해 노력한 학생들은 고급반을 일종의 특권으로 생각합니다. 수요일에 크리스는 책상 앞에 앉아서 열심히 작업하고 있었습니다. 저는 크리스의 내면에 숨겨진 뜨거운 욕망이 느껴지는 것 같았습니다. 그래서 크리스에게 고급반에 들어가고 싶은지 물었습니다. 당시 크리스의 표정은 말로 표현할 수 없을 정도였습니다. 수줍은 열네 살 소년은 눈물을 감추려 애쓰고 있었죠.

"저요? 로랜드 선생님, 제가 그만한 자격이 있나요?"

"그럼, 크리스. 넌 정말 훌륭해."

제 눈에서 흘러나오는 눈물 때문에 저는 자리를 뜰 수밖에 없었습니다. 그날 교실 밖으로 걸어 나온 크리스는 키가 5센티는 큰 것처럼 보였습니다. 크리스는 새파란 눈으로 저를 바라보더니 당당한 목소리로 얘기했습니다.

"고맙습니다. 로랜드 선생님."

크리스 덕분에 저는 우리 내면의 깊은 욕망을 배웠습니다. 소중한 사람이 되고 싶은 깊은 욕망을 저는 결코 잊지 못할 것입니다. 저는 이 법칙을 절대 잊지 않기 위해 '나는 소중한 사람이다'라는 글귀를 새긴 팻말을 만들었습니다. 제가 가르치는 학생이 모두 소중하다는 사실을 저 스스로 상기하고 또 모두가 볼 수 있도록 이 팻말을 교실 앞에 걸어두었습니다.

여러분이 만나는 사람들은 거의 모두가 자신이 어떤 면에서 여러분보다 우월하다고 느낀다. 그들은 마음속으로 여러분이 그들의 소중함을 진심으로 인정한다는 것을 미묘하게 깨닫는다. 이는 자명한 진실이다.

"내가 만나는 사람은 모두 어떤 면에서 나보다 우월하다. 내가 그들에게 배울 게 있다는 점에서 맞는 말이다"라고 얘기한 에머슨의 말을 명심해야 한다.

성취감을 가질 자격이 거의 없는 사람들이 자존심을 세우기 위해 소란을 피우고 우쭐대며 역겨운 행동을 한다. 정말 한심해 보이는 짓이다. 셰익스피어는 이렇게 표현했다.

'인간, 오만한 인간이여. 짧은 순간 지속될 권위라는 옷을 차려입고서 드높은 하늘 앞에서 기막힌 속임수를 부리고 있구나, 천사들도 울게 할 장난이네.'

나는 여러분에게 내가 직접 진행한 수업을 들은 비즈니스맨들이 책 속의 원칙들을 적용해서 어떻게 기막힌 결과를 이뤘는지 이야기하려고 한다. 먼저 코네티컷주의 변호사를 예로 들겠다(이 사람은 친척들 때문에 본명이 드러나는 것을 좋아하지 않았다).

R은 내 수업이 끝나자마자 아내와 함께 자동차를 타고 아내의 친척들을 만나려고 롱아일랜드로 갔다. 아내는 자신의 나이 든 이모와 이야기를 나눌 수 있게 R을 집에 놔두었다. 그리고 자신은 손아래 친척들을 만나러 간다며 혼자 자리를 떴다. R은 얼마 후에 타인을 인정 혹은 칭찬하라는 원칙을 어떻게 적용했는

지 발표해야 했다. 그는 이모님과 대화를 나눌 소중한 기회를 얻었다고 생각했다. 그래서 솔직하게 감탄할 만한 것이 있는지 찾아보고자 집을 둘러보았다.

"이 집은 1890년에 지어졌죠, 그렇죠?"

그가 물었다.

"맞아. 바로 그해에 지었지."

이모님이 대답했다.

"이 집을 보니까 제가 태어난 집이 생각나요. 정말 근사한 집이에요. 아주 잘 지었네요. 집이 널찍하네요. 요새는 이렇게 지은 집이 없잖아요."

그가 얘기했다.

"자네 말이 맞아."

이모님이 그의 말에 동의하며 이렇게 덧붙였다.

"요새 젊은 사람들은 근사한 집에는 관심이 없어. 그저 작은 아파트만 있으면 되지. 그리고 자동차나 타고 쏘다니기나 하지…… 이건 꿈의 집이야."

이모님은 아련한 추억을 떠올리느라 떨리는 목소리로 이야기를 이었다.

"이 집은 사랑으로 지은 거야. 우리 남편과 나는 이 집을 짓기 전에 오랫동안 이런 집을 꿈꾸었어. 건축가가 없어서 우리 둘이서 다 계획하고 설계한 거야."

이모님은 R에게 집 안 구석구석을 보여주었다. 이모님이 여행

중에 모은 아름다운 귀중품과 평생 소중하게 여긴 페이즐리 숄, 오래된 영국산 도자기 세트, 웨지우드 도자기, 프랑스 침대와 의자, 이탈리아의 그림, 한때는 프랑스 성에 걸려 있던 비단 커튼을 보여주자, 그는 진심을 담아 아름답다고 감탄했다. 이모님은 R에게 집안 구경을 시킨 다음 차고로 데려갔다.

차고에는 벽돌 위에 세워둔 페커드Packard 자동차가 있었다. 거의 새 차처럼 보였다.

"우리 남편이 죽기 직전에 나를 위해 사준 차야. 그가 떠난 후로는 한 번도 안 탔어. 자네는 좋은 물건을 보는 눈이 있어. 저 차를 자네한테 줄게."

이모님은 부드럽게 얘기했다.

"안 돼요, 이모님."

그가 급히 대답했다.

"너무 당황스럽네요. 이모님의 넓은 마음은 분명 알지만. 절대 받을 수 없어요. 전 피가 섞인 조카도 아니잖아요. 그리고 전 새 차도 있어요. 저 패커드를 갖고 싶어 할 친척은 얼마든지 있잖아요."

"친척이라고!"

이모님이 소리쳤다.

"맞아, 저 차를 가지기 위해 내가 죽기만 기다리는 친척들이 있지. 하지만 그들이 저 차를 가질 순 없어."

"그분들한테 주기 싫으시면, 중고차 딜러에게 그냥 쉽게 파시면 되잖아요."

그가 이모님에게 말했다.

"저걸 팔라고!"

이모님이 소리쳤다.

"자네 생각에 이 차를 내가 팔 것 같아? 낯선 사람이 이 차를 몰고 거리를 지나다니는 걸 내가 견딜 수 있을 것 같아? 우리 남편이 나를 위해 사준 저 차를? 나는 저 차를 파는 건 꿈에도 생각할 수 없어. 난 자네한테 저 차를 줄 거야. 자넨 근사한 것들을 알아보는 안목이 있어."

그는 그 차를 받지 않으려고 애썼지만, 차마 이모님의 마음을 상하게 할 순 없었다.

이모님은 페이즐리 숄과 프랑스 골동품이 있는 커다란 집에서 추억을 간직한 채 홀로 살면서 작은 인정을 갈망하고 있었다. 한때는 젊고 아름다웠던 노부인은 사랑이 가득한 집을 짓고 유럽 전역에서 끌어모은 소장품으로 집을 아름답게 꾸몄다. 하지만 이제는 나이 들어 홀로 남겨진 이모님은 인간의 온기를 그리워하고 있었다. 누구도 주지 않았던 진실한 인정을 바라고 있었다. 이제 바라던 온기와 인정을 받자 사막에 샘이 솟는 것처럼 이모님의 마음에 감사하는 마음이 넘쳐났다. 아끼던 패커드 자동차를 기꺼이 내줘도 아깝지 않았다.

사례 하나를 더 들어보겠다. 뉴욕 라이Rye에 소재한 묘목과 조경 관리 업체 '루이스 앤 발렌타인Lewis and Valentine'의 감독자인 도널드 M. 맥마혼Donald M. McMahon은 이런 이야기를 전했다.

저는 '친구를 사귀고 사람들의 마음을 사로잡는 방법'에 대한 강좌에 참석한 지 얼마 안 되었을 때 유명한 법조인의 저택 조경 공사를 맡았습니다. 집주인이 밖으로 나오더니 진달래와 철쭉을 어디에다 심을 것인지 저에게 알려주었습니다. 저는 말했습니다.

"판사님, 취미가 참 근사하네요. 저렇게 멋진 개들을 키우시다니 눈을 뗄 수가 없습니다. 매디슨 스퀘어 가든에서 해마다 열리는 애완견 대회에서 여러 차례 상을 타셨겠지요."

이렇게 사소한 칭찬에도 놀라운 일이 일어났습니다.

"맞아요."

판사가 대답했습니다.

"우리 개들 덕분에 제가 참 즐겁지요. 우리 개들이 사는 집을 보실래요?"

판사님은 본인이 키우는 개들과 개들이 받은 상을 내게 보여주며 이야기를 하느라 거의 한 시간을 보냈습니다. 심지어 혈통증명서도 갖고 나와서 멋지고 똑똑한 개가 될 수밖에 없는 혈통에 대해 얘기하셨죠.

그리고 저를 보더니 이렇게 물었습니다.

"혹시 어린 자녀가 있나요?"

"네, 있습니다. 아들 하나가 있습니다."

제가 대답했죠.

"그럼, 아들이 강아지를 좋아하지 않을까요?"

판사님이 물었습니다.

"그럼요. 아주 좋아합니다."

"좋아요. 그럼 제가 한 마리 드릴게요."

판사님이 선언하듯 말씀하셨죠. 판사님은 강아지에게 먹이를 주는 방법부터 말씀하셨습니다. 그러다가 잠시 말을 멈추는가 싶더니 다시 말씀하셨죠.

"내가 말로 하면 잊어버릴지도 모르니, 종이에 써줄게요."

그러고는 집 안으로 들어가더니 혈통과 먹이를 주는 방법을 타자기로 친 종이를 제게 주시며 강아지 한 마리도 주셨습니다. 판사님이 소중한 한 시간 15분을 내주시고 몇백 달러짜리 강아지까지 주신 것은 제가 판사님의 취미와 성취하신 일을 솔직하게 감탄한 덕분이었죠.

코닥Kodak으로 유명한 조지 이스트먼George Eastman은 투명 필름을 발명해서 영화를 가능하게 만들었으며, 수백만 달러의 재산을 축적한 덕분에 이 세상에서 가장 유명한 사업가 중 한 명이 되었다. 하지만 이 모든 엄청난 업적에도 그는 여러분과 나처럼 작은 인정에 목이 마른 사람이었다.

사례를 들겠다. 이스트먼이 로체스터Rochester에서 이스트먼 음악대학Eastman School of Music과 킬본 홀Kilbourn을 짓고 있을 때의 일이다. 뉴욕에 소재한 '슈페리어 의자 회사Superior Seating Company'의 사장인 제임슨 애덤슨James Adamson은 이 건물에 들어갈 극장용 의자를 공급하는 주문을 받고 싶었다. 그래서 애덤슨은

은 건축가에게 전화를 걸어서 로체스터에 있던 이스트먼과 만날 약속을 잡았다.

애덤슨이 도착하자 건축가가 말했다.

"이번 계약을 따내고 싶은 마음은 이해해요. 하지만 조지 이스트먼에게 5분 이상 시간을 빼앗으면 일이 성사될 가능성이 전혀 없다는 말을 드리고 싶네요. 규율에 엄격한 분입니다. 매우 바쁘시고요. 그러니 본론만 빨리 말하고 바로 나오세요."

애덤슨은 시키는 대로 할 작정이었다.

그런데 사무실로 안내되자, 책상 위에 쌓인 서류 더미 너머로 몸을 구부린 이스트먼이 보였다. 이스트먼이 곧 고개를 들더니 안경을 벗으면서 건축가와 애덤슨 쪽으로 다가와 이야기를 꺼냈다.

"안녕하세요. 여러분, 무슨 일로 오셨나요?"

건축가가 두 사람을 소개한 다음, 애덤슨이 이야기를 꺼냈다.

"이스트먼 씨, 당신을 기다리면서 사무실을 봤는데 정말 감탄스럽네요. 이런 사무실이라면 혼자 일해도 전혀 상관없을 것 같습니다. 저는 인테리어 목공 일을 하고 있습니다. 이렇게 근사한 사무실은 내 평생 처음 봅니다."

이스트먼이 말했다.

"그쪽 말을 들으니 거의 잊어버렸던 일이 떠오르네요. 사무실이 정말 근사하죠, 그렇죠? 저는 이 사무실을 처음 지었을 때는 정말 좋았습니다. 그런데 요즘은 머릿속에 온갖 다른 생각이 꽉

차 있어서 몇 주 동안 이 방을 자세히 본 적도 없네요."

사무실을 가로지르며 걸어간 애덤슨은 손으로 벽에 붙인 판자를 문지르며 말했다.

"이건 영국산 오크나무네요, 그렇죠? 이탈리아산 오크와는 질감이 살짝 다르지요."

"맞아요. 수입한 영국산 오크예요. 고급스러운 목재를 전문적으로 취급하는 친구가 저를 위해 골라준 것이지요."

이스트먼이 말했다.

이스트먼은 애덤슨에게 사무실을 구경시키며, 본인이 계획하고 작업하는 데 유익이 되었던 비례와 색깔, 손으로 새긴 조각 등 여러 가지 작업을 얘기했다.

두 사람은 목공 작업에 대해 감탄하며 사무실 여기저기를 돌아다니다가 창문 앞에서 잠깐 멈춰 섰다. 이스트먼은 겸손하고 온화한 태도로 로체스터대학교와 종합병원, 동종요법병원, 노숙자 쉼터, 아동 병원 등 기관 몇 곳을 언급하며 자신이 인류를 돕기 위해 노력했던 기관이라고 얘기했다. 애덤슨은 인류의 고통을 완화하기 위해 본인의 재산을 활용한 이스트먼의 이상주의를 진심으로 칭찬해주었다. 이스트먼은 바로 진열장을 열더니 처음으로 소유했던 카메라를 끄집어냈다. 영국인에게 구매한 발명품이었다.

애덤슨은 이스트먼에게 사업을 처음 시작할 때 얼마나 힘들었냐고 물었다. 이스트먼은 가난했던 어린 시절에 대해 정말 생생하게 얘기하더니 보험 회사에서 사원으로 일할 때 하숙집을 운영하느라 고생했던 홀어머니 이야기도 했다.

가난의 공포에 밤낮으로 시달리던 이스트먼은 결국 어머니가 일을 쉬어도 될 만큼 돈을 벌어야 한다는 결의가 생겼다고 했다. 애덤슨이 더 많은 질문을 던지자, 이스트먼은 사진 건판과 관련된 실험 이야기를 꺼냈다. 애덤슨은 그의 이야기에 귀를 기울이며 푹 빠져들었다. 이스트먼은 실험실에서 종일 일하고, 때로는 밤을 새워 실험하고, 화학물질이 반응할 동안 쪽잠을 자고, 72시간 동안 같은 옷을 입은 채로 일하며 잠들었던 이야기를 들려주었다.

애덤슨은 10시 15분에 이스트먼의 사무실에 들어갈 때 5분 이상 시간을 빼앗으면 안 된다는 경고를 받았다. 그런데 한 시간이 지나고 두 시간이 지났지만 두 사람의 이야기는 끝이 나지 않았다. 결국 이스트먼은 애덤슨에게 이런 이야기를 꺼냈다.

"지난번에 일본에 갔을 때 사 온 의자 몇 개를 집으로 가져와 일광욕실에 두었지요. 그런데 햇빛을 쐬자 색이 바랬죠. 그래서 지난번 시내에 나갔을 때 페인트를 사서 제가 직접 칠을 했습니다. 제가 칠한 의자가 어떤지 한번 보실래요? 좋아요, 우리 집에 가서 나와 함께 점심을 드실까요? 그다음에 의자를 보여드릴게요."

점심 식사 후에 이스트먼은 애덤슨에게 일본에서 구매한 의자를 보여주었다. 채 몇 달러도 나가지 않는 의자였지만 이제 백만장자인 이스트먼은 자신이 직접 페인트칠을 한 의자를 매우 자랑스러워했다.

극장의 좌석 주문은 90,000달러에 달했다. 누가 그 주문을 따냈을까? 애덤슨일까, 아니면 그의 경쟁자 중 하나일까?

이후로 이스트먼과 애덤슨은 이스트먼이 세상을 뜰 때까지 가까운 친구로 지냈다.

프랑스 루앙Rouen에서 레스토랑을 운영하는 클로드 마레Claude Marais는 이 원칙을 잘 활용해서 레스토랑의 핵심 직원을 잃을 뻔한 위기에서 벗어날 수 있었다. 이 여직원은 5년간 레스토랑에서 일하며 마레와 직원 21명을 연결하는 다리 역할을 잘 수행했다. 그런데 마레는 이 여직원이 사직한다는 내용의 등기우편을 받고 깜짝 놀랄 수밖에 없었다.

마레는 이렇게 보고했다.

저는 깜짝 놀라다 못해, 실망스럽기까지 했습니다. 제가 그 여직원을 공정하게 대했고, 그녀가 원하는 것은 다 받아주었다고 생각했거든요. 그녀는 친구인 동시에 직원이었죠. 그런데 전 그런 그녀를 너무 당연하게 여긴 나머지 다른 직원들보다 그녀에게 요구하는 것이 너무 많았던 것 같았습니다.

물론 저는 아무런 해명도 없이 그녀의 사직서를 받아들일 수는 없었습니다. 그래서 그녀를 한쪽으로 데려가서 이렇게 얘기했어요.

"폴레트, 난 당신의 사직서를 절대 받아들일 수 없다는 걸 꼭 알아줘요. 당신은 나와 우리 회사에 큰 의미가 있어요. 당신은 우리 레스토랑이 성공하는 데 나만큼이나 필요한 사람이죠."

나는 전 직원들 앞에서 이 말을 또 했습니다. 그리고 우리 집으로 초대해서 그녀를 신뢰하는 마음을 가족들 앞에서 다시 한번 이야기했죠.

폴레트는 사직서 제출을 취소했습니다. 요사이 저는 그 어느 때보다 폴레트를 의지할 수 있습니다. 저는 그녀의 역할을 인정하고, 그녀가 저와 우리 레스토랑에 얼마나 중요한 사람인지 자주 표현하고 있습니다.

"다른 사람과 대화할 때 그 사람에 대해 얘기하라."

대영제국을 다스렸던 가장 영리한 남자 중 한 명인 디즈레일리는 "상대방에 대해 얘기하면, 그 사람은 몇 시간이고 대화에 귀를 기울일 것이다"라고 말했다.

원칙 6 상대방이 중요한 사람이라고 느끼게 하라. 진심으로 그렇게 하라.

사람들이 나를 좋아하게 만드는 6가지 방법

원칙 1 다른 사람들에게 진심으로 관심을 보여라.

원칙 2 미소를 지어라.

원칙 3 상대방의 이름은 당사자에게 가장 달콤하고 가장 중요한 소리라는 사실을 명심하라.

원칙 4 잘 들어주는 사람이 되어라. 상대방이 자신에 대해 이야기하도록 부추겨라.

원칙 5 상대방의 관심사를 이야기하라.

원칙 6 상대방이 중요한 사람이라고 느끼게 하라. 진심으로 그렇게 하라.

3부

내가 생각하는 대로
사람들을 설득하는 방법

1장

논쟁으로는 이길 수 없다

제1차 세계대전이 끝난 지 얼마 안 되었을 때, 런던에서 지내던 어느 날 저녁 나는 아주 귀중한 교훈을 배웠다. 당시 나는 로스 스미스 경Sir Ross Smith의 매니저였다. 스미스 경은 전쟁 중에 오스트레일리아의 공군 조종사로 팔레스타인에서 활동했다. 평화 선언이 이뤄진 직후에 스미스 경은 30일 만에 세상의 반을 돌아서 세상 사람들을 깜짝 놀라게 했다. 그런 위업을 달성한 사람은 그가 처음이었다. 정말 엄청난 센세이션을 일으킨 사건이었다. 오스트레일리아 정부는 스미스 경에게 50,000달러를 수여하고, 영국의 왕은 기사 작위를 수여했다. 한동안 영국에서 가장 많이 회자되는 인물이었다. 어느 날 밤 나는 스미스 경을 위해 열린 연회에 참석했다. 만찬을 먹는데 내 옆자리에 앉아 있던 한 남자가 다음 인용구와 관련된 재미난 이야기를 들려주었다.

'인간이 계획할지라도 최종 결정은 신이 내린다.'

이야기를 재미있게 하는 이 사람은 이 인용구가 성경에서 나온 것이라고 얘기했다. 그런데 그의 말은 틀린 것이었다. 나는 그 인용구를 알고 있었다. 확실히 알고 있었다. 내 생각에 의심의 여지가 전혀 없었다. 그래서 나는 내가 중요한 사람이라는 기분도 느끼고 나의 우월함도 알려주기 위해 그 남자가 요청하지도 않고 바라지도 않는데 몸소 그의 잘못을 지적하겠다고 마음먹었다. 하지만 그 남자는 본인의 의견을 고집하며 억지를 부렸다.

"뭐라고요? 셰익스피어라고요? 말도 안 돼요! 터무니없는 소리예요!"

그는 그 인용구가 성경에 나오는 이야기로 본인이 잘 아는 사실이라고 주장했다.

인용구를 꺼낸 남자는 내 오른편에 앉아 있었고, 오랜 친구인 프랭크 가몬드Frank Gammond가 내 왼쪽에 앉아 있었다. 가몬드는 오랫동안 셰익스피어를 연구한 사람이었다. 그래서 인용구를 꺼낸 남자와 나는 가몬드에게 질문을 던지기로 합의를 보았다. 가몬드는 이야기를 잘 듣더니 탁자 밑으로 나를 차며 이렇게 얘기했다.

"데일, 자네가 틀렸어. 저 신사분 말이 맞아. 그건 성경에 나온 말이야."

집으로 돌아오는 길에 나는 가몬드에게 이야기를 꺼냈다.

"프랭크, 그 인용구가 셰익스피어가 한 말이라는 건 자네도 알지."

"그럼, 당연하지."

가몬드가 대답했다.

"〈햄릿〉 5장 2막이지. 데일, 그런데 우린 연회에 손님으로 갔잖아. 뭐 하러 그 사람이 틀렸다고 입증해? 그런다고 그 사람이 자넬 좋아하겠어? 그 사람 체면 좀 살려주면 좋잖아? 그 사람이 자네한테 의견을 구한 것도 아니잖아. 자네 의견은 바라지도 않았어. 뭐 하러 그 사람 얘기에 반박해? 예민한 문제는 늘 피해야 해."

이렇게 얘기한 친구 덕분에 나는 결코 잊지 못할 교훈을 배웠다. 나 때문에 인용구 이야기를 꺼낸 사람만 불편해진 것이 아니라 내 친구도 난처해지고 말았다. 당시 내가 논쟁을 좋아하지 않았더라면 얼마나 좋았을까.

정말 못 말리는 논쟁꾼이었던 내게 꼭 필요한 교훈이었다. 나는 어렸을 때, 세상의 모든 것에 대해 형과 논쟁을 벌였다. 대학에 들어가서는 논리학과 논증을 공부하고 토론 대회에 나간 적도 있었다. 나는 미주리주에서 태어났는데 거기 사람들은 그렇게 얘기했다. 나도 다른 사람들 눈에는 그렇게 보일 수밖에 없었다. 나중에 뉴욕에서 토론과 논쟁을 가르친 적도 있었다. 부끄러운 이야기지만 한때는 논쟁을 주제로 책을 한 권 써볼 계획도 갖고 있었다. 그때 이후로 나는 수많은 논쟁을 경청하고, 논쟁에 참여하고, 논쟁의 결과를 지켜봤다. 이런 모든 일을 겪은 후에 나는 세상에서 최고의 논쟁꾼이 되려면 딱 한 가지 방법밖에 없다는 결론을 내렸다. 즉, 논쟁을 피하는 것이다.

방울뱀과 지진을 피하듯 논쟁은 피해야 한다.

논쟁은 논쟁을 벌인 당사자가 절대적으로 옳다는 확신을 그 어느 때보다 확신하며 끝나게 마련이다. 열에 아홉이 그렇다.

논쟁에 이길 수 있는 사람은 없다. 논쟁에 지면 져서 이길 수 없는 것이며, 설령 논쟁에 이기더라도 질 수밖에 없다. 이유가 뭘까? 음, 상대방을 압도하고 상대방의 주장에 허점을 찾아내고, 그가 제정신이 아니라고 입증한다고 가정해보자. 그러면 어떻게 될까? 기분은 좋을 것이다. 하지만 논쟁에 진 사람은 어떨까? 나 때문에 상대방은 열등감을 느끼게 될 것이다. 상대방의 자존심을 상하게 했으니까. 그 사람은 내가 이긴 것 때문에 분개할 거다. 그리고…….

자신의 의지에 반하여 설득당한 사람은
자신의 의견을 굽히지 않는다.

몇 년 전, 패트릭 J. 오헤어가 내 수업에 들어온 적이 있었다. 그는 제대로 교육받지 못했지만, 논쟁을 정말 좋아했다. 수행 기사로 일했던 그는 트럭을 판매하려고 노력했지만, 실적이 좋지 않아서 나를 찾아온 것이었다. 나는 그에게 몇 가지 질문을 던진 결과, 그가 업무상 만나서 거래하려고 애썼던 바로 그 사람들과 늘 언쟁을 벌여 적으로 만든다는 사실을 알아낼 수 있었다. 혹시 트럭을 살지도 모르는 사람이 그가 팔려는 트럭에 대해 나쁜 말이라도 하면 그는 몹시 화를 내고, 잠재 고객에게 목소리를 높이며 언쟁을 벌였다. 그는 당시 논쟁에서 많이 이기는 편이었다. 나중에 그는 이런 이야기를 했다.

"저는 사무실을 나올 때 이런 말을 자주 했어요. '저 녀석에게 얘기 잘해 준 거야'라고요. 물론 제가 그 사람에게 중요한 이야기를 해준 것은 맞지만 팔린 건 하나도 없었어요."

우선적으로 패트릭 J. 오헤어에게 말하는 법을 가르치는 게 문제가 아니었다. 그가 말을 삼가고 언쟁을 피하도록 훈련하는 것이 내가 당장 해결해야 할 임무였다.

결국 오헤어는 뉴욕에 있는 화이트 자동차 회사White Motor Company에서 가장 잘나가는 영업사원이 되었다. 어떻게 이렇게 될 수 있었을까? 다음은 오헤어가 직접 얘기한 내용이다.

> 제가 구매자의 사무실로 들어가면, 구매자가 이런 말을 합니다.
>
> "뭐라고요? 화이트 트럭이요? 거기 물건 별로예요! 그쪽이 그냥 줘도 안 받을래요. 난 후즈-잇Whose-It 트럭을 살 거예요."
>
> 그럼 제가 이렇게 말하죠.
>
> "후즈-잇 트럭 참 좋아요. 후즈-잇 트럭을 사신다면 잘 사는 거예요. 후즈-잇은 제조사도 좋고 판매사원도 좋은 사람들이죠."
>
> 그럼 구매자는 아무 말도 못 합니다. 논쟁의 여지가 없으니까요. 구매자가 후즈-잇이 최고라고 말하는데 제가 그 말이 맞다고 하면, 구매자는 말문이 막힐 수밖에 없죠. 내가 맞장구를 쳐주는데 구매자가

"그게 최고야"라고 오후 내내 계속 말할 수는 없으니까요. 그럼 후즈-잇에 대한 이야기는 그만두고 저는 화이트 트럭의 좋은 점에 대해 말하기 시작합니다.

상대방이 내뱉은 첫마디 때문에 제가 몹시 화를 내던 시절이 있었어요. 저는 후즈-잇에 대해 반대의견을 내놓기 시작했죠. 제가 반대의견을 많이 내놓을수록 잠재 고객은 후즈-잇에 대해 좋은 점만 더 많이 얘기했죠. 잠재 고객과 논쟁을 많이 할수록 경쟁사의 제품을 살 확률이 높아졌죠.

이제 돌이켜보면 제가 어떻게 물건을 팔 수 있었는지 모르겠어요. 논쟁하고 말다툼을 벌이느라 몇 년을 버렸어요. 이제는 입을 꼭 닫고 지냅니다. 확실히 그럴 가치가 있습니다.

현명한 벤 프랭클린Ben Franklin은 말했다.

"논쟁하고 상대의 마음을 괴롭히고 반박하면 이길 수도 있다. 하지만 상대방의 호의를 절대 얻을 수 없으니 헛된 승리일 뿐이다."

그러니 스스로 판단해야 한다. 탁상공론의 극적인 승리를 원하는가, 아니면 상대방의 호의를 원하는가? 둘 다를 가질 수는 없다.

〈보스턴 트랜스크립트The Boston Transcript〉에 이런 내용의 시가 실린 적이 있다.

여기 윌리엄 제이William Jay의 시신이 누워 있네.

늘 자신이 옳다고 생각하며 살다가 죽었지.

그는 옳았어. 그가 논쟁을 펼치는 동안은 진짜 옳았지.

하지만 이제 그는 죽었어. 마치 틀린 것처럼 죽었을 뿐이네.

여러분은 옳을 수 있다. 여러분이 논쟁을 펼치는 동안은 정말 옳을 수 있다. 하지만 다른 사람의 마음을 바꾸는 것이 중요한 문제라면, 잘못된 일을 한 것처럼 정말 헛된 일을 한 것일 뿐이다.

세무사 프레드릭 S. 파슨스Frederick S. Parsons는 정부의 세금 사정관과 한 시간 동안 언쟁을 벌이고 있었다. 9,000달러가 문제였다. 파슨스는 9,000달러는 사실 회수가 불가능한 악성 부채이므로 과세 대상이 아니라고 주장했다. 그러자 세금 사정관이 이렇게 쏘아붙였다.

"악성 부채라고요? 세상에! 과세 대상이 분명해요."

"그 세금 사정관은 차갑고, 오만하고 고집스러운 사람이었죠."

프레드릭 S. 파슨스는 우리가 진행한 수업 시간에 이렇게 이야기를 꺼냈다.

논리가 통하지 않고 사실을 말해도 소용이 없었어요. 논쟁을 벌일수록 그 사람은 고집이 더 세졌어요. 그래서 저는 논쟁을 피하기로 마음먹고 주제를 바꾸었죠. 그 사람을 칭찬하는 이야기를 시작했어요.

저는 이렇게 얘기했습니다.

"제가 보기에 이 일은 사정관님이 꼭 해야 하는 정말 중요하고 어려운 결정에 비하면 아주 사소한 일인 것 같습니다. 저는 세금을 공부한 사람입니다. 하지만 책으로만 지식을 쌓았지요. 사정관님은 비난받는 자리에서 일하시며 그런 경험을 통해 지식을 쌓으셨죠. 저도 사정관님과 같은 일을 해보고 싶을 때가 있습니다. 정말 많은 것을 배우겠죠."

저는 한 마디 한 마디를 진심으로 얘기했습니다.

"음."

세금 사정관은 똑바로 앉더니 몸을 뒤로 기대며 한동안 본인의 일 이야기를 했어요. 자신이 교묘한 사기를 발견한 일도 얘기했죠. 세금 사정관의 어조는 점점 친근하게 바뀌더니 자기 자식들 얘기도 했어요. 사정관은 떠날 때, 제 문제를 좀 더 고심한 후 며칠 내로 어떤 결정을 내릴지 알려주겠다고 했습니다.

사정관은 3일 후에 제 사무실에 들러서 소득세 신고는 제가 작성한 대로 하겠다고 알려주었습니다.

이 세금 사정관은 인간의 가장 공통된 약점 중 하나를 그대로 보여주었다. 그는 중요한 사람이 되고 싶었다. 파슨스가 자신과 언쟁을 벌이는 동안은, 큰 소리로 권위를 내세우며 자신이 중요한 사람이 된 것 같았다. 하지만 그가 중요한 사람이라는 인정을 받자마자 논쟁은 중단되고 그의 자존심이 세워지면서 그는 동정심 많은 친절한 인간이 되었다.

부처는 이런 말을 남겼다.

"증오는 결코 증오로 끝낼 수 없다. 오직 사랑으로 해결된다."

오해는 절대 말다툼으로 끝낼 수 없다. 오직 재치 있고, 사교적이며, 화해하려는 마음과 다른 사람의 관점으로 상황을 이해하려는 동정 어린 바람이 있어야만 해결된다.

동료와 격렬한 논쟁을 벌였다는 이유로 젊은 육군 장교를 심하게 나무랐던 링컨은 이런 이야기를 남겼다.

"능력을 최대한 발휘하겠다고 마음먹은 사람은 개인적 논쟁에 허비할 시간이 없다. 감정이 상하고 자제력을 잃는 결과를 받아들일 여유는 더더욱 없다. 나와 상대방이 동등하게 옳다면 큰 일이라도 양보하는 게 좋다. 내가 확실히 옳더라도 사소한 일이면 양보하는 게 좋다. 옳고 그름을 논하느라 개에게 물리느니 길을 내주는 것이 낫다. 개를 죽여도 물린 상처는 낫지 않는다."

다음은 〈비츠 앤 피시스Bits and Pieces(이코노믹스 출판, 페어필드, N. J.Fairfield, N. J.)〉에 실린 기사로 논쟁이 시작된 후 의견 충돌을 방지하기 위한 몇 가지 제안이다.

의견 충돌을 환영하라.

'당사자 두 명이 늘 합의를 본다면 그중 한 명은 필요가 없다.'라는 구호를 기억하라. 혹시 미처 생각하지 못한 부분이 있는데 지적해주면 고맙겠다고 전하라. 이런 의견 충돌은 여러분이 심각한 실수를 저지르기 전에 고칠 수 있는 기회가 될 것이다.

처음 드는 본능적인 느낌을 믿지 마라.

의견 충돌이 일어나는 상황에서 첫 번째 드는 자연스러운 반응은 방어적인 태도다. 주의하라. 늘 침착하게 나의 첫 번째 반응을 주시하라. 첫 번째 반응 때문에 최고가 아닌 최악의 자리에 놓일지도 모른다.

성질을 다스려라.

어떤 일로 화를 내는지 알면 그 사람을 가늠할 수 있다는 사실을 명심하라.

먼저 귀를 기울여라.

상대방이 먼저 말할 기회를 주어라. 상대방이 말을 마치게 하라. 상대방의 말에 반발하거나 누구의 편을 들거나 논쟁하지 마라. 그러면 벽만 생길 뿐이다. 이해하도록 노력하라. 오해의 벽을 높이 쌓지 마라.

합의점을 찾아라.

상대방의 말을 들을 때, 먼저 상대방의 요지를 곱씹은 다음 동의할 수 있는 대목을 생각하라.

실수라고 인정할 수 있는 대목을 잘 찾아서 실수가 맞다고 정직하게 대답하라.

나의 실수를 사과하라. 그러면 상대방의 마음이 누그러지고 방어적인 태도가 줄어든다.

상대방의 아이디어를 곰곰이 생각하고 자세히 살피겠다고 약속하라.

그리고 진심으로 그렇게 해야 한다. 상대방의 말이 옳을 수도 있다. 이 대목에서 상대방의 말을 곰곰이 생각하겠다고 약속하면 내가 너무 앞장서는 바람에 상대방이 "우린 너한테 말하려고 애를 썼어. 하지만 넌 들으려고도 하지 않았어"라고 말하는 것보다 더 나은 입장이 될 수 있다.

여러분의 관심 대상에 관심을 보이는 상대방에게 진심으로 감사하라.

여러분과 의견이 맞지 않는다고 시간을 내는 사람이 있다면 누구라도 여러분만큼 그 일에 관심이 있는 것이다. 그런 사람들을 진심으로 날 도와주려는 사람이라고 생각하면 적수가 친구가 되는 법이다.

양측이 문제를 곰곰이 생각할 시간을 갖기 위해 문제 해결을 위한 조치는 잠시 보류하라.

모든 사실이 입증될 수 있도록 그날 늦게, 아니면 다음 날 다시 만나자고 제안해야 한다. 만남을 준비하면서 본인 스스로 어려운 질문 몇 가지를 던져야 한다.

상대방이 옳을까? 부분적으로 옳을까? 상대방의 입장이나 주장에 사실이나 이점이 있을까? 내가 보인 반응이 문제를 완화할까, 아니면 그저 불만만 줄여주는 것은 아닐까? 내가 보인 반응으로 상대방이 더 멀어질까, 아니면 나와 더 가까운 사이가 될까? 내가 보인 반응 때문에 좋은 사람들이 나를 더 좋게 평가할까? 내가 입을 다물면 의견 충돌이 사라질까? 이렇게 어려운 상황이 나에게 기회가 될 수 있을까?

오페라 테너 가수 잔 피어스Jan Peerce는 50년 동안 결혼생활을 지속한 후 이렇게 말했다.

"우리 아내와 난 오랫동안 합의를 본 게 있어요. 그러니까 서로에게 아무리 화가 나도 꼭 지켜온 합의죠. 우리는 한 사람이 소리를 지르면, 다른 한 사람은 무조건 귀를 기울입니다. 두 사람이 다 소리를 지르면, 대화가 안 되니까요. 그저 소음과 불쾌한 진동만 난무할 뿐이죠."

원칙 1 논쟁에서 이기는 최고의 방법은 논쟁을 피하는 것이다.

2장

적을 만드는 확실한 방법과 그런 상황을 피하는 방법

시어도어 루스벨트는 대통령 임기 시절, 본인 생각이 75퍼센트의 확률로 옳다면 그것이 기대할 수 있는 최고치라고 고백한 적이 있다.

20세기 가장 성공한 인사 중 한 사람이 품을 수 있는 기대치가 이 정도라면 여러분과 나는 어느 정도일까?

늘 55퍼센트만 옳다고 확신할 수 있어도, 월스트리트로 진출해서 하루에 100만 달러를 벌 수 있다. 55퍼센트도 옳다고 확신할 수 없으면서 왜 다른 사람들이 틀렸다고 말하는 것일까?

여러분은 표정이나 억양, 혹은 몸짓으로도 말로 표현하는 것처럼 상대방이 틀렸다는 암시를 줄 수 있다. 상대방이 틀렸다고 알려주면 그 사람들이 여러분의 의견에 동의하고 싶은 기분이 들까? 절대 아니다! 상대방의 지성과 판단력, 자존심과 자부심을 한 방 먹인 것일 뿐이다. 그러면 상대방은 갚아주고 싶은 마음이 들 것이다. 결코 자신의 마음을 바꿀 생각은 들지 않을 것이다. 여러분은 플라톤이나 임마누엘 칸트의 논리로 상대방을 비난할 수 있지만, 상대방의 의견을 바꿀 수는 없다. 이미 상대방의 감정을 상하게 했으니까.

"오늘은 너에게 이러이러한 것을 입증해야지"라고 선포하면서 시작하지 말아야 한다. 좋지 않다. "난 너보다 똑똑해, 네게 한두 가지를 알려줄게. 그럼 네가 마음을 바꾸겠지"라고 말하는 것과 마찬가지다.

그건 도전이다. 그렇게 말하면 듣는 사람은 반감이 일어나고 본론을 꺼내기도 전에 다투고 싶은 마음이 든다.

아무리 우호적인 상황이라도 다른 사람의 마음을 바꾸기란 어렵다. 왜 상황을 더 어렵게 만들려고 하는가? 왜 스스로 불리한 처지에 놓이려고 하는가?

혹시 무엇이든 증명할 생각이 있다면 아무도 모르게 해야 한다. 아주 미묘하고 노련하게 해야 한다. 그래야 내가 무언가를 증명하고 있다는 것을 아무도 눈치챌 수 없다. 다음은 알렉산더 포프Alexander Pope가 간결하게 표현한 것이다.

사람은 가르치지 않는 척 가르쳐줘야 하며,
모르는 건 잊어버린 것처럼 해줘야 한다.

갈릴레오는 300년도 더 전에 이런 이야기를 남겼다.

"우리는 다른 사람에게 아무것도 가르칠 수 없다. 그 사람 스스로 깨닫도록 도와줄 수 있을 뿐이다."

체스터필드 경Lord Chesterfield은 아들에게 이렇게 얘기했다.

"할 수 있다면 다른 사람보다 더 슬기로워야 한다. 단, 그들이 모르게 해야 한다."

소크라테스는 아테네에서 자신을 따르는 추종자들에게 이 말을 계속 반복했다.

"내가 아는 것은 단 하나인데, 그건 내가 아무것도 모른다는 사실이다."

음, 나는 소크라테스보다 더 똑똑할 수 없다. 그래서 다른 사람들에게 그들이 틀렸다고 하지 않았다. 그리고 그만한 가치가 있다는 것을 깨달을 수 있었다.

여러분이 생각하기에 어떤 사람의 말이 틀렸다면, 그 사람이 틀린 것이 확실하다면 이렇게 말하는 게 더 나을 거다.

"음, 보세요. 제가 보기엔 그게 아닌 것 같아요. 하지만 제가 틀릴 수도 있지요. 자주 그런 편이에요. 제가 틀렸다면, 바로잡고 싶어요. 우리 함께 사실을 검토해보죠."

'제가 틀릴 수도 있지요. 자주 그런 편이에요. 우리 함께 사실을 검토해보죠'라는 말에는 마법, 진짜 마법 같은 효과가 있다.

'제가 틀릴 수도 있지요. 우리 함께 사실을 검토해보죠'라는 말에 토를 달 사람은 이 세상 어디에도 없을 것이다.

내 수업을 듣는 수강생 중에 고객을 대할 때 이런 방법을 쓴 사람이 있었다. 몬태나주 빌링스Billings에 소재한 닷지 자동차의 딜러 해롤드 레인케Harold Reinke는 압박이 심한 자동차 사업 때문에 불평이 많은 고객을 대할 때면 감정을 드러내지 않는 차가운 사람이 된다고 했다. 이로 말미암아 분노가 치솟거나 영업에 실패하거나 늘 기분이 나빴다고 했다.

그는 수업 시간에 이런 이야기를 했다.

> 상황이 이렇게 되자, 일에 진전이 전혀 없다는 것을 알고는 새로운 방법을 시도했습니다. 우선 저는 이렇게 얘기했습니다.
>
> "우리 중개인들이 실수를 참 많이 했지요. 저도 창피할 때가 많습니다. 지금도 고객님께 실수를 저지른 것일지 모르니 얘기 좀 해주세요."
>
> 이런 방법은 상대방의 마음을 누그러뜨리는 효과가 무척 컸습니다. 고객은 감정을 다 쏟아놓았기 때문에 문제를 해결하는 시점에 대부분 훨씬 더 합리적인 사람이 됩니다. 사실 대부분의 고객은 제가 이렇게 이해해줘서 고맙다고 했습니다. 친구들을 데려와서 새 차를 구매한 고객도 두 분이나 있었죠. 이렇게 경쟁이 심한 자동차 판매 시장에서 이런 고객이 꼭 필요하죠. 그래서 저는 모든 고객의 의견을 존중하고, 그분들을 정중하고 능숙하게 대하면 자동차 판매 경쟁에서 이기는 데 도움 될 것이라고 믿고 있습니다.

여러분이 틀릴 수도 있다고 인정하면 절대 곤경에 처하지 않을 것이다. 이런 태도를 보이면 모든 논쟁은 중단되고 상대방도 여러분만큼 공정하고, 솔직하고, 넓은 마음을 보일 것이다. 또한 틀릴 수 있다고 인정하고 싶은 마음도 들 것이다.

어떤 사람이 틀렸다는 확신이 들 때, 그 사람이 틀렸다고 퉁명스럽게 바로 말한다면 어떤 일이 벌어질까? 사례 하나를 들겠다. S는 뉴욕의 젊은 변호사로, 미국 대법원에서 상당히 중요한 사건을 맡았다(러스트가튼 대 플릿사Lustrgarten vs. Fleet Corporation 280 U.S. 320). 엄청나게 큰돈과 중요한 법률문제가 연관된 사건이었다. 논쟁을 벌이는 와중에 대법관 한 명이 S에게 질문을 던졌다.

"해사법은 공소시효가 6년이죠? 그렇죠?"

S는 곧 말을 멈추었다. 잠시 판사를 뚫어지게 쳐다보더니 직설적으로 대답했다.

"판사님, 해사법에는 공소시효가 없습니다."

S는 내가 진행한 수업 시간에 자신이 겪은 일을 얘기했다.

법정에 적막이 감돌았습니다. 법정의 온도가 0도로 떨어진 것 같았죠. 물론 제가 맞고 판사는 틀렸습니다. 그래서 저도 그렇게 얘기했죠. 하지만 그렇게 말해서 판사가 우호적으로 변했을까요?

물론 아니죠. 전 지금도 그 법을 옳게 해석했다고 믿고 있습니다. 그 어느 때보다 변론도 잘한 것으로 알고 있습니다. 하지만 저는 판사를 설득하지 못했습니다. 많이 배우고 유명한 사람에게 틀렸다고 대놓고 말하는 엄청난 실수를 저질렀으니까요.

이 세상에 논리적인 사람은 거의 없다. 사람들은 대부분 편견과 선입견에 사로 잡혀 있다. 우리는 선입견과 질투, 의심, 두려움, 시기, 자존심에 사로잡혀 엉망인 경우가 대부분이다. 사람들은 대부분 자신이 믿는 종교나 머리 모양, 공산주의, 좋아하는 영화배우에 대한 본인의 생각을 바꿀 마음이 없다. 그러니 혹시라도 다른 사람들에게 틀렸다고 말하고 싶은 생각이 들거든 제발 아침 식사를 하기 전에 다음 구절을 꼭 읽어보길 바란다. 제임스 하비 로빈슨James Harvey Robinson의 교훈적인 저서《생각 만들기The Mind in the Making》에서 발췌한 구절이다.

> 우리는 아무런 저항감이나 커다란 마음의 동요가 없어도 스스로 본인의 생각을 바꿀 때가 있다. 하지만 우리가 틀렸다는 말을 들으면, 비난 때문에 화가 나고 마음이 단단하게 굳어진다. 우리는 별생각 없이 신념을 형성한다. 하지만 누군가 우리의 신념을 빼앗으려고 나서면 우리는 별생각 없이 만들어진 신념에 대해 과도한 열정이 생겨버린다. 신념 자체가 소중해서가 아니라 우리의 자존심이 위협받는다는 생각이 들기 때문이다. '나의'라는 짧은 단어는 인간사에 가장 중요한 의미를 내포하는 말이다. '나의'라는 단어를 제대로 이해하면 지혜를 얻는 첫걸음을 떼는 것이다.
>
> '나의' 저녁 식사든, '나의' 개든, '나의' 집이든, '나의' 아버지든, '나의' 나라든, '나의' 신이든, 어떤 말에 들어가든 '나의'라는 단어에는 똑같은 힘이 있다. 사람들은 자기 시계가 맞지 않거나, 자동차가 낡았

다는 말에만 분개하는 것이 아니라, 화성 운하에 대한 자신의 생각이나 에픽테토스Epictetus에 대한 자신의 발음이나 살리신의 의학적 가치나 사르곤 1세Sargon I의 재임 기간에 대한 자신의 지식이 틀렸다는 지적을 들어도 똑같이 분개한다. 사람들은 사실로 받아들여진 것을 계속 믿고 싶어 하는 경향이 있다. 자신의 추정에 어떤 의심이라도 제기되면 그 가정을 지키려고 온갖 구실을 찾게 된다.

이른바 사람들이 말하는 추론은 사실 이미 믿고 있는 것을 계속 믿기 위해 논거를 찾는 것일 뿐이다.

유명한 심리학자인 칼 로저스Carl Rogers는 저서 《진정한 사람 되기On Becoming a Person》에서 이렇게 말했다.

나는 다른 사람을 이해하기 위해 나 자신을 내려놓을 수 있을 때 엄청난 가치를 찾아냈다. 내가 이렇게 말하면 여러분이 듣기에 이상할 수도 있다. 다른 사람을 이해하기 위해 나를 내려놓아야 한다고? 나는 그렇게 생각한다. 사람들은 다른 사람들의 말을 들으면, 그 말을 이해하기보다는 대개 평가나 판단을 내리는 경향이 있다. 즉 어떤 사람이 자신의 감정이나 태도나 신념을 표현하면 사람들은 즉각 "그건 맞아", "그건 터무니없어", "그건 비정상이야", "그건 비합리적이야", "그건 틀렸어", "그건 별로야"라고 얘기한다. 다른 사람이 꺼낸 말이 그 사람에게 어떤 의미가 있는지 정확하기 이해하기 위해 자신을 내려놓는 사람은 극히 드물다.

언젠가 나는 우리 집에 커튼을 달기 위해 인테리어 디자이너를 고용했다. 그런데 청구서를 받고는 정말 깜짝 놀랐다.

며칠 후, 한 친구가 우리 집에 들러서 커튼을 보았다. 내가 커튼 가격을 얘기하자 친구는 의기양양하게 소리쳤다.

"뭐라고? 말도 안 돼. 너 엄청 바가지 쓴 것 같아."

사실일까? 맞다. 친구는 사실을 말한 것이다. 하지만 상대방의 판단력을 되돌아보게 만드는 사실을 듣고 싶어 하는 사람은 거의 없다. 그래서 나도 사람인지라 변명하려고 애썼다. 나는 가장 좋은 게 원래 가장 싸게 먹힌다는 둥, 싼값으로는 품질과 예술적 취향을 맞출 수 없다는 둥 이런저런 핑계를 늘어놓았다.

다음 날 다른 친구가 우리 집을 찾아왔는데 커튼을 보더니 꽤 좋아하며 열심히 칭찬을 퍼부었다. 자기도 이렇게 고급스러운 커튼을 집에 달 수 있는 여력이 있으면 좋겠다고 했다. 이번에 나는 완전히 다른 반응을 보였다.

"음, 근데 사실대로 말하자면, 나도 부담이 컸어. 돈이 너무 많이 들었거든. 괜히 저런 걸 주문했어."

우리는 틀리면 스스로 그 사실을 인정할 수도 있다. 다른 사람들이 우리를 부드럽고 요령 있게 잘 다룬다면 우리는 그 사실을 인정할지도 모른다. 우리가 솔직하며 마음이 넓다고 자부심을 가질 수도 있다. 하지만 누군가 받아들이기 힘든 불쾌한 사실을 식도 속으로 쑤셔 넣으려고 한다면 상황은 달라질 것이다.

남북 전쟁 당시 미국에서 가장 유명한 편집자였던 호레이스

그릴리Horace Greeley는 링컨의 정책을 격렬하게 반대했다. 그는 언쟁하고 조롱과 비난을 퍼부으면, 링컨을 본인 뜻대로 할 수 있다고 믿었다. 그래서 해를 거듭할수록 매달 더욱 격렬한 작전을 펼쳤다. 사실 그는 링컨이 부스의 총에 맞은 그날 밤에도 잔혹하고 격렬하게 빈정대는 글로 링컨을 개인적으로 공격하는 행동을 멈추지 않았다.

하지만 이렇게 격렬한 비판을 받았다고 링컨이 그릴리의 생각에 동의했을까? 절대 아니다. 조롱과 비판은 절대 그런 효과를 낼 수 없다. 여러분이 다른 사람들을 잘 상대하고, 본인을 다스리고, 자신의 성격을 개선하기 위해 몇 가지 제안을 얻고 싶다면 벤저민 프랭클린의 자서전을 읽어야 한다. 가장 흥미로운 전기 가운데 하나인 그의 자서전은 미국의 고전 문학으로 꼽힐 책이다. 벤저민 프랭클린은 논쟁하는 잘못된 습관을 버리고 미국 역사상 가장 능력 있고, 정중하며, 능수능란한 사람으로 변신할 수 있었던 비결을 털어놓았다.

벤저민 프랭클린이 엄청난 실수를 저지르던 젊은 시절의 일이다. 어느 날 퀘이커교 신도인 오랜 친구 한 명이 그를 불러냈다. 친구는 그를 후려치듯 아주 날카로운 진실을 털어놓았다.

"벤, 넌 정말 구제 불능이야. 넌 너와 의견이 다른 사람을 대할 때 그 사람을 후려치는 것 같아. 네 의견은 너무 공격적이야. 아무도 그 의견에 관심을 보일 수 없어. 친구들은 네가 없으면 오히려 좋아해. 다른 사람들이 너에게 아무 말도 안 하는 걸 너도 잘 알잖아. 사실, 너한테 말을 붙이려고 해봤자 불편하고 고되기만 한 걸 누가 그러려고 하겠어. 그러니까 네가 지금 아는 것 이상은 알게 될 가능성이 거의 없어. 넌 아는 것도 별로 없잖아."

내가 벤저민 프랭클린에 대해 가장 훌륭하게 생각하는 것 중 하나는 그가 이렇게 현명한 비판을 받아들였다는 것이다. 그는 친구의 말이 사실이며, 이런 식으로 가면 실패하고 친구도 다 잃게 되리라는 것을 깨달을 만큼 성숙하고 현명한 사람이었다. 그래서 그는 태도를 180도 바꾸었다.

그는 무례하고 독선적인 태도를 당장 바꾸기로 했다.

> 저는 다른 사람들의 생각에 직접 반대의견을 내는 것과 너무 확신에 찬 말을 하는 것도 금하기로 했습니다. 심지어 '확실히' 혹은 '의심할 여지 없이'처럼 고정된 의견을 암시하는 단어나 표현은 스스로 금했습니다. 그 대신 '이런 것 같네요', '이렇게 이해가 되네요' 혹은 '그럴 것 같아요', '제가 보기에 지금은 그런 것 같아요' 같은 표현을 썼습니다.
>
> 제 생각에 상대방이 실수인 것 같은 주장을 할 때, 그 사람을 퉁명스럽게 반박하고 그의 제안이 터무니없다고 바로 입증하는 짓을 하지 않으려고 했습니다. 다른 경우나 상황이라면 상대방의 의견이 옳을지도 모른다고 먼저 대답한 다음, 현시점에 제가 보기에는 조금 다른 것 같다고 얘기했습니다. 이렇게 태도를 바꾸자 많은 게 이로워진 것을 알았습니다. 제가 낀 대화의 자리가 점점 즐거워진 것입니다. 겸손한 태도로 의견을 제시했더니 사람들이 더 쉽게 받아들이고, 반박도 훨

씬 줄었습니다. 제가 틀렸다는 것을 깨달았을 때도 훨씬 덜 창피했습니다. 제가 우연히 옳더라도 사람들은 기꺼이 자신의 실수를 포기하고 제 편을 들어주었습니다.

타고난 기질 때문에 처음에는 강제로 이런 태도를 보였지만, 마침내 아주 편안한 습관 같은 것이 되었습니다. 지난 50년 동안 제 입에서 독단적인 표현을 들은 사람은 아무도 없을 것입니다. 이런 습관 덕분에(정직한 제 성격도 한몫했지만) 저는 새로운 제도를 제안하거나 낡은 제도를 바꾸려고 할 때, 제가 위원으로 몸담았던 공의회에서 엄청난 영향력을 행사할 때, 많은 시민이 응원해주었습니다. 저는 달변가가 아닙니다. 유창하게 말하지도 못하고, 단어를 선택할 때 너무 주저하며, 올바르게 말하지도 못하지만, 제 생각은 잘 전달하는 편입니다.

벤저민 프랭클린의 방법은 업무 처리에서 어느 정도 효과를 보일까? 두 가지 사례를 들어보겠다. 노스캐롤라이나주 킹스 마운틴Kings Mountain에 사는 캐서린 A. 알레드Katherine A. Allred는 방적 공장의 산업관리 감독관이다. 알레드는 우리가 진행한 수업 시간에 본인이 교육받기 전과 후로 민감한 문제를 다룬 방법이 어떻게 달라졌는지 얘기했다.

저는 우리 기사들이 원사를 더 많이 생산하면 돈을 더 많이 받을 수 있도록 인센티브 제도와 기준을 설정하고 유지하는 일을 책임지고 있습니다. 우리가 활용하던 인센티브 제도는 원사를 두세 종류만 생산할 때는 효과가 있었습니다. 그런데 최근 재고품을 확대하면서 12가지 이상을 생산할 수 있는 능력을 갖추었죠.

현재의 시스템으로는 작업을 수행하는 기사들이 생산량을 늘려서 적절한 인센티브를 받게 하는 데 적절하지 않았습니다. 저는 특정 시간에 생산하는 원사의 등급별로 기사에게 임금을 지급할 수 있는 새로운 제도를 개발했습니다.

저는 새로운 시스템을 손에 쥐고, 제가 만든 시스템이 옳은 방법이라는 것을 입증할 생각으로 미팅 장소에 갔습니다. 저는 다른 사람들은 틀렸다고 자세히 얘기했습니다. 그들이 어디가 잘못되었는지 얘기한 후 그들이 원하는 해답을 내가 갖고 있다고 얘기했습니다. 아무리 좋게 말하더라도 저는 완전히 망했습니다! 저는 새로운 시스템을 만든 제 처지를 옹호하느라 너무 바쁜 나머지 오래된 시스템 때문에 발생하게 된 문제를 그들이 정중하게 인정할 기회를 주지 않았습니다. 시스템이 문제가 아니었습니다.

이 수업에 여러 차례 참석한 후 저는 무슨 실수를 저질렀는지 아주 잘 알았습니다. 저는 다시 미팅 시간을 잡았습니다. 이번에는 기사들에게 어떤 문제가 있는지 물었습니다. 우리는 각각의 단계를 논의한 후, 제가 기사들에게 최고의 진행 방법을 물었습니다. 무난한 제안이 몇 가지 나왔고, 몇 차례 휴식 시간을 가진 후에 저는 기사들에게 인센티브 제도를 스스로 만들어보라고 얘기했습니다. 미팅이 끝날 무렵 실제로 제가 만든 시스템을 제안했더니 기사들은 무척 좋아하며 받아들였습니다.

이제 저는 상대방이 틀렸다고 직설적으로 얘기하면 좋은 일은 없고, 심각한 손해만 일어날 수 있다는 것을 납득했습니다. 그렇게 직설적으로 상대방의 잘못을 지적하면 상대방의 자존감을 박탈할 뿐만 아니라 어떤 토론에서건 스스로 환영받지 못하는 존재가 될 뿐입니다.

다른 사례 하나를 더 들겠다. 지금 인용할 사례는 수많은 다른 사람들이 이미 경험한 일반적인 사례라는 것을 명심해야 한다. R. V. 크롤리R. V. Crowley는 뉴욕에 소재한 목재 회사의 영업사원이다. 크롤리는 감정을 잘 드러내지 않는 목재 검사관들에게 몇 년째 그들이 틀렸다고 얘기했다. 그리고 크롤리가 이길 때가 많았다. 그런데 그에게 아무런 도움도 되지 않았다.

"이 목재 검사관들은 야구 심판 같은 사람들이에요."

크롤리가 이야기를 꺼냈다.

"이 사람들은 한번 결정을 내리면 절대 그 결정을 바꾸지 않아요."

크롤리는 자신이 목재 검사관들과의 논쟁에서 이길 때마다 회사가 수천 달러를 잃는다는 사실을 알게 되었다. 내가 진행한 수업을 들으면서 그는 전술을 바꿔서 논쟁을 그만두겠다고 마음먹었다. 어떤 결과가 나왔을까? 다음은 그가 수업 시간에 동료 수강생들에게 전한 내용이다.

어느 날 아침 제 사무실의 전화벨이 울렸습니다. 몹시 화가 난 상대방은 우리 회사가 자기 공장에 실어놓은 목재가 전혀 마음에 들지 않는다고 얘기했습니다. 상대방의 회사는 우리 회사의 목재를 받지 않을 것이니, 회사 마당에 쌓여 있는 목재를 당장 치워달라고 요구했습니다. 목재를 4분의 1 정도 하차한 후, 목재 검사관이 검사했는데, 55퍼센트가 불량이라고 했습니다. 이런 상황에서 우리 회사의 목재를 받을 수 없다고 했습니다.

저는 즉시 그 공장으로 갔습니다. 가는 도중에 어떻게 하면 이 상황을 제일 잘 처리할 수 있을지 머릿속으로 생각했습니다. 여느 때라면 이런 상황에서 저는 목재 검사관으로 직접 쌓은 경험과 지식을 활용해서 목재의 등급을 매기는 규칙을 인용하고, 그 회사의 목재 검사관이 검사를 진행하는 도중에 규칙을 잘못 해석한 것이며, 그 목재가 실재 등급에 부합한다고 다른 검사관을 설득하려고 했을 것입니다. 그런데 이번에는 수업을 들으면서 배운 원칙들을 적용해야겠다는 생각이 들었습니다.

제가 그 공장에 도착해보니, 그 회사의 구매 담당자와 목재 검사관은 저와 말싸움을 벌일 채비를 하고 있었습니다. 아니 말싸움은 물론이고 몸싸움이라도 벌일 것 같았습니다. 우리는 목재를 내리던 차가 있는 쪽으로 걸어가서 상황이 어떤지 보고 싶으니 목재를 계속 내려달라고 요청했습니다. 저는 목재 검사관에게 계속 검사하고 불량품을 펼쳐놓으라고 부탁했습니다. 그리고 좋은 물건은 따로 쌓아달라고 했습니다.

저는 목재 검사관을 쳐다보면서, 그의 검사가 실제로 너무 엄격하고 규칙을 오해한다는 생각이 들었습니다. 그가 검사하는 목재는 스트로브잣나무였습니다. 제가 보기에 그 목재 검사관은 단단한 목재는 아주 잘 알았지만, 스트로브잣나무에 대한 경험은 부족해서 적임자로 보이지 않았습니다.

저는 스트로브잣나무를 아주 잘 알고 있습니다. 그런데 그 목재 검사관이 스트로브잣나무에 등급을 매기는 방식에 이의를 제기했을까요? 아니요, 절대 이의를 제기하지 않았습니다. 저는 그 목재 검사관을 계속 주시하며 왜 특정 목재가 불만족스러운지 물어보기 시작했습니다. 저는 목재 검사관이 일을 잘못한다는 암시는 단 한 번도 주지 않았습니다. 그저 다음에 그의 회사가 어떤 목재를 원하는지 제대로 알고 싶어서 물어보는 것이라고 강조했습니다.

저는 매우 다정하고 우호적으로 물어보았습니다. 그 검사관이 회사의 용도에 맞지 않는다며 우리 회사의 목재를 따로 놓을 때마다 그들이 옳다고 계속 맞장구를 쳐주며 그의 마음을 녹였더니 우리 사이의 긴장감이 녹아내리기 시작했습니다. 제가 때때로 세심하게 얘기한 덕분에 그의 마음속에 거절한 목재가 사실은 적절한 등급일지도 모른다는 생각이 들기 시작했습니다. 그들이 요구한 목재는 좀 더 비싼 등급이라는 생각도 들었겠죠. 어쨌든 저는 그 목재 검사관이 제가 이것을 문제 삼으리라는 생각이 들지 않게 아주 조심했습니다.

서서히 그의 태도가 바뀌었습니다. 그는 결국 스트로브잣나무에 대한 경험이 없다는 사실을 인정하더니, 이제는 차에서 내린 목재에 대해 오히려 제게 자문을 구하기 시작했습니다. 저는 특정 목재가 그런 등급을 받게 된 이유를 설명했지만, 우리 회사의 목재가 그들의 목적에 맞지 않는다면 가져가지 않아도 된다고 계속 주장했습니다. 그 목재 검사관은 결국 불량품 더미에 목재를 놓을 때마다 죄책감을 느끼게 되었습니다. 드디어 그는 원하는 등급의 목재를 구체적으로 명시하지 않은 자신들에게 책임이 있다는 것을 깨달았죠.

제가 떠난 후 그 목재 검사관은 자동차 한 대 분량의 목재를 하나하나 검사한 후, 전체를 다 받아들였습니다. 그리고 우리는 대금을 다 받았습니다.

이 한 가지 경우만 놓고 볼 때, 약간의 눈치와 다른 사람이 틀렸다고 말하지 않겠다는 결의만으로 우리 회사는 막대한 현금을 아낄 수 있었습니다. 또한 금전적 가치를 부여하기 어려운 선의를 얻을 수 있었습니다.

마틴 루터 킹Martin Luther King 목사는 평화주의자이면서 어떻게 공군 장군인 대니얼 '채피' 제임스Daniel 'Chappie' James를 미국 최고의 흑인 장성으로 칭송할 수 있냐는 질문을 받은 적이 있다. 그는 이렇게 대답했다.

"나는 사람들을 판단할 때 그 사람 본인이 세운 원칙에 따라 판단합니다. 제 원칙은 기준이 될 수 없습니다."

로버트 E. 리Robert E. Lee 장군도 남부 연합의 대통령인 제퍼슨 데이비스에게 자신의 지휘 아래 있는 어떤 장교에 대해 칭찬을 하고 있었다. 그러자 한자리에 있던 다른 장교가 질문을 던졌다.

"장군님, 지금 칭찬하는 그자는 장군님을 비방할 기회를 놓치지 않는 아주 극악한 적이라는 사실을 모르십니까?"

"알지."

리 장군이 대답했다.

"하지만 지금 대통령이 그 사람에 대한 내 의견을 물은 것이지, 그 사람이 나를 어떻게 생각하느냐고 물은 것은 아니잖아."

아무튼 내가 이 장에서 얘기하는 것은 모두 새로울 게 없는 내용이다. 2000년 전 예수는 이렇게 말했다.

"너와 다투는 사람과 급히 화해하라."

예수가 태어나기 2200년 전에 이집트의 악토이 왕King Akhtoi은 아들에게 현명한 충고를 했다. 오늘날까지 절실히 필요한 충고다.

"곤란한 상황을 헤쳐 나갈 때 다른 사람의 마음을 상하게 하지 말라. 그래야 네게 이득이 있을 것이다."

즉, 고객이나 배우자 혹은 적과 다투지 말라는 것이다. 그들이 틀렸다고 말하지 말고, 그들을 자극하지 마라. 약간의 외교적 수완을 써라.

원칙 2 다른 사람의 의견을 존중하라. "당신이 틀렸어요"라고 절대 말하지 마라.

3장

틀렸다면 바로 인정하라

우리 집에서 1분만 걸으면 자연 상태의 숲이 쫙 펼쳐진다. 봄이 되면 블랙베리 덤불이 자라고, 다람쥐들이 보금자리를 지어서 새끼를 키우고, 쥐꼬리망초는 말의 머리 높이까지 자라는 곳이다. 훼손되지 않은 이 숲의 이름은 포레스트 파크Forest Park다. 실제 숲으로, 콜럼버스가 아메리카를 발견했을 당시와 외관상 달라진 게 거의 없을 것이다. 나는 작은 보스턴 불도그인 렉스를 데리고 이 공원을 자주 산책한다. 렉스는 사람을 잘 따르고 해를 끼치지 않는 작은 사냥개다. 게다가 공원에서는 다른 사람을 만날 일도 거의 없어서 목줄을 매거나 입마개를 달지 않고 렉스를 데리고 다녔다.

그런데 어느 날 이 공원에서 기마 경찰관과 마주쳤다. 그는 권위를 세우고 싶어서 몸이 근질근질해 보였다.

"이런 공원에서 입마개와 목줄도 없이 개를 데리고 다니면 어쩌자는 거요? 법에 어긋난다는 걸 몰라요?"

그가 나를 질책했다.

"네, 압니다. 그런데 이 녀석은 여기서 아무런 해를 끼칠 일이 없다고 생각했습니다."

나는 부드럽게 대답했다.

"당신이 그렇게 생각했다고! 그렇게 생각했단 말이지! 법은 당신이 무슨 생각을 하든 전혀 관심이 없어요. 저 개는 다람쥐를 죽이거나 아이를 물 수도 있어요. 내가 이번에는 당신을 그냥 보내주겠소. 하지만 이 개가 다시 한번 목줄이나 입마개 없이 여기를 돌아다니는 게 내 눈에 띄면, 당신은 판사 앞에서 얘기해야 할 거요."

나는 그러겠다고 순순히 약속했다.

나는 몇 번은 그의 말을 따랐다. 하지만 렉스는 입마개를 좋아하지 않았다. 나도 마찬가지였다. 그래서 운에 맡기기로 했다. 한동안 아무 일도 없이 지나갔다. 그러다 결국 문제가 생기고 말았다. 렉스와 나는 언덕 너머를 달리고 있었다. 그런데 난데없이 정말 놀랍게도 법의 수호자가 내 눈에 띄었다. 갈색 말 위에 두 다리를 쫙 벌린 채 앉아 있는 법의 수호자가 보였다. 렉스가 먼저 앞으로 나가더니 경찰관 쪽으로 곧장 다가갔다.

나는 골치 아픈 일에 휘말리고 말았다는 것을 알았다. 그래서 경찰관이 말을 꺼내기 전에 먼저 나섰다. 나는 그가 할 이야기를 대신했다.

"경찰관님, 현장에서 저를 잡으셨네요. 제 잘못입니다. 알리바이도 없고 변명거리도 없습니다. 지난주에 경찰관님은 제가 이 개를 목줄 없이 다시 이리로 데리고 나오면 벌금을 매기겠다고 경고하셨지요."

"음, 지금처럼 주위에 아무도 없으면 이렇게 작은 개를 달리게 하고 싶은 충동이 일어난다는 것은 저도 압니다."

경찰관은 부드러운 어조로 대답했다.

"물론 그런 충동이 있지만 어쨌든 법을 어긴 것이죠."

내가 대답했다.

"음, 이렇게 작은 개라면 아무도 해치지 않을 것 같네요."

경찰관은 이제 내 말을 반박하고 있었다.

"아닙니다. 이 녀석은 다람쥐를 죽일 수도 있어요."

내가 얘기했다.

"음, 이제 보니 그쪽이 이 문제를 너무 심각하게 받아들이는 것 같네요. 이제 내가 그쪽이 해야 할 일을 알려드릴게요. 저 녀석을 내 눈에 띄지 않는 저 언덕으로 데려가서 마음껏 뛰놀게 해주세요. 그리고 우린 이 문제를 잊어버리도록 하죠."

그가 얘기했다.

그 경찰관도 인간인지라 중요한 사람이 되고 싶었다. 그래서 내가 스스로 잘못을 인정하자, 경찰관은 자부심을 키우려면 자비심을 보이는 관대한 태도를 보일 수밖에 없었다.

그런데 내가 애써 변명만 늘어놓았더라면 어떻게 되었을까.

혹시 여러분은 경찰관과 말싸움을 한 적이 있나?

하지만 나는 그와 말싸움을 벌이는 대신 그가 무조건 옳고 나는 무조건 틀렸다고 인정했다. 신속하고 솔직하게 게다가 아주 열심히 내 잘못을 인정했다. 내가 그의 편을 들자 그 사람도 내 편을 들면서 그 사건은 품위 있게 끝났다. 체스터필드 경이라도 불과 일주일 전만 해도 내게 법을 들먹이던 기마 경찰관보다 더 너그럽지는 못했을 것이다.

어차피 비난받게 될 줄 알고 있다면 다른 사람보다 먼저 스스로 비판하는 것이 훨씬 낫지 않을까? 낯선 사람의 입에서 나오는 비난을 견디는 것보다 자책하는 소리를 듣는 편이 훨씬 쉽지 않을까?

다른 사람이 생각하거나 말하고 싶거나 말할 생각이 있는 모든 비난거리를 알고 있다면, 그 사람들이 그런 말을 하기 전에 먼저 얘기하라. 그러면 상대방은 마음이 너그러워지고 용서하고 싶은 태도를 보일 것이다. 여러분이 저지른 실수는 최소한으로 줄어들 것이다. 기마 경찰관이 나와 렉스에게 그랬던 것처럼.

상업 미술가인 퍼디낸드 E. 워렌Ferdinand E. Warren은 이런 방법을 활용해서 심통 사납고 야단치기 좋아하는 미술품 구매자의 호의를 구할 수 있었다.

"광고와 출판 목적의 그림을 그릴 때는, 정확해야 합니다. 정확성이 생명이지요."

워렌이 이야기를 시작했다.

그런데 일감을 줄 때 당장 해달라고 요구하는 편집자들이 일부 있습니다. 이런 경우 사소한 실수가 일어나기 쉽지요. 제가 아는 한 편집자는 아주 사소한 잘못을 찾아내는 걸 특별히 좋아했습니다. 늘 그랬지요. 저는 그 사람의 사무실을 나설 때는 넌덜머리가 났습니다. 비판 때문이 아니라 그 사람의 공격적인 태도가 문제였죠.

최근 제가 그 편집자에게 급하게 처리한 일을 전달했습니다. 그런데 그 사람이 당장 자기 사무실로 오라는 전화를 했습니다. 제가 사무실에 도착해보니 역시나 몹시 두려운 일이 일어났습니다. 적대적인 편집자는 비난할 기회를 찾아서 만족한 것 같았습니다. 그 사람은 열을 내며 저한테 왜 이렇게 저렇게 했냐고 따졌습니다. 저는 지금까지 배운 대로 저 자신을 비판할 기회를 잡았습니다. 그래서 이렇게 이야기를 꺼냈습니다.

"그 말이 사실이라면 제 잘못이지요. 제가 저지른 실수에 변명의 여지도 없습니다. 당신을 위해 오랫동안 그림을 그렸는데 어리석게도 실수를 저질렀네요. 너무 부끄럽습니다."

그러자 그 사람은 즉시 제 편을 들어주었습니다.

"맞아요, 그쪽 말이 맞아요. 하지만 뭐 그렇게 큰 실수는 아닙니다. 그냥……."

저는 그의 말을 끊고 이렇게 끼어들었습니다.

"어떤 실수든 비용이 많이 들고, 진짜 짜증 나긴 하지요."

그 사람은 끼어들려고 했지만 저는 그렇게 놔두지 않았습니다. 썩 즐기고 있었거든요. 난생처음 저 자신을 비판하고 있었는데 꽤 즐거웠습니다.

"제가 좀 더 조심했어야 했습니다."

저는 계속 얘기했습니다.

"일감도 많이 주신 편집자님은 최고의 작업물을 받으실 자격이 있습니다. 이 그림은 다시 그리도록 하겠습니다."

"아니! 아니요!"

그 사람은 이제 제 말을 반박하고 있었습니다.

"그렇게까지 수고할 필요는 없을 것 같아요."

그 편집자는 제 작품을 칭찬하더니 단지 조금만 고치면 된다고 했습니다. 그리고 제가 저지른 작은 실수로 자기네 회사가 손해를 입지는 않을 것이라고 장담했지요.

제가 정말 열심히 저 자신을 비난한 덕분에 그 편집자는 싸울 마음이 없어졌죠. 결국 그분은 제게 점심을 먹자고 했습니다. 그리고 헤어지기 전에 제게 그림값을 지불하고 다른 일감도 주었습니다.

자신의 실수를 인정하려는 용기를 내면 어느 정도 만족감이 생긴다.

그렇게 자신의 실수를 인정하면 죄책감과 방어적인 태도가 사라질 뿐만 아니라 실수 때문에 생긴 문제를 해결하는 데도 도움 된다.

뉴멕시코주 앨버커키Albuquerque에 사는 브루스 하비는 병가를 낸 직원에게 월급을 전부 지급하라는 잘못된 지시를 내렸다.

본인의 잘못을 발견한 하비는 그 직원을 불러서, 자신의 실수를 정정하려면 잘못 지급된 월급을 다음 월급날에 삭감해야 한다고 했다.

직원은 그렇게 되면 자신은 엄청난 자금 문제를 겪게 된다며 3개월 동안 그 돈을 갚을 수 있게 해달라고 간청했다. 그런데 이렇게 하려면 상사의 승인을 얻어야 했다. 하비는 이렇게 설명했다.

그렇게 되면 상사가 엄청 화를 낼 거예요. 이 상황을 더 잘 처리할 방법을 찾는 동안 저 때문에 이런 일이 생겼다는 것을 깨닫고 상사에게 제 잘못을 인정해야 한다는 생각이 들었습니다.

저는 상사의 사무실로 들어가서 제가 저지른 실수와 전후 사정을 다 이야기했습니다. 상사는 몹시 화를 내며 이건 인사팀의 잘못이라고 했습니다. 그래서 저는 이건 제 잘못이라고 다시 한번 얘기했습니다. 상사는 다시 화를 내며 회계팀의 부주의 때문이라고 얘기했습니다. 저는 또다시 이건 제 잘못이라고 얘기했습니다. 상사는 이번에는 사무실에 있던 다른 두 직원을 나무랐습니다. 하지만 이번에도 저는 제 잘못으로 생긴 일이라고 다시 얘기했습니다.

결국 상사는 저를 뚫어지게 바라보더니 이렇게 얘기했습니다.

"그래, 이건 자네 잘못이야. 이제 바로잡아."

그 실수는 바로잡았고, 난처해진 사람은 아무도 없었습니다. 저는 긴장된 상황을 바로잡을 수 있었고, 핑곗거리를 찾지 않아도 될 만큼 용기를 낼 수 있어서 기분이 아주 좋았습니다. 우리 상사는 그때부터 저를 더 존중해주었습니다.

어떤 바보라도 본인의 잘못을 옹호할 수 있다. 바보 대부분은 그렇게 한다. 그런데 본인의 잘못을 인정하면 고귀한 기분과 엄청난 기쁨을 맛볼 수 있다. 사례 하나를 들겠다. 로버트 E. 리가 게티즈버그 전쟁 때 조지 E. 피켓George E. Pickett 장군의 잘못을 본인의 잘못으로 돌린 사건은 로버트 장군에 대한 기록 중에서 가장 아름다운 사건으로 꼽힌다.

피켓 장군의 돌격은 서구 세계에서 발발한 그 어떤 공격보다 가장 뛰어나고 그림 같은 장면이었다. 피켓 장군은 외모도 그림처럼 근사했다. 길게 기른 적갈색 머리카락은 거의 어깨까지 내려왔고, 이탈리아를 공격하던 나폴레옹처럼 전쟁터에서 열정적인 연애편지를 거의 매일 썼다.

비극적인 7월의 어느 날 오후, 피켓 장군이 북군을 향해 의기양양하게 달려갈 때, 헌신적인 부대의 환호를 받고 있었다. 피켓 장군의 오른쪽 귀 너머로 삐딱하게 기울여 쓴 모자가 눈에 띄었다. 부대가 서열에 상관없이 서로의 몸을 부딪칠 만큼 딱 붙은 채로 피켓 장군에게 환호를 보내며 따라올 때, 깃발이 휘날리고 햇빛을 받은 총검은 반짝였다. 용맹한 광경이었다.

대담하고 장엄했다. 이들을 지켜보는 북군 측에서도 중얼대는 찬탄의 소리가 나왔다.

피켓 장군의 부대는 발걸음도 가볍게 과수원과 옥수수밭을 지나 목초지를 건넌 다음 협곡을 넘어갔다. 이들이 가는 길마다 북군이 쏘아 올린 대포 때문에 무시무시한 구멍이 생겼다. 그래도 피켓 장군의 부대는 진격을 멈추지 않았다.

갑자기 북군이 숨어 있던 세미트리 리지Cemetery Ridge(묘지 능선)의 돌담 뒤에서 북군의 보병 한 명이 일어선 순간, 진격해 들어오는 피켓 장군의 부대를 향해 일제 사격이 시작되었다. 언덕 꼭대기가 화염에 휩싸이며 불타오르는 화산이자 도살장이 되었다. 몇 분 이내에 피켓 장군의 지휘관들이 단 한 명을 제외하고 모두 쓰러져버렸다. 부대원 5,000명 중 5분의 4가 쓰러졌다.

최후 공격을 이끌던 부대 장군 루이스 A. 아미스테드Lewis A. Armistead는 앞으로 달려와 돌담을 뛰어넘더니, 칼끝에 걸린 모자를 흔들며 소리쳤다.

"저들에게 뜨거운 맛을 보여주어라!"

부대원들은 장군의 지시를 따랐다. 돌담을 훌쩍 뛰어넘고, 적들을 총검으로 찌르고, 개머리판으로 북군의 머리를 박살 내고, 세미트리 리지에 남군의 깃발을 꽂았다. 남군의 깃발은 잠시만 휘날렸다. 깃발이 휘날린 그 잠시가 남군의 전성기로 기록되었다.

눈이 부시게 영웅적인 피켓 장군의 돌격은 종말의 시작이었다. 리 장군은 패배했다. 리 장군은 북군을 돌파할 수 없었다. 본인도 그 사실을 알고 있었다.

남군은 실패할 운명이었다.

너무 슬프고 놀란 리 장군은 사직서를 제출하며 남부 연합의 대통령 제퍼슨 데이비스에게 '젊고 유능한 사람'을 임명하라고 부탁했다. 리 장군이 피켓 장군이 감행한 돌격이 엄청난 실패로 돌아간 것을 다른 사람의 잘못으로 돌리고 싶었다면, 핑계는 얼마든지 찾을 수 있었다. 일부 지휘관이 그의 명령을 따르지 않았다, 보병의 공격을 지원해야 할 기병대가 제시간에 도착하지 못했다, 이것저것이 모두 잘못되었다고 탓할 수도 있었다.

하지만 리 장군은 너무나 고상한 사람이라 다른 사람들을 탓하지 않았다. 두들겨 맞아 피투성이가 된 피켓 장군의 부대가 간신히 남부 연합군 쪽으로 돌아왔을 때, 로버트 E. 리 장군은 말을 타고 나가더니 한 명 한 명을 맞아주며 자책했다.

"이건 모두 내 잘못이야. 이 전투의 패배는 모두 나 때문이야."

이렇게 패배를 인정할 만큼 용기 있고 인품이 뛰어난 장군은 역사상 전무후무하다. 홍콩에서 진행된 우리 교육 강좌를 담당했던 마이클 청Michael Cheung은 중국문화의 특정 문제를 지적하며, 오랜 전통을 지키는 것보다 원칙을 적용하는 게 더 이롭다는 사실을 인식해야 한다고 얘기했다.

마이클 청의 수업에 참여한 수강생 중에 아들과 몇 년 동안 연락을 하지 않은 중년 남성이 있었다. 이 남자는 지금은 치료가 되었지만, 예전에 아편 중독자였다. 중국에는 나이 든 사람이 먼저 다가가지 않는 전통이 있었다. 이 수강생은 먼저 화해를 청하는 것은 아들이 해야 할 일이라고 생각했다.

강좌가 시작된 초반에 그는 한 번도 보지 못한 손자들에 대해 얘기하며, 아들과 화해하고 싶은 바람이 얼마나 큰지 얘기했다. 수강생들은 모두 중국인이었는데 아들과 화해하고 싶은 그의 바람과 오랜 전통 사이에서 겪는 갈등을 모두 이해했다. 이 수강생은 젊은 사람들이 나이 든 사람들을 존중해야 하며, 자신의 바람을 꺾지 않고, 아들이 먼저 다가와 주기를 기다리는 것이 옳다고 생각했다.

교육 강좌가 끝나갈 무렵, 이 수강생은 다른 사람들에게 다시 이야기를 꺼냈다.

"이 문제를 곰곰이 생각했습니다. 데일 카네기 씨는 '잘못했다면 빨리 격하게 인정하라'로 얘기했죠. 제가 빨리 인정해도 너무 늦은 것이지만 분명하게 인정할 수 있습니다. 저는 아들에게 잘못을 저질렀어요. 아들이 저를 보기 싫어하고 나를 버린 것은 잘못된 게 아닙니다. 젊은 사람에게 용서를 구하면 체면을 잃을지도 모르지만 어쨌든 잘못한 사람은 저니까 그걸 인정하는 건 제 책임입니다."

다른 수강생들이 박수를 치며 그를 온전히 지지해주었다. 다음 수업에서 그는 아들의 집으로 가 용서를 구하고, 이제 아들과 새로운 관계를 맺고, 드디어 만나게 된 며느리와 손자들 이야기를 전했다.

엘버트 허버드는 한 나라를 뒤흔들 만큼 정말 독창적인 작가다. 바늘로 찌르는 것처럼 날카로운 문장 때문에 엄청난 반감을 일으킬 때도 자주 있었지만 허버드는 적을 친구로 바꿀 만큼 사람을 다루는 기술이 무척이나 뛰어났다.

예컨대 어떤 짜증 난 독자가 자신은 이런저런 기사가 마음에 들지 않으며, 허버드에게 이래라저래라 명령하는 편지를 보낸 적이 있었다. 엘버트 허버드는 그 편지에 이런 답장을 보냈다.

> 지금 곰곰이 생각해보니, 저도 제 생각을 완전히 수긍할 수는 없습니다. 어제 쓴 글을 오늘 보니 확 와 닿지 않는 부분도 있네요. 그 문제를 어떻게 생각하는지 알려주셔서 고맙습니다. 다음에 근처에 오신다면 꼭 저를 찾아주세요. 우리 함께 이 문제를 확실히 논의해보죠. 멀리서 악수를 청합니다. 그럼 이만 줄이겠습니다.

나를 이런 식으로 대하는 사람에게 어떤 말을 할 수 있을까?

우리가 옳을 때는 우리가 생각하는 대로 다른 사람을 살살 요령 있게 구슬려야 한다. 우리가 틀렸다면, 사실 스스로 솔직해지자면 우리는 틀릴 때가 정말 많다. 그럴 때는 우리의 잘못을 신속하게 기꺼이 인정해야 한다. 이렇게 하면 정말 놀라운 결과를 얻게 된다. 또한 상황에 따라 다르지만, 변명을 대려고 애를 쓸 때보다 정말 유쾌한 결과를 얻을 수도 있다.

옛 속담을 명심하라.

'싸우면 절대 많은 것을 얻을 수 없지만, 양보하면 생각보다 많은 것을 얻을 수 있다.'

원칙 3 틀렸다면 신속하고 단호하게 인정하라.

4장

꿀 한 방울

혹시 여러분에게 화나는 일이 있어서 다른 사람들에게 한두 가지를 이야기한다면 기분이 풀릴 것이다. 그런데 이야기를 들은 다른 사람은 어떨까? 그 사람도 여러분처럼 기분이 개운할까? 여러분이 보인 호전적이고 적대적인 태도로 말미암아 그 사람이 여러분의 의견에 쉽게 동조하게 될까?

우드로 윌슨은 말했다.

"당신이 주먹을 쥐고 나를 찾아온다면, 나는 당신보다 더 빨리 주먹을 쥘 거라고 약속할 수 있을 것 같아요. 하지만 내게 와서 '우리 함께 앉아서 서로 의논하죠. 우리가 서로 다른 부분이 있다면 왜 다른지, 어떤 부분이 문제인지 이해하도록 하죠'라고 얘기한다면 어떨까요. 우리가 그렇게 다르지 않고, 혹시 다른 부분이 있더라도, 차이점은 거의 없고 동의할 수 있는 부분이 꽤 많다는 것을 곧 알 수 있을 거예요. 우리가 끈기 있고 솔직하게 서로 함께하려는 마음을 가진다면 우린 의견을 일치시킬 수 있을 것입니다."

우드로 윌슨의 진심 어린 말을 존 D. 록펠러보다 더 잘 이해한 사람은 없을 것이다. 1915년, 록펠러가 콜로라도주에서 가장 경멸받는 사건이 일어났다. 미국 산업 역사상 가장 유혈이 낭자했던 파업으로 말미암아 콜로라도주는 2년 동안 충격에서 헤어나지 못했다. 격분한 광부들은 콜로라도 석유 강철 회사Colorado Fuel and Iron Company에 적대적인 태도를 보이며 높은 임금을 요구하고 있었다. 당시 록펠러는 이 회사에 지배권을 행사하고 있었는데 자산이 파괴되자 군대가 개입했다. 유혈이 낭자했다. 파업에 나선 광부들은 총에 맞고 총알 때문에 시체에 구멍이 숭숭 뚫렸다.

증오가 들끓는 이런 상황에 록펠러는 파업에 나선 광부들이 본인의 생각에 동조하게 만들고 싶었다. 결국 그는 그렇게 할 수 있었다. 어떻게 한 것일까? 사건의 경위는 다음과 같다. 록펠러는 몇 주 동안 이곳 사람들과 친분을 쌓은 다음, 파업 주동자 대표들 앞에서 연설을 펼쳤다.

처음부터 끝까지 전체가 걸작이었던 연설로 말미암아 놀라운 결과가 일어났다. 록펠러를 집어삼킬 듯이 위협했던 거센 증오의 물결이 잠잠해졌다. 오히려 록펠러에게 추종자들이 생겼다. 록펠러의 친근한 태도 덕분에 파업 노동자들은 정말 격렬하게 싸웠던 임금 인상에 대해서는 한마디 말도 없이 다시 일터로 돌아갔다.

록펠러의 놀라운 연설은 이렇게 시작된다. 이 연설이 얼마나 친근한지 주목해야 한다. 록펠러가 불과 며칠 전만 해도 사과나무에 본인의 목을 매달고 싶어 했던 사람들에게 이야기하고 있다는 점을 기억해야 한다. 록펠러는 마치 의료선교사들에게 이야기하듯 더 친절하고 더 자비롭게 얘기했다. 그의 연설에 특별히 빛이 나는 대목이 있다.

> 저는 이 자리에 서게 되어 자랑스럽습니다. 저는 여러분의 가정을 방문해서 여러분의 아내와 자식들을 만났습니다. 우리는 이제 낯선 사람들이 아닙니다. 상호 간의 우정과 공동의 이익을 위해 친구로서 만난 것입니다. 제가 이 자리에 서게 된 것은 모두 여러분의 호의 덕분입니다.
>
> 오늘은 제 평생 기억에 남을 만한 날입니다. 이토록 훌륭한 회사의 직원 대표들과 임원들과 관리자들을 모두 만날 수 있는 행운을 처음으로 누렸으니까요. 저는 이 자리에 서게 되어 정말 자랑스럽고, 평생 이 만남을 기억할 것이라고 장담할 수 있습니다. 이 만남이 2주 전에 열렸더라면 저를 알아보는 분은 거의 없었을 것입니다. 저 또한 아는 얼굴이 몇 분 되지 않았겠지요.
>
> 저는 지난주에 남부 탄전을 모두 방문하고, 이 자리에 참석하지 않은 분들을 제외하고 모든 대표와 일일이 대화를 나누었습니다. 그리고 여러분의 집을 방문하고 아내와 자녀들을 만났습니다. 우리는

이제 모르는 사이가 아닙니다. 친구로서 만났습니다. 서로 우정을 쌓은 후에 공동의 이익을 논의하는 이런 기회를 갖게 되어 정말 기쁩니다.

이번 만남은 회사의 임원들과 직원 대표들과의 만남입니다. 임원도 아니고 직원 대표도 아닌 저 같은 사람이 이 자리에 서게 된 것은 순전히 여러분의 호의 덕분입니다. 그래도 저는 여러분과 정말 친밀해진 것 같습니다. 어떤 의미로 저는 회사의 주주와 이사들을 대표하기 때문입니다.

이 연설이야말로 적을 친구로 만드는 절묘한 기술을 보여주는 최고의 사례가 아닐까?

록펠러가 다른 방법을 취했다고 가정해보자. 그가 광부들과 논쟁을 벌이고 그들의 눈앞에서 충격적인 사실을 들먹였다고 가정해보자. 그가 모든 규칙과 논리를 동원해서 광부들이 잘못했다는 것을 넌지시 알리는 말투와 어조로 얘기했다고 가정해보자. 과연 어떤 일이 벌어졌을까? 더 많은 분노와 더 커다란 증오와 더 많은 반란만 일어났을 것이다.

어떤 사람이 나와 생각이 다르고 나에게 적대감을 가지고 있다면 기독교도의 모든 논리를 동원하더라도 내 생각으로 그 사람을 설득할 수 없을 것이다. 자식을 나무라는 부모와 부하 직원이나 아내 위에 군림하려는 상사와 남편, 배우자에게 잔소리를 퍼붓는 아내는 상대방이 본인의 마음을 바꾸고 싶어 하지 않는다는 사실을 꼭 깨달아야 한다. 사람들을 윽박질러서는 내 뜻에 동조하게 만들 수 없다. 하지만 정말 친절하고 다정하게 대하면 그 사람들의 태도가 바뀔 수도 있다.

링컨도 사실상 같은 이야기를 했다. 다음은 거의 100년 전에 했던 링컨의 말이다.

'벌꿀 한 방울에 쓸개 한 통보다 더 많은 파리가 꼬인다.'

이 오래된 격언은 진짜 맞는 말이다. 사람들에게도 마찬가지로 적용된다. 어떤 사람을 내 생각대로 설득하고 싶다면 우선 진정한 친구라는 확신을 주어야 한다. 그런 확신 속에 그 사람의 마음을 사로잡을 수 있는 벌꿀 한 방울이 들어 있다. 무엇이라고 이름 짓든 그 사람의 마음을 얻을 수 있는 확실한 방법이 분명하다.

회사 임원들은 파업 노동자들에게 우호적으로 대하면 이득이 있다는 사실을 알고 있다. 사례 하나를 들겠다. 화이트 자동차 회사White Motor Company의 공장 직원 2,500명이 임금 인상과 유니언 숍Union Shop(회사와 노동조합 간의 협정으로 회사가 고용하는 노동자를 의무적으로 노동조합에 가입하게 하는 제도)을 요구하며 파업을 벌였다. 당시 회사 대표였던 로버트 F. 블랙Robert F. Black은 화를 참으며 누구도 비난하지 않았다. 또한 독재자나 공산주의자라고 직원들을 매도하지도 않았다. 오히려 그는 파업 노동자들을 옹호했다. 그는 클리블랜드 신문에 '도구를 내려놓고 평화롭게 파업하는 노동자들'에 대해 칭찬하는 광고를 올렸다.

그는 파업이 느슨해진 것을 알고 파업 노동자들에게 야구 방망이와 모자를 사주며 공터에서 야구를 하자고 초대했다. 볼링을 더 좋아하는 사람들을 위해 볼링장도 대여했다.

블랙의 친근한 태도는 늘 그렇듯 호의를 낳았다. 파업 노동자들은 빗자루와 삽과 쓰레기통을 담는 카트를 빌려서 공장 주변에 널린 성냥과 종이와 담배꽁초를 줍기 시작했다.

한번 상상해보라! 임금 인상과 노조 인정을 목표로 투쟁하던 파업 노동자들이 공장 바닥을 치우는 모습을. 거센 폭풍처럼 기나긴 미국 노동 전쟁 역사상 유례가 없는 사건이었다. 이 파업은 악감정이나 원한을 사지 않고 7일 만에 타결되었다.

신처럼 생긴 외모에 신처럼 이야기하는 재주를 가진 대니얼 웹스터Daniel Webster는 가장 성공한 변호사 중 한 명이다. 그는 다음 표현처럼 정말 우호적인 발언으로 가장 강력한 주장을 펼쳤다.

"배심원들이 고려할 것입니다."

"이 점은 아마도 고려할 가치가 있는 것일지도 모릅니다."

"여러분이 놓치지 않으실 것이라고 믿는 사실 몇 가지를 소개하겠습니다."

"인간의 본성에 대해 알고 계신 여러분은 이 사안의 중요성을 쉽게 알아보실 것입니다."

웹스터 변호사는 밀어붙이지 않았다. 크게 압력을 가하지도 않았다. 자신의 의견을 다른 사람들에게 강압적으로 밀어붙이려고 하지 않았다. 조곤조곤 부드럽게 얘기하고 친근하게 접근한 덕분에 저명인사가 될 수 있었다.

여러분은 파업을 해결하라거나 배심원 앞에서 변론하라는 요구를 받을 일은 거의 없을 것이다. 하지만 임대료를 깎고 싶은 경우는 생길 수 있다. 우호적으로 접근하면 도움이 될까? 엔지니어인 O. L. 스트럽O. L. Strub은 임대료를 깎고 싶었다. 그런데 그가 알기로 집주인은 냉정한 사람이었다.

"저는 집주인에게 편지를 썼습니다."

스트럽은 우리가 진행한 수업 시간에 이렇게 이야기를 꺼냈다.

저는 임대 기간이 끝나는 대로 아파트를 비울 것이라고 알렸습니다. 사실은 이사 갈 마음이 없었습니다. 물론 임대료를 깎아준다면 더 살고 싶었지요.

하지만 상황은 심각했습니다. 다른 임차인들도 임대료를 깎아보려고 시도했지만 모두 실패로 돌아갔습니다. 임차인들은 집주인이 상대하기 무척 까다로운 사람이라고 한결같이 얘기했습니다. 하지만 저는 생각했습니다.

'난 사람들을 상대하는 방법을 배우고 있어. 그러니 이번에 집주인에게 그 방법을 써봐야지. 그리고 그 방법이 얼마나 효과가 있는지 봐야겠어.'

집주인은 제가 쓴 편지를 받자마자 비서를 데리고 저를 찾아왔습니다. 저는 문 앞에서 집주인을 다정하게 맞았습니다. 선의와 열정을 보이며 환대했지요. 저는 높은 임대료 이야기는 꺼내지도 않았습니다. 이 아파트가 얼마나 마음에 드는지 그 이야기부터 시작했습니다. 믿어주세요. 저는 정말 진심으로 아낌없이 아파트가 마음에 든다고 했습니다. 그리고 집주인이 건물을 잘 관리한다고 칭찬한 다음 1년 더 살고 싶은 마음이 정말 크지만 그만한 여유가 없다고 했습니다.

집주인은 임차인에게 그런 말은 처음 듣는 것 같았습니다. 제가 보인 환대를 어떻게 생각해야 할지 모르는 것 같았습니다.

집주인은 제게 자신의 고충을 털어놓았습니다. 임차인들에 대한 불평이었죠. 한 임차인은 집주인에게 편지를 열네 통이나 부쳤는데 정말 모욕적인 내용이 들어 있는 편지도 있었다고 했습니다. 그리고 자기 위층에 사는 남자가 코를 고는데 그 남자를 쫓아내지 않으면 임대차 계약을 깨겠다고 협박한 임차인도 있다고 했습니다.

"정말 다행이네요, 당신처럼 만족하는 임차인도 있다니!"

집주인이 제게 얘기했습니다. 그러더니 제가 요청하지도 않았는데 임대료를 약간 깎아주겠다고 제안했습니다. 저는 좀 더 깎고 싶어서 제가 낼 수 있는 금액을 얘기했습니다. 집주인은 아무 말도 없이 바로 받아들였습니다.

집주인은 자리를 뜨다가 저를 돌아보며 얘기했습니다.

"도배가 필요하다면 말해주세요."

제가 다른 세입자들이 썼던 방법으로 임대료를 깎으려고 했더라면 그들처럼 실패로 돌아갔을 것이 분명합니다. 결국 친근하게 공감하고, 감사하는 방법으로 성공할 수 있었죠.

펜실베이니아주 피츠버그에 사는 딘 우드코크Dean Woodcock는 현지 전기 회사의 부서장을 맡고 있다. 어느 날 그의 직원 한 명이 전봇대 꼭대기에 달린 장비를 수리하라는 요구를 받았다. 이런 일은 원래 다른 부서에서 했는데 최근에 우드코크의 부서로 이관되었다. 물론 그의 직원들은 이런 일을 할 수 있는 훈련을 받았지만 실제로 이 일을 요청받은 것은 이번이 처음이었다. 회사 사람 모두가 그의 직원들이 이 일을 잘 처리할 수 있는지 관심 있게 바라보고 있었다. 우드코크와 하급 관리자들과 다른 공익사업 부서 사람들도 이 작업을 보려고 찾아왔다. 많은 자동차와 트럭도 그 자리에 있었는데 전봇대 꼭대기에서 일하는 두 남자를 보려고 많은 사람이 서 있었다.

우드코크가 주위를 둘러보는데 카메라를 들고 자동차 밖으로 나오는 한 남자가 눈에 띄었다. 남자는 카메라로 그 장면을 찍기 시작했다. 공익사업에 종사하는 사람들은 평판에 극도로 민감한 편이다. 우드코크가 보기에도 이 장면이 카메라를 들고 있는 남자에게 어떻게 보일지 가늠이 되었다. 두 사람이 하는 일을 보기 위해 직원이 10여 명이나 밖으로 호출된 상황은 지나치게 보일 것이 분명했다. 그는 사진을 찍는 남자가 서 있는 길 쪽으로 다가갔다.

"지금 보니 우리가 하는 작업에 관심이 있으신 것 같네요."

"네, 맞아요. 우리 어머니가 저보다 더 관심을 보이실 거예요.

어머닌 당신네 회사의 주식을 갖고 있어요. 어머니에게 눈이 번쩍 뜨일 만한 광경이죠. 어머닌 자신의 결정이 어리석다는 판단이 드실지도 모르죠. 당신네 회사에 투자하는 건 돈 낭비라고 내가 몇 년 동안 얘기했거든요. 이 광경이 증명해줄 거예요. 신문사도 이런 사진을 좋아할지 모르죠."

"네, 그렇게 보이겠죠. 저도 당신 입장이라면 비슷한 생각을 했을 거예요. 하지만 지금은 상황이 다릅니다."

딘 우드코크는 이번 작업은 자신의 부서가 처음으로 실시하는 작업이며 중역들도 관심을 보이는 일이라고 설명했다. 그리고 카메라를 들고 있는 남자에게 보통 때라면 두 사람만 있어도 처리 가능한 일이라고 장담했다. 그러자 남자는 카메라를 치워버리더니 우드코크의 손을 잡으며, 상황을 설명하기 위해 시간을 내줘서 고맙다고 했다.

딘 우드코크의 친절한 방법 덕분에 회사는 체면을 살리고 나쁜 평판을 피할 수 있었다.

뉴햄프셔주 리틀턴Littleton에 사는 제럴드 H. 윈Gerald H. Winn이라는 수강생은 우리가 진행하는 수업을 듣고 있다. 이 사람은 친근한 방법을 활용해서 손해배상청구를 매우 만족스럽게 해결할 수 있었다. 그의 이야기는 이랬다.

겨우내 얼었던 땅이 녹기 전인 초봄이었죠. 엄청난 비가 유례없이 내리면서 평소라면, 근처의 도랑이나 빗물 배수관으로 흘러내려야 할 빗물이 도로로 흘러들었습니다. 그 바람에 제가 입주하려고 새로 지은 건물로 빗물이 흘러 들어왔습니다.

다른 곳으로 갈 수 없게 된 빗물이 고이며 건물 바닥 주변에 수압이 높아졌습니다. 콘크리트 바닥 밑으로 흘러들어온 빗물이 폭발하듯 넘치면서 바닥에 물이 넘쳤습니다. 이 때문에 보일러와 온수 가열기가 고장 났습니다. 수리비가 2,000달러가 넘게 들었지요. 저는 이런 피해를 감당할 수 있는 보험도 없었습니다.

어쨌든 인근의 땅을 소유한 소유주가 우리 집 근처에 빗물 배수관을 설치하는 것을 무시하는 바람에 이런 문제가 생겼다는 것을 알았습니다. 저는 대지 주인을 만날 약속을 잡았습니다. 그의 사무실로 가기 위해 25마일을 가는 동안 이 상황을 세심히 검토하고 이번 수업에서 배운 원리를 기억했습니다. 그리고 화를 내봤자 아무런 득이 되지 못한다는 판단이 들었습니다. 저는 그의 사무실에 도착했을 때, 매우 침착하게 대지 주인이 최근 휴가를 갔다 온 서인도제도에 대한 이야기부터 꺼냈습니다. 그리고 타이밍이 좋다는 생각이 들자, 빗물 때문에 생긴 '작은' 문제를 얘기했습니다. 대지 주인은 문제를 해결하기 위해 자신의 몫을 다하겠다고 동의했습니다.

며칠 후 대지 주인이 전화를 걸더니 피해 금액을 보상할 것이며 추후 같은 일이 반복될 것을 방지하기 위해 빗물 배수관을 설치하겠다고 약속했습니다.

물론 그 일이 집주인의 잘못인 것은 맞지만 제가 친근하게 시작하지 않았다면, 대지 주인이 모든 법적 책임에 수긍하게 만들려면 상당한 어려움이 있었을 것입니다.

오래전 어린 시절의 나는 맨발로 숲길을 지나 미주리 북서부에 있는 시골 학교에 다닐 때, 해와 바람에 대한 우화를 읽은 적이 있다. 해와 바람은 누가 더 강한지 말다툼을 벌였다. 바람이 말했다.

"내가 더 세다는 걸 증명할게. 저기 외투를 입고 있는 노인 보이지? 내가 너보다 더 빨리 노인의 외투를 벗길 수 있어. 장담해."

그래서 태양은 구름 뒤로 숨고, 바람은 거의 태풍에 맞먹는 바람을 일으켰다. 그런데 바람이 입김을 더 세게 불수록 노인은 입고 있는 외투를 더 꽉 움켜쥐었다.

결국 바람은 잠잠해지더니 포기하고 말았다. 그러자 태양이 구름 뒤에서 나오더니 노인을 향해 다정한 미소를 지었다. 노인은 이마의 땀을 닦더니 외투마저 벗어버렸다. 태양은 상냥함과 친근함이 분노와 물리적인 힘보다 더 강한 것이라고 늘 얘기했다.

꿀 한 방울에 쓸개 한 통보다 더 많은 파리가 꼬인다는 사실을 알고 있는 사람들은 날마다 상냥하고 친근하게 굴게 마련이다. 메릴랜드주 루서빌Lutherville에 사는 F. 개일 코너F. Gale Conor는 구매한 지 4개월 된 새 차를 자동차 서비스 부서에 세 번째로 맡겨야 할 때, 이 사실을 증명해냈다.

코너는 우리가 진행한 수업 시간에 이렇게 이야기를 꺼냈다.

서비스 매니저를 비난하거나 논리적으로 설명하거나 소리를 쳐서는 이 문제를 만족스럽게 해결할 수 없다는 것은 명백한 사실이었죠.

저는 전시장 쪽으로 가서 대리점 사장인 화이트 씨를 볼 수 있냐고 물었습니다. 잠시 후, 저는 화이트 씨의 사무실로 안내되었습니다. 제 소개를 한 다음, 이전에 화이트 씨와 거래했던 친구의 추천 때문에 이 대리점에서 자동차를 사게 되었다고 설명했죠. 저는 가격이 무척 좋고 서비스도 뛰어나다는 말을 들었다고 얘기했습니다.

화이트 씨는 제 이야기를 들으며 만족스러운 미소를 지었습니다. 그리고 저는 서비스 부서와 문제를 일으킨 상황을 설명했습니다. "저는 사장님의 뛰어난 명성에 금이 갈 수도 있는 상황이라면 어떤 것이든 알고 싶을지도 모른다는 생각이 들었습니다"라고 덧붙였습니다. 화이트 씨는 이 문제를 알려줘서 고맙다고 말하며 제 문제를 처리해주겠다고 장담했습니다. 그분은 개인적으로 수리에 관여했을 뿐만 아니라 제 차를 수리하는 동안 자신의 차를 빌려주기까지 했습니다.

이솝은 크노소스 궁정에서 살았던 그리스의 노예로, 기원전 600년에 불멸의 우화를 탄생시켰다. 이솝이 인간의 본성에 대해 가르친 진실이 2600년 전의 아테네에 적용된 것처럼 현재 보스턴이나 버밍햄에도 마찬가지로 적용될 수 있다. 태양은 바람보다 우리가 입고 있는 외투를 더 빨리 벗길 수 있다. 다른 사람들에게 친절하고 다정하고 감사한 마음으로 대하면, 세상의 어떤 엄포와 기습보다 더 쉽게 사람들의 마음을 바꿀 수 있다. 링컨의 말을 명심해야 한다.

"꿀 한 방울에 쓸개 한 통보다 더 많은 파리가 꼬인다."

원칙 4 친근하게 시작하라.

5장

소크라테스의 비결

사람들과 대화를 나눌 때, 의견이 다른 대목부터 꺼내지 말아야 한다. 서로 의견이 맞는 대목부터 초점을 맞추면서 이야기를 꺼내고 계속 그 부분에 초점을 맞춰야 한다. 할 수만 있다면 상대방과 내가 같은 목적을 추구하고 있으며 목적이 아닌 방법이 다를 뿐이라고 계속 강조해야 한다.

대화를 처음 시작할 때, 상대방이 "맞아, 맞아"라고 맞장구치게 만들어야 한다. 가능하다면 상대방이 "아니요"라고 하지 못하게 만들어야 한다. 오버스트리트 교수에 따르면 "아니요" 하는 반응은 가장 극복하기 힘든 장애물이다. 내가 "아니요"라고 말하는 순간 자존심 때문에 나 스스로 일관성을 지키고 싶어진다. 그러다 나중에 "아니요"라고 한 것이 경솔했다고 느낄 수도 있으니, 소중한 내 자존심을 고려해야 한다.

일단 어떤 말을 하고 나면 그 말을 고수해야 한다는 기분이

들게 마련이다. 그러니 동의하는 방향으로 시작하는 것이 가장 중요하다.

말을 잘하는 사람은 처음부터 상대방으로부터 "맞아요" 하는 반응을 많이 얻어낸다. 이러면 이야기를 듣는 상대방을 동의하는 방향으로 이끄는 심리적 과정이 작동된다. 당구공의 움직임과 유사하다. 당구공을 한 방향으로 전진시킨 다음 방향을 바꾸려면 힘을 써야 한다. 반대 방향으로 보내려면 힘이 훨씬 더 많이 들어가야 한다.

여기서 말한 심리적 패턴은 아주 명확하다. 어떤 사람이 "아니"라고 했을 때 그게 진심이라면, '아니'라는 두 글자를 말한 것보다 훨씬 더 많은 걸 한 거다. 분비선, 신경, 근육을 포함한 모든 신체 기관이 거부하는 상태가 된다. 잠깐이지만 때로는 눈에 띌 정도로 몸이 움츠러들거나 움츠러들 준비를 하는 것이다. 다시 말해 근신경계가 받아들이지 않으려고 경계하는 것이다. 반대로 어떤 사람이 "맞아요"라고 얘기하면 몸을 움츠리는 움직임은 일어나지 않는다.

그 사람은 몸을 앞으로 움직이며, 상대방의 이야기를 수용하는 개방적 자세를 취하게 된다. 그러므로 이야기를 막 시작할 때부터 "맞아요"라는 대답을 더 많이 끌어낼수록 상대방이 최종 제안에 관심을 가지게 될 가능성이 더 커진다.

이렇게 상대방으로부터 "맞아요" 하는 반응을 일으키는 방법은 매우 간단하다. 하지만 아직은 많은 사람이 무시하고 있다.

사람들은 처음부터 다른 사람들에게 적대감을 일으켜서 자신이 중요한 사람이 되고 싶을 때가 많은 것 같다.

학생, 고객 또는 자식, 남편 혹은 아내가 처음부터 "아니요"라고 말하게 했다 치자. 이렇게 발끈하는 부정적인 태도를 긍정적인 태도로 바꾸려면 천사의 인내심과 지혜가 필요하다.

뉴욕시에 소재한 그리니치 저축은행Greenwich Saving Bank에서 창구 직원으로 일하는 제임스 에버슨James Eberson은 '네, 맞아요' 기법을 잘 활용해서 놓칠 뻔한 잠재 고객을 확보할 수 있었다.

"이 남자분이 계좌를 개설하려고 오셨습니다."

에버슨이 이야기를 꺼냈다.

저는 그분께 양식 한 장을 주며 정보를 알려달라고 했습니다. 그분은 몇몇 질문에 흔쾌히 대답했지만 다른 질문은 딱 자르며 답변을 거부했습니다.

저는 인간관계를 공부하기 전이라면 이렇게 은행이 원하는 정보를 거절하는 잠재 고객에게는 계좌를 개설할 수 없다고 말했을 것입니다. 정말 부끄럽게도 예전에 저는 그랬습니다. 당연히 그렇게 최후통첩을 내리면 기분은 좋았지요. 제가 상황을 주도하는 사람이고 은행의 규칙과 규정은 무시할 수 없는 것처럼 보이니까요. 하지만 그런 태도를 보이면 우리 은행을 이용하려고 찾아온 사람은 환영받는 기분도 못 받을 뿐만 아니라 중요한 사람이라는 기분도 느낄 수 없었죠.

그래서 저는 오늘 아침에 요령을 조금 발휘해보기로 마음먹었습니다. 저는 은행이 원하는 게 아닌 고객이 원하는 것에 대해 이야기하기로 마음먹었죠. 그리고 무엇보다 고객이 처음부터 "네, 맞아요"라고 말하게 만들겠다고 결심했죠. 그래서 저는 고객의 말에 동조했습니다. 저는 고객이 답변을 거부한 정보는 꼭 필요한 것은 아니라고 얘기했습니다.

"하지만 고객님께서 이 은행에 돈을 예치한 상태에서 사망했다고 가정해보세요. 그 경우 은행이 법에 따라, 고객님의 최근친(가장 가까운 친척)에게 돈을 이체해주는 게 좋지 않을까요?"

"네, 물론이요."

고객이 대답했습니다.

"그렇다면 저희에게 고객님의 가장 가까운 친척의 이름을 알려주시면 좋지 않을까요? 혹시라도 고객님이 사망했을 때, 고객님의 바람대로 오류나 지체 없이 일을 처리할 수 있으니까요."

제가 계속 말했습니다. 고객도 다시 대답했습니다.

"네, 맞아요."

젊은 고객은 우리가 이런 정보를 우리 은행 때문이 아닌 자신을 위해서 요구하는 것이라는 사실을 깨닫자 태도가 많이 누그러지면서 바뀌었습니다. 이 젊은 고객은 은행을 나서기 전에 자신의 모든 정보를 제공했습니다. 또한 저의 제안대로 본인의 어머니를 수령인으로 지정한 신탁 계좌를 개설했습니다. 그분은 어머니에 관한 모든 질문에도 아주 기꺼이 대답했습니다.

저는 처음부터 고객에게 "네, 맞아요" 하는 덕분에 그분은 당면한 문제는 잊고 제가 제안한 것까지 모두 기꺼이 동의해주었습니다.

웨스팅하우스 전자 회사Westinghouse Electric Company의 영업사원인 조셉 앨리슨Joseph Allison이 이런 이야기를 들려주었다.

저의 담당 구역에 우리 회사가 영업하고 싶어서 탐을 내는 남자분이 있습니다. 제 전임자는 10년 동안 남자분을 찾아갔지만, 아무것도 팔지 못했습니다.

제가 그 구역을 맡았을 때, 3년 동안 꾸준히 그분을 찾아갔지만 주문은 한 건도 받지 못했습니다. 결국 13년 동안 찾아가고 설득해서 그 분에게 모터를 몇 개 팔았습니다.

저는 그 모터가 괜찮다면 몇백 개를 더 주문할 것이라는 기대감이 들었습니다.

저는 물건이 좋을 것이라는 생각이 들었습니다. 그래서 3주 후에 다시 찾아갈 때 기분이 무척 좋았습니다. 그런데 수석 엔지니어가 저를 맞이하며 놀라운 얘기를 했습니다.

"앨리슨 씨, 당신네 회사에서 모터를 더 살 수는 없겠어요."

"왜요?"

제가 깜짝 놀라며 물었습니다.

"왜 그러시죠?"

"당신네 회사의 모터는 너무 뜨거워요. 모터에 손을 댈 수가 없다니까요."

저는 입씨름을 해봐야 소용없다는 것을 알고 있었죠. 오랫동안 그랬으니까요. 그래서 '네, 맞아요' 반응을 끌어내야 한다는 생각이 들었습니다.

"음, 자 보세요. 스미스 씨."

제가 이야기를 꺼냈습니다.

"우선 수석 엔지니어님 이야기가 100퍼센트 맞는다고 생각해요. 우리 회사의 모터가 뜨겁다면 더 이상 구매하면 안 되겠죠. 미국 전기 제조 협회National Electrical Manufacturers Association의 기준보다 더 뜨거운 모터를 살 수는 없지요, 그렇죠?"

그분은 바로 수긍했죠. 저는 처음으로 "네" 하는 반응을 끌어냈습니다.

"미국 전기 제조 협회의 규정에 따르면 적절히 설계된 모터는 실내 온도보다 40도 이상 뜨거워지면 안 되지요? 그게 맞나요?"

"맞아요."

그분이 제 말에 동의했습니다.

"정확히 맞아요. 그런데 그쪽 회사의 모터는 너무 뜨거워요."

저는 그분과 입씨름하지 않았습니다. 그저 이렇게 물었습니다.

"이 공장의 온도가 몇 도인가요?"

"어, 약 24도쯤 돼요."

그분이 대답했습니다.

"음, 이 공장의 온도가 24도고, 40도를 더하면 64도가 나오네요. 섭씨 64도쯤 되는 뜨거운 물이 나오는 수도꼭지에 손을 대면 손을 데지 않을까요?"

그분은 다시 한번 "맞아요" 하고 대답했습니다.

"음, 그런 모터에 손을 대면 좋지 않을 것 같네요?"

제가 얘기했습니다.

"음, 그쪽 말이 맞네요."

그분이 인정했습니다. 우리는 한동안 이야기를 계속했습니다. 그리고 그분은 비서를 부르더니 다음 달에 35,000달러 상당의 일감을 마련하라고 했습니다.

저는 오랜 시간 동안 많은 돈을 쓰고서야 입씨름해봤자 아무런 소득도 없다는 사실을 깨달았습니다. 다른 사람의 관점에서 상황을 파악하고 "네, 맞아요" 하는 반응을 얻어내려 노력하는 것이 훨씬 이득이고 훨씬 흥미롭다는 사실을 겨우 깨달았습니다.

캘리포니아주 오클랜드에서 열린 우리의 교육 강좌를 후원한 에디 스노우Eddie Snow는 자신이 "네, 맞아요"라고 대답하게 만든 상점 주인 덕분에 좋은 고객이 될 수 있었던 이야기를 들려주었다. 에디는 활사냥에 흥미가 생겨서 동네 활 가게에서 장비와 용품을 구매하기 위해 꽤 많은 돈을 썼다. 어느 날 그의 형이 찾아왔다. 그는 형을 위해 활을 파는 동네 상점에서 활을 빌리고 싶었다. 그런데 상점 점원은 활을 빌려주지 않는다고 했다. 그래서 에디는 다른 가게에 전화를 걸었다. 에디는 어떤 일이 있었는지 다음과 같이 얘기했다.

정말 유쾌한 신사분이 전화를 받았습니다. 그분은 활을 빌리려고 몇 가지 질문을 던진 저에게 다른 가게와는 정말 다른 대답을 내놓았습니다. 그분은 정말 미안하지만 더 이상 활을 대여할 여력이 없다고 했습니다. 그리고 제게 예전에 활을 빌린 적이 있냐고 물었습니다. 저는 "네, 몇 년 전에요"라고 대답했습니다. 그분은 대여료로 제가 25달러에서 30달러를 쓴 것이 맞느냐고 물었습니다. 저는 또다시 "맞아요"라고 대답했습니다. 그분은 제게 돈을 아끼는 것을 좋아하냐고 물었습니다. 당연히 저는 "네"라고 대답했지요. 그러자 활쏘기에 필요한 모든 장비를 세트로 구매하는 데 세일 가격으로 34달러 95센트면 된다고 얘기했습니다. 저는 단돈 4달러 95센트만 더 내면 활을 세트로 구매할 수 있었습니다. 그분은 그래서 활을 대여하지 않는다고 설명했습니다. 제가 그분의 말을 합리적이라고 생각했을까요?

저는 "네"라고 대답한 덕분에 활을 세트로 구매한 후 그 가게에서 몇 가지 물건을 더 샀습니다. 그리고 이후로 그 가게의 단골이 되었죠.

'아테네의 잔소리꾼'이라고 불리던 소크라테스는 이 세상에서 가장 위대한 철학자 중 한 명이다. 그는 역사상 극소수의 사람만 할 수 있는 일을 했다. 바로 인류의 사유를 통째로 바꿔버린 것이다. 그가 죽은 지 24세기가 지난 지금까지도 말다툼이 난무하는 이 세상에서 다른 사람들을 가장 현명하게 설득한 인물로 꼽히며 존경받고 있다.

그는 어떤 방법을 썼을까? 사람들에게 틀렸다고 했을까? 오,

절대 아니다. 소크라테스는 그런 사람이 아니다. 그는 그러기에는 너무 노련했다. 그는 '소크라테스의 문답법'이라고 불리는 방법을 썼는데 "네, 맞아요" 하는 반응을 끌어내는 데 기반을 둔 것이었다. 그는 상대방이 동의할 만한 질문을 던졌다. "맞아요" 하는 대답을 아주 많이 들을 때까지 계속 수긍할 수밖에 없는 질문만 했다. 그러다 결국 상대방이 몇 분 전이라면 확실히 부인했을 결론을 엉겁결에 받아들였다는 것을 알아차릴 때까지 질문을 던졌다.

다음에 혹시 다른 사람이 틀렸다고 말하고 싶은 기분이 든다면 소크라테스와 "네, 맞아요" 하는 대답을 끌어낼 그의 질문을 기억해보자.

'사뿐히 걷는 사람이 멀리 간다.'

이는 아주 오래된 동양의 지혜를 담은 중국 속담이다.

중국인들은 인간의 본성을 5000년 동안 공부했다. 오랜 역사를 지닌 문화적인 중국인들이 상당한 통찰력을 얻어낸 것이다.

사뿐히 걷는 사람이 멀리 간다.

원칙 5 상대방에게 "네, 맞아요" 하는 말을 바로 끌어내라.

6장

불만을 처리하는 안전밸브

사람 대부분은 자신의 생각대로 다른 이들을 설득하려 할 때 자기 혼자만 말을 아주 많이 하는 경향이 있다. 상대방이 말을 하게 놔둬야 한다. 그 사람들이 본인의 일과 문제는 우리보다 더 잘 알고 있다. 그러니 그 사람들에게 질문을 던져야 한다. 그리고 그들이 몇 가지를 털어놓게 놔둬야 한다.

다른 사람의 말에 동의할 수 없으면 이야기를 중간에 끊고 싶은 기분이 들 수 있다. 하지만 그러지 말아야 한다. 위험한 행동이다. 사람들은 한바탕 소리치며 자기 이야기를 하고 싶은 생각이 많을 때는 상대방의 이야기에 주의를 기울이지 않을 것이다. 그러니 마음을 열고 끈기 있게 잘 들어줘야 한다. 진심으로 경청해야 한다. 그 사람이 자기 생각을 마음껏 표현할 수 있게 잘 부추겨야 한다.

이런 방법이 업무에서도 효과를 볼 수 있을까? 이 방법을 쓸 수밖에 없었던 한 판매사원의 이야기를 실었다.

미국의 대규모 자동차 회사 중 한 곳이 1년 동안 쓸 자동차 내장재용 직물 계약을 협상하고 있었다. 주요 제조업체 세 곳이 직물 견본을 만들었고 자동차 회사의 중역들이 견본을 검사했다. 제조업체 세 곳은 정해진 날에 제조업체의 대표들이 계약을 따낼 이유를 설명할 기회를 주겠다는 공지를 받았다.

한 제조업체의 대표인 G. B. R은 목적지에 도착했는데 후두염을 무척 심하게 앓고 있었다.

R이 내가 진행한 수업 시간에 이야기를 시작했다.

중역들을 만날 차례가 되었는데, 목소리가 나오지 않았어요. 속삭이는 소리도 나오지 않았어요. 회의실로 안내되었는데 제 앞에 직물 엔지니어와 구매 담당자, 판매 팀장, 회사 대표가 보였습니다. 저는 자리에서 일어나 이야기를 꺼내려고 무척이나 애를 썼지만, 끽소리 밖에 나오지 않았습니다.

테이블에 둘러앉은 사람들이 보였습니다. 저는 종이에 이렇게 썼습니다.

'여러분, 목소리가 나오지 않아서 말을 할 수 없습니다.'

"내가 대신 얘기할게요."

자동차 회사의 대표가 얘기했습니다. 그분은 제가 갖고 온 견본을 보여주면서 장점을 칭찬했습니다. 사람들이 제 상품의 장점에 대해 생생하게 논의했습니다. 대표는 사람들이 논의하는 동안 제 역할을 맡고 있었기에 저를 대신해서 얘기했습니다. 저는 그저 미소를 짓거나 고개를 끄덕이며 몇 가지 제스처만 취했습니다.

이렇게 독특한 회의는 결과적으로 제가 계약을 따는 것으로 끝났습니다. 내장재용 직물 50만 야드를 판매하는 160만 달러짜리 계약이었습니다. 제가 지금까지 따낸 계약 중에 가장 규모가 컸습니다.

목소리가 제대로 나왔더라면 아마 저는 그 계약을 따내지 못했을 것입니다. 제안 전체를 잘못 생각하고 있었거든요. 저는 때로는 다른 사람이 말을 하게 놔두면 좋은 결과를 얻을 수 있다는 것을 정말 우연히 알았습니다.

다른 사람이 말을 하게 놔두면 업무는 물론이고 가정생활에도 도움 된다. 바버라 윌슨Babara Wilson은 딸인 로리와 사이가 급속이 나빠지고 있었다. 로리는 어려서는 조용하고 쉽게 만족하던 아이였는데, 비협조적이고 때로는 공격적인 10대로 자랐다. 윌슨은 딸에게 잔소리를 퍼붓거나 위협하거나 협박을 하거나 벌을 줄 때도 있었지만 전혀 효과가 없었다.

어느 날, 저는 그냥 포기하고 말았어요. 늘 제 말을 듣지 않던 로리가 집안일은 하지도 않고 친구를 만난다고 집을 나갔어요. 저는 아이가 집으로 돌아오자, 막 소리를 지르려고 했습니다. 그런데 그냥 그럴 기운이 없었습니다. 그래서 그저 아이를 바라보며 슬프게 물었습니다.

"왜 그래? 로리야, 왜 그러는 거야?"

로리는 제 상태를 주목하더니 차분한 목소리로 물었습니다.

"진짜 알고 싶어요?"

제가 고개를 끄덕이자, 로리는 처음에는 주저하더니 이야기를 꺼냈습니다. 그리고 봇물 터지듯 모두 쏟아냈습니다. 저는 아이의 이야기에 귀를 기울인 적이 없습니다. 늘 아이에게 이거 해라, 저거 해라 떠들기만 했습니다. 아이가 자기 생각과 감정 그리고 아이디어를 말하려 할 때, 저는 더 많은 것을 요구하며 아이의 말을 중간에서 끊어버렸습니다. 저는 그제야 아이가 저를 필요로 한다는 것을 깨달았습니다. 다른 사람을 쥐고 흔드는 엄마가 아니라 성장에 따른 모든 혼란을 다 털어놓을 수 있는 친구 같은 엄마를 원한 것이었죠. 그런데 전 이야기를 들어줘야 할 때는 오히려 제 얘기만 했습니다. 아이의 이야기를 들어준 적이 한 번도 없었어요.

그때부터 저는 아이가 원하는 대로 다 말하게 놔두었습니다. 이제 아이가 마음속의 생각을 털어놓으면서 우리 관계는 아주 좋아졌습니다. 아이는 다시 협조를 잘하는 사람이 되었습니다.

뉴욕 신문의 경제면에 유능하고 경험 많은 사람을 구하는 대형 구인 광고가 등장했다. 찰스 T. 쿠벨리스Charles T. Cubellis가 광고를 보고 사서함 번호로 이력서를 보냈다. 며칠 후 쿠벨리스는 인터뷰에 응하라는 편지를 받았다. 쿠벨리스는 회사를 찾아가기 전에 그 회사 설립자에 대해 가능한 모든 것을 찾아내기 위해 월스트리트에서 몇 시간을 보냈다. 인터뷰를 보는 동안 그는 이런 말을 했다.

"이 정도 실적을 가진 회사와 어울리게 돼서 정말 자랑스럽습니다. 저는 사장님이 28년 전에 책상만 있는 사무실에서 속기사 한 명만 데리고 사업을 시작하셨다고 들었습니다. 그게 사실인가요?"

성공한 사람들은 대부분 젊은 시절의 고생담을 추억하는 것을 좋아한다. 사장도 예외는 아니었다. 사장은 현금 450달러와 독창적인 아이디어만 가지고 사업을 시작했던 상황을 아주 오랫동안 얘기했다. 하루에 12시간에서 16시간씩 일요일과 공휴일도 쉬지 않고 일하며 좌절을 이겨내고 조롱과 싸웠던 이야기를 해주었다. 또한 월스트리트에서 가장 중요한 중역들이 자신을 찾아와서 정보를 구하고 도움받기까지 모든 역경을 이겨냈던 일도 털어놓았다. 사장은 자신의 업적을 자랑스러워했다. 그럴만한 자격도 있었다. 사장은 그런 이야기를 하며 무척 즐거워했다. 결국 사장은 쿠벨리스에게 어떤 경험이 있는지 짧게 질문한 다음 부사장 한 명을 부르더니 이런 말을 했다.

"이 사람이 우리가 찾던 인물인 것 같아요."

쿠벨리스는 장차 자신의 사장이 될 사람의 업적을 찾기 위해 공을 들였다. 쿠벨리스는 상대방에게 관심을 보이고 그 사람이 처한 문제에도 관심을 보였다. 그리고 상대방이 대부분의 이야기를 하도록 부추겼다. 그것 때문에 좋은 인상을 남길 수 있었다.

캘리포니아주 새크라멘토에 사는 로이 G. 브래들리Roy G. Bradley는 반대의 문제를 갖고 있었다. 브래들리는 자신의 회사에 일자리를 구하러 온 사람에게 좋은 인상을 주려고 그가 얘기할 때 계속 귀를 기울였다. 다음은 브래들리의 이야기다.

우리 같은 소규모 증권 회사는 병원 입원료 지원이나 의료 보험, 연금 같은 부가 혜택이 없습니다. 판매 대리인은 모두 독립적인 대리인입니다. 우리는 대형 증권 회사들처럼 장차 대리인이 될 사람들을 위해 광고를 할 수 없으니 잠재 고객들을 이끌 수도 없습니다.

리처드 프라이어는 우리가 원하는 자리에 맞는 경험이 있었습니다. 제 비서가 먼저 그 사람을 인터뷰했습니다. 비서는 프라이어에게 이 자리와 관련된 부정적인 이야기를 모두 해주었죠. 프라이어는 제 사무실로 들어올 때 살짝 실망한 것처럼 보였습니다. 저는 우리 회사의 한 가지 장점을 얘기했습니다. 즉, 우리 회사에서 일하면 독립적인 계약자가 되는 것이며 사실상 본인이 주인이 되는 것이라고 얘기했습니다.

프라이어는 이런 이점에 대해 속삭이면서 동시에 저와 인터뷰하러 들어올 때 들었던 부정적인 생각을 혼잣말로 얘기했습니다. 그는 몇 번이고 생각을 거듭하면서 반쯤은 혼잣말을 하는 것 같았습니다. 그의 생각에 몇 마디 보태고 싶은 마음이 여러 차례 들었습니다. 어쨌든 인터뷰가 끝날 무렵 프라이어는 본인 스스로 우리 회사에서 일하고 싶다는 확신을 가진 것처럼 보였습니다.

저는 그 친구가 하고 싶은 얘기를 다 할 때까지 기다리며 정말 잘 들어주었습니다. 그 때문에 그 친구도 마음속으로 장단점을 공정하게 저울질할 수 있었고 결국 긍정적인 결론을 내릴 수 있었습니다. 그 친구 스스로 이뤄낸 도전 같은 일이었죠. 결국 우리는 그를 채용했는데 실적이 아주 좋은 대리인이 되었습니다.

심지어 친구들도 우리가 우리 이야기만 자랑스럽게 떠드는 것을 듣기보다는 자신이 잘한 것을 얘기하고 싶어 하는 경향이 있다. 프랑스의 철학자 라 로슈프코La Rochefoucauld는 말했다.

"적을 원한다면 친구보다 뛰어나면 된다. 하지만 친구를 원한다면 친구가 나보다 뛰어난 사람이 되도록 놔둬야 한다."

이 말이 왜 맞을까? 친구들은 우리보다 뛰어날 때, 자신이 중요한 사람이 된 것 같은 기분이 들게 마련이다. 하지만 우리가 친구들보다 뛰어나면, 친구들은 아니 최소한 몇몇 친구는 열등감을 느끼고 질투심이 생기기 때문이다.

뉴욕시에 소재한 미드-타운 직업소개소에서 가장 인기 있는 직업상담사는 헨리에타 GHenrietta G이다. 처음부터 헨리에타가 인기가 많았던 것은 아니다. 그가 이 직업소개소에서 일을 시작한 처음 몇 달 동안은 동료 중에서 친구를 단 한 명도 사귀지 못했다. 이유가 무엇일까? 그는 매일 자신이 잘한 것들을 뻐기듯 이야기했다. 고객에게 직업을 소개해준 일과 새로 개설한 은행 계좌 등 뭐든 잘한 이야기만 떠들었다.

"저는 일을 잘했고 그래서 자부심도 있었어요."

우리가 진행한 수업 시간에 헨리에타가 말했다.

"하지만 우리 동료들은 제가 잘한 일에 관심을 보이지 않고 오히려 화를 내는 것 같았어요. 저는 동료들이 저를 좋아해주길 바랐어요. 그들이 제 친구가 되면 정말 좋을 것 같았어요. 말하기 수업에서 제시된 여러 제안을 잘 들은 후, 저는 제 이야기는 조금만 하고 동료들의 이야기를 더 많이 듣기 시작했어요. 동료들도 자랑하고 싶은 것들이 있었죠. 그래서 제가 잘한 이야기를 듣기보다는 동료들이 잘한 것들을 들어주며 무척 기뻐했죠. 이제 수다를 떨 때, 저는 동료들의 기쁨을 나누려고 합니다. 제가 잘한 것들은 동료들이 물어볼 때만 이야기합니다."

원칙 6 상대방이 말을 많이 하게 놔둬라.

7장

협조를 끌어내는 방법

여러분은 다른 사람이 전해주는 생각을 수월하게 받아들이기보다는 스스로 알아낸 생각이 더 미덥지 않은가? 그렇다면 여러분의 의견을 다른 사람들에게 억지로 주입하려는 것은 잘못된 판단이 아닐까? 여러분은 제안을 말하고, 다른 사람이 곰곰이 생각한 후 결론을 내리게 하는 것이 더 현명하지 않을까?

필라델피아에 사는 아돌프 셀츠Adolph Seltz는 자동차 전시장에서 일하는 영업팀장으로 내 강의를 들었던 수강생이다. 그는 의욕이 사라지고 체계적이지도 못한 영업사원들의 사기를 키워야 한다는 생각이 갑자기 들었다. 그는 영업 회의를 소집해서 직원들이 자신에게 기대하는 것이 무엇인지 정확히 말하라고 재촉했다. 직원들이 얘기하자, 셀츠는 직원들의 생각을 칠판에 적었다. 그리고 이야기를 꺼냈다.

“여러분이 내게 바라는 것들을 다 해줄게요. 그럼 이제 내가 여러분에게 기대해도 되는 것들을 말해주세요."

충성심, 정직, 진취성, 낙관주의, 팀워크, 하루 8시간 동안 열심히 일하기 등 직원들은 여러 대답을 얼른 내놓았다. 영업 회의는 새로운 용기와 열의로 가득한 채 끝이 났다. 한 영업사원은 하루 14시간 일하겠다고 자발적으로 나섰다. 셀츠는 판매량이 급격히 증가했다고 내게 얘기했다.

"직원들이 저와 일종의 도덕적 합의를 본 것이지요. 제가 약속한 것을 지키는 동안, 직원들도 자신들의 약속을 지키기로 다짐했죠. 직원들과 함께 그들의 바람을 찾아보려는 대화를 한 것은 직원들이 바라던 활력소가 되었습니다."

억지로 물건을 사라고 하거나 어떤 일을 하라고 명령받는 것을 좋아하는 사람은 아무도 없다. 사람들은 자진해서 물건을 사거나 자기 생각대로 행동하는 것을 훨씬 더 좋아한다. 또한 사람들은 자신의 바람과 소망, 생각에 대해 의논하길 좋아한다. 유진 웨슨Eugene Wesson의 사례를 들어보겠다. 그는 수수료 수천 달러를 잃고서야 이런 진실을 알게 되었다. 웨슨은 의류 디자이너나 직물 제조업체가 원하는 디자인을 만드는 스튜디오에 스케치 파는 일을 하고 있었다. 웨슨은 3년 동안 일주일에 한 번은 뉴욕의 중요한 의류 디자이너를 방문했다.

"그분이 저를 만나는 걸 싫어하지는 않았어요."

웨슨이 이렇게 이야기를 꺼냈다.

"근데 스케치를 사준 적은 한 번도 없었어요. 늘 제 스케치를 아주 세심히 들여다보고는 이렇게 말했지요. '안 돼요, 웨슨. 오늘은 우리 둘의 의견이 맞지 않네요' 하고요."

웨슨은 150번 실패한 후, 목적의식도 없이 상투적인 방식에 빠져 있다는 사실을 깨달았다. 그래서 새로운 아이디어를 개발하고 열정도 새롭게 불태우려고, 일주일에 하룻저녁은 인간의 행동에 영향을 미치는 연구에 시간을 쏟겠다고 마음먹었다.

이렇게 새로운 방법을 쓰겠다고 마음먹은 그는 완성되지 않은 스케치 대여섯 장을 팔 밑에 끼고 의류 디자이너의 사무실로 서둘러 갔다.

"부탁 좀 드리려고 찾아왔습니다."

웨슨이 이야기를 꺼냈다.

"완성되지 않은 스케치 몇 장을 갖고 왔습니다. 디자이너님이 이 스케치를 쓰시려면 우리가 어떻게 마무리를 지어야 할지 알려주실 수 있나요?"

의류 디자이너는 아무 말도 없이 한동안 스케치만 뚫어지게 쳐다봤다. 그리고 이렇게 얘기했다.

"그림은 여기 두고 가세요. 웨슨, 며칠 뒤 돌아오세요."

웨슨은 그의 말대로 사흘 후에 돌아왔다. 그는 스케치를 자신의 스튜디오로 갖고 와서 의류 디자이너의 제안대로 마무리를 지었다. 결과는 어땠을까? 당연히 스케치는 전부 팔렸다.

그 이후 의류 디자이너는 웨슨에게 모든 스케치를 주문했다. 모두 의류 디자이너의 아이디어를 그대로 따라 그린 스케치였다.

"저는 왜 몇 년 동안 그분에게 그림을 팔지 못했는지 이유를 알았습니다."

웨슨은 이렇게 설명했다.

"저는 그분이 사야 한다고 생각하는 그림을 사라고 강권한 것이었죠. 이제 저는 방법을 완전히 바꿨습니다. 이제는 그분에게 아이디어를 말해달라고 확실히 물어보고 있죠. 그 덕분에 그분은 자신이 디자인을 만든다고 느끼게 되었습니다. 실제로도 그렇고요. 저는 그분께 그림을 판매할 필요가 없습니다. 그분이 사 주시는 거죠."

다른 사람이 좋은 아이디어가 자기 생각이라고 생각하게 놔두면 업무는 물론이고 정치와 가정생활에서도 좋은 효과를 낼 수 있다. 오클라호마주 털사Tulsa에 사는 폴 M. 데이비스Paul M. Davis는 수업 시간에 이런 원리를 어떻게 적용했는지 얘기했다.

우리 가족은 이번 휴가에 정말 재미있는 관광을 했습니다. 저는 아주 오랫동안 남북 전쟁의 결전장이었던 게티즈버그와 필라델피아의 인디펜던스 홀과 우리나라의 수도처럼 역사적인 장소를 방문하고 싶은 바람이 있었죠. 그리고 포지 계곡Valley Forge과 제임스타운James-town, 윌리엄스버그Williamsburg의 복원한 식민지 마을도 꼭 가보고 싶었습니다.

3월에 우리 아내 낸시는 여름휴가를 가면 서부의 여러 주와 뉴멕시코와 애리조나, 캘리포니아, 네바다의 흥미로운 관광지도 가보고 싶다고 얘기했죠. 아내는 몇 년 동안 이번 여행을 가고 싶어 했습니다. 하지만 우리 가족은 저와 아내가 원하는 여행지를 동시에 다 가볼 수는 없었습니다.

우리 딸 앤은 중학교에서 이제 막 미국 역사를 다 공부한 상태라 미국이 발전하게 된 여러 가지 사건에 무척 관심이 많았습니다. 저는 다음 휴가 때 딸이 공부한 곳들을 방문하면 어떻겠냐고 물었습니다. 딸은 아주 좋을 것 같다고 대답했죠.

이틀 후 우리 가족은 저녁 식사 자리에 모였습니다. 낸시는 우리 가족이 모두 동의한다면 이번 여름휴가는 동부로 가자고 했습니다. 앤에게 좋은 여행이 되고, 우리 가족 모두에게 정말 신나는 여행이 될 것이라고 하더군요. 우리는 모두 의견 일치를 보았습니다.

한 엑스레이 제조업체는 이 같은 심리를 활용해서 브루클린에 소재한 대형 병원에 장비를 팔 수 있었다. 건물을 증축하던 이 병원은 미국에서 가장 좋은 영상의학과(방사선과)를 개설하려고 엑스레이를 갖출 준비를 하고 있었다. 그런데 영상의학과를 담당하게 된 L 박사는 자사의 장비를 칭송하며 몰려드는 영업사원들 때문에 어찌할 바를 몰랐다.

그런데 한 제조업체의 대표는 좀 더 교묘했다. 그는 인간의 본성을 다루는 법을 다른 사람들보다 더 많이 알고 있었다. 그는 L 박사에게 이런 내용의 편지를 보냈다.

우리 공장은 최근 엑스레이 장비를 새로 만들었습니다. 이 장비의 첫 선적이 우리 사무실에 방금 도착했습니다. 장비는 완벽하지 않습니다. 저희도 알고 있기에 이 장비를 개선하고 싶습니다. 그래서 박사님께서 시간을 내서 우리 장비를 살펴보신 후, 어떻게 하면 박사님께서 이 장비를 더 편하게 쓰실 수 있을지, 조언해주신다면 정말 감사하겠습니다. 저는 박사님이 정말 바쁘신 분인 것을 알고 있습니다. 아무 때나 편한 시간에 연락을 주시면 차를 보내드리겠습니다.

"저는 그 편지를 받고 깜짝 놀랐습니다."

L 박사가 수업 시간에 말했다.

"놀라기도 하고 뭔가 우쭐한 기분이 들었죠. 엑스레이 제조업체가 저한테 조언을 구하다니 난생처음이었으니까요. 제가 중요한 사람이 된 것 같았어요. 원래 그 주는 매일 밤 바빴습니다. 하지만 그 제조업체의 엑스레이 장비를 보려고 저녁 약속을 하나 취소했어요. 그 회사의 장비를 보면 볼수록 제 마음에 더 들더군요. 그 사람들은 아무도 그 장비를 팔려고 애쓰지 않았어요. 그런데 저는 병원을 위해 저 스스로 그 장비를 구매한 것 같은 기분이 들었어요. 그 장비의 훌륭한 품질에 반해서 그 회사에 장비를 설치해달라고 주문했죠."

랄프 왈도 에머슨은 저서 《자기 신뢰Self-Reliance》에서 이렇게 말했다.

'모든 천재의 작품 속에서 우리는 스스로 거부했던 생각을 알

아차리게 된다. 그 생각은 어떤 특정한 위엄을 갖고 우리에게 되돌아온다.'

에드워드 M. 하우스Edward M. House 대령은 우드로 윌슨 대통령이 백악관을 점령할 당시, 국내외 정사에 엄청난 영향력을 미쳤다. 윌슨은 내각의 어떤 구성원보다 하우스 대령의 비밀스러운 조언에 더 많이 의지했다.

그렇다면 하우스 대령은 어떤 방법으로 윌슨 대통령에게 영향력을 행사했을까? 하우스는 아서 D. 호든 스미스Arthur D. Howden Smith에게 방법을 알려주었다. 스미스도 〈세터데이 이브닝 포스트The Saturday Evening Post〉에 하우스 대령의 말을 인용한 기사를 썼기에 우리는 이유를 알 수 있다.

하우스 대령이 말했다.

"저는 대통령을 알고 지내면서, 그분의 생각을 바꾸려면 어떤 생각 그러니까 그분이 관심을 가질 만한 생각을 그분 머릿속에 무심코 심어놓은 다음, 그분 스스로 곰곰이 생각하게 놔두는 것이 가장 좋다는 걸 알았습니다. 처음에 이런 방법이 효과를 본 것은 우연이었죠. 저는 백악관에서 대통령을 뵐 때 어떤 정책을 밀어붙였는데 별로 좋아하지 않는 것처럼 보였습니다. 그런데 며칠 후 저녁 식사 자리에서 그분이 일전에 제가 드린 제안을 본인 생각인 것처럼 말씀하시길래 정말 놀랐습니다."

하우스 대령이 대통령의 말을 끊고 이렇게 말했을까? "그건 대통령님의 생각이 아닙니다. 그건 제 생각입니다"라고? 아니.

절대 그렇지 않다. 하우스 대령은 그런 소리를 하기에는 너무 노련한 사람이다. 그는 공 같은 것은 따지지 않는 성격이다. 그는 결과가 중요했다. 그래서 하우스 대령은 윌슨 대통령이 그 생각이 계속 본인의 생각이라고 느끼도록 놔두었다. 하우스 대령은 오히려 더 나갔다. 윌슨 대통령이 그런 생각을 내보인 것은 정말 잘한 일이라고 추켜세웠다.

우리가 만나는 이들은 모두 우드로 윌슨 같은 사람이라는 것을 명심해야 한다. 그러니 이제부터 하우스 대령의 방법을 활용해보자.

캐나다의 아름다운 지방 뉴브런즈윅New Brunswick에 살던 한 남자는 이 방법을 써서 나를 단골로 만들 수 있었다. 나는 당시 뉴브런즈윅에서 낚시하고 카누를 탈 계획을 세웠다. 그래서 관광청에 정보를 구하는 편지를 썼다. 그때 수취인 명부에 내 이름과 주소를 적는 바람에 여러 캠프와 가이드들이 나에게 편지, 소책자, 추천서를 당황할 만큼 엄청 많이 보냈다. 그런데 한 캠프의 주인이 기묘한 방법을 썼다. 그는 자신의 캠프에 머문 적이 있는 뉴욕 사람 대여섯 명의 이름과 주소를 내게 보내주며 직접 그들에게 전화를 걸어서 자신이 그 사람들을 어떻게 대접했는지 알아보라고 했다.

캠프 주인이 보낸 리스트에 아는 사람이 한 명 보였다. 그래서 나는 그 사람에게 전화를 걸어 어떤 경험을 했는지 알아보았다. 그리고 캠프에 전보를 보내서 내가 도착할 날짜를 알려주었다.

다른 캠프 주인들은 자신들이 제공하는 서비스로 나를 설득하려고 애썼지만 한 사람은 내가 직접 선택하게 했다. 중국의 현자인 노자는 2500년 전에 이 책을 읽는 독자들이 오늘날에도 활용할 수 있는 말을 남겼다.

'강과 바다가 수많은 산골짜기 개울의 존경을 받는 것은 강과 바다가 산골짜기 아래로 흘러가기 때문이다(산골짜기 개울보다 몸을 낮추기 때문이다). 또한 그런 이유로 강과 바다가 산골짜기 개울을 지배할 수 있는 것이다. 그러니 다른 사람들보다 잘나고 싶은 현자는 그들보다 자신을 낮추며, 다른 사람들보다 앞에 서고 싶으면 그들 뒤에 선다. 그러면 사람들은 비록 현자가 자신들보다 위에 있어도 현자의 무게를 느낄 수 없고, 현자가 자신들보다 앞서도 마음 아파하지 않는다.

원칙 7 내 의견을 상대방의 생각인 것처럼 여기게 하라.

8장

놀라운 효과를 발휘하는 공식

다른 사람들이 완전히 틀릴 수도 있다. 하지만 그 사람들이 그렇게 생각하지 않는다고 비난하지는 말아야 한다. 어떤 바보도 다른 사람을 비난할 수 있다. 그러니 그런 사람들을 이해하려고 노력해야 한다. 현명하고, 마음 넓고, 특출한 사람만이 그렇게 하려고 노력한다.

다른 사람의 생각과 행동에는 그만한 이유가 있다. 그 이유를 잘 찾아내야 한다. 그러면 그 사람이 왜 그런 행동을 하는지 이해가 될 것이다. 아마 성격도 이해될 것이다.

진심으로 그 사람의 입장이 되도록 노력해야 한다.

'내가 저 사람이라면 어떻게 느끼고 어떻게 반응했을까?'

속으로 이런 생각을 해야 한다.

그러면 시간도 아끼고 짜증도 줄일 수 있다. '어떤 일이 생긴 원인에 관심을 가지면 결과가 덜 싫어질 것'이기 때문이다. 게다가 사람들을 상대하는 기술도 아주 좋아질 것이다.

케네스 M. 구드Kenneth M. Goode는 저서 《인간관계를 잘 맺는 방법How to Turn People Into Gold》에서 말했다.

'잠깐 시간을 내서, 엄청난 관심을 보이는 본인의 일과 별로 관심을 기울이지 않는 다른 일을 비교해보라. 그러면 세상 사람들의 생각이 모두 같다는 사실을 깨달을 것이다. 그러면 링컨과 루스벨트처럼 대인관계의 확고한 기반을 확실히 파악하게 될 것이다. 즉, 사람들을 잘 상대하려면 다른 사람들의 관점으로 이런 저런 상황을 공감하며 이해해야 한다.'

뉴욕 헴프스테드Hempstead에 사는 샘 더글러스Sam Douglas는 아내가 잔디를 다듬고, 잡초를 뽑고, 비료를 주고, 일주일에 두 번 잔디를 깎느라고 시간을 너무 많이 쓰는데도 4년 전 이사 올 때보다 더 좋아 보이지 않다는 말을 쭉 해왔다. 당연히 아내는 그의 말 때문에 괴로웠다. 남편이 그런 말을 할 때마다 저녁 시간이 괴로워졌다.

더글러스는 우리가 진행한 수업을 듣고 난 후에 몇 년 동안 자신이 얼마나 어리석게 행동했는지 깨달았다. 그는 아내가 그 일을 정말 좋아하고, 부지런하게 일하는 자신을 칭찬해주길 바랄지도 모른다는 생각을 해본 적이 없었다.

어느 날 저녁, 식사를 마친 아내가 잡초를 뽑고 싶다며 더글러스에게 같이 나가자고 얘기했다. 더글러스는 처음에는 거절했지만 다시 한번 생각하고는 아내를 따라 밖으로 나가서 잡초 뽑는 아내를 도와주기 시작했다. 아내는 무척 좋아했다. 두 사람은 한 시간 동안 고된 일을 하며 기분 좋게 대화를 나눴다.

그 이후로 더글러스는 정원을 가꾸는 아내를 도와주며 잔디가 정말 좋아 보이고, 콘크리트 같은 땅을 정말 잘 가꾸었다며 아내를 칭찬했다. 그 결과 두 사람의 부부생활은 훨씬 행복해졌다. 더글러스가 아내의 관점으로 상황을 바라보는 방법을 배운 덕분이었다. 설사 그 대상이 잡초에 불과할지라도 효과가 매우 컸다.

제럴드 S. 니렌버그 박사Dr. Gerald S. Nirenberg는 저서 《사람들을 이해시키는 방법Getting Through to People》에서 말했다.

'대화 중에 다른 사람의 생각과 느낌을 내 것처럼 중요하게 여기면 협조심을 얻을 수 있다. 대화를 시작할 때 대화의 목적이나 방향을 상대방에게 제시한다면, 내가 듣는 사람의 입장이 되어 듣고 싶은 이야기를 한다면, 상대방의 관점을 받아들인다면, 이야기를 듣는 상대방은 마음을 열고 내 생각을 받아들일 것이다.'

나는 집 근처에 있는 공원에서 산책하거나 자전거 타는 것을 늘 좋아했다. 마치 고대 갈리아족Gaul(켈트족의 한 부류다)이 믿는 드루이드교의 성직자들처럼 나는 오크나무(참나무)를 숭배했다. 그래서 나는 계절이 바뀔 때마다 쓸데없는 화재 때문에 유목과 관목이 죽는 것을 보면 몹시 괴로웠다. 부주의한 흡연가들 때문에 일어나는 화재가 아니었다. 원주민 놀이를 하려고 공원에 나온 청소년들이 나무 아래서 프랑크푸르트 소시지를 굽거나 달

걀을 요리하다가 불을 내는 경우가 대부분이었다. 때로는 나무에 불이 사납게 붙어서 큰불을 끄려고 소방대원을 불러야 할 때도 있었다.

불을 지른 사람은 벌금을 받거나 감옥에 갈 수 있다는 표지판이 있었지만, 사람들이 잘 찾지 않는 구석 자리에 있어서 불을 낸 장본인들이 그 표지판을 볼 가망은 거의 없었다. 기마 경찰관이 공원을 순찰해야 했지만, 경찰관은 자신의 임무를 중요하게 여기지 않았다. 그래서 계절이 바뀔 때마다 오크나무에 계속 불이 붙었다. 어느 날 나는 경찰관에게 달려가서 공원에 난 불이 급속히 퍼지고 있으니 소방서에 알려달라고 했다. 하지만 경찰관은 공원은 자기 구역이 아니므로 자기 일이 아니라고 태연하게 대답했다.

나는 자전거를 타고 공원으로 갈 때는 마음이 너무 다급한 나머지 자칭 공유지 보호 위원회 위원처럼 굴었다. 처음에는 나도 다른 사람들의 입장 따위는 고려하지 않았던 것 같다. 나는 나무 밑에 붙은 불을 보면 기분이 너무 나쁘고 옳은 일을 해야 한다는 열망이 커서 일을 그르치고 말았다. 불을 피우는 사내아이들이 눈에 띌 때마다 곧장 다가가서 불이 나면 감옥에 갈 수 있다고 경고하며 불을 끄라고 고압적인 태도로 얘기했다. 나는 아이들이 거부하면 체포될 것이라고 위협하며, 아이들의 입장은 전혀 생각하지 않고 내 감정만 쏟아냈다.

결과는 어땠을까? 아이들은 내 말을 따랐다. 나를 원망하며 뚱하게 따랐다. 하지만 내가 자전거를 타고 언덕을 넘어간 다음에 아이들은 아마 불을 다시 피웠을 것이다. 공원 전체를 다 태워버리고 싶은 마음이 간절했을지도 모른다.

몇 년이 지난 후, 나는 인간관계에 대해 약간의 지식을 쌓으면서 다른 사람의 관점으로 상황을 바라보는 경향이 생겼다. 그래서 명령을 내리는 대신 불을 피운 곳으로 가 이렇게 말하기 시작했다.

"얘들아, 재밌니? 저녁으로 뭘 요리할 거야? 나도 어릴 때는 혼자 불 피우는 걸 정말 좋아했어. 지금도 좋아하지. 그런데 너희들 공원에서 불을 피우면 정말 위험한 거 알지. 나도 너희들이 무슨 해를 입히려고 그러는 게 아닌 건 알아. 하지만 다른 아이들은 그렇게 조심성이 없어. 걔들이 이리 왔는데 너희들이 불을 피우는 걸 보면 자기들도 피우게 돼. 근데 걔들은 불도 안 끄고 집으로 가지. 그럼 마른 나뭇잎으로 불꽃이 번지면서 나무가 죽게 돼. 우리가 더 조심하지 않으면 공원에 나무 한 그루 볼 수 없게 될걸. 너희들은 불을 피우면 감옥에 갈 수 있어. 그렇지만 나는 너희들을 나무라거나 너희가 즐겁게 노는 걸 방해할 생각은 없어. 너희들끼리 재밌게 노는 걸 보니까 나도 좋아. 하지만 자리를 뜨기 전에 흙으로 불을 잘 덮어야 해. 아주 많이. 알았지? 그리고 다음에 재밌게 놀고 싶으면, 저 언덕 너머 모래밭 있지? 거긴 위험하지 않을 거야. 얘들아, 고마워. 재밌게 놀아."

이렇게 얘기해서 결과가 얼마나 달라졌을까! 아이들은 협조하고 싶은 마음이 들었다. 뚱하거나 화를 품지도 않았다. 아이들은 억지로 명령을 따른 것이 아니었기에 체면을 세울 수 있었다. 내가 아이들의 관점으로 상황을 바라본 덕분에 아이들은 기분이 좋아졌고 나도 기분이 좋았다.

개인적 문제로 어쩔 줄 모를 때, 다른 사람의 관점으로 상황을 바라보면 긴장 상태를 완화할 수 있다. 오스트레일리아 뉴 사우스 웨일즈New South Wales에 사는 엘리자베스 노박Elizabeth Novak은 자동차 할부금을 6주 연체했다. 노박의 말은 이랬다.

> 금요일에 제 계좌를 관리하는 남자가 전화를 걸더니 제가 월요일 아침까지 122달러를 지급하지 않으면 회사가 추후 조치를 취할 것이라고 짜증이 난 목소리로 얘기했어요. 저는 주말 동안 그만한 돈을 마련할 방법이 없었어요. 그래서 월요일 아침에 그 남자의 전화를 받자마자 최악의 상황을 예상했어요. 그래도 저는 화를 내는 대신 그 사람의 입장이 돼서 상황을 바라봤지요.
>
> 저는 우선 불편을 끼쳐서 정말 진심으로 미안하다고 했어요. 그리고 결제를 연체한 것이 이번이 처음은 아니니까 제가 골치 아픈 고객인 것 같다고 얘기했어요. 그러자 바로 남자의 목소리가 바뀌었어요. 남자는 제가 골치 아픈 고객이 절대 아니라고 안심시키더군요. 그리고 아주 무례하거나 혹은 거짓말을 하거나 때로는 정말 무례했던 몇몇 고객의 사례를 계속 얘기했어요. 저는 아무 말도 없이 그냥 듣기만 하면서 남자가 고충을 털어놓게 놔두었어요. 그러자 제가 아무런 제

안도 하지 않았는데, 당장 그 돈을 모두 내지 않아도 상관없다고 얘기했어요. 우선 이달 말까지 20달러만 내고 나머지는 제가 편리할 때마다 잔액을 보충하면 괜찮을 거라고 했어요.

다음에 누군가에게 불을 끄라 요구하거나 물건을 사라 부탁하거나 가장 좋아하는 자선단체에 기부하라 얘기하기 전에 잠시 멈춰서 눈을 감고 다른 사람의 관점으로 모든 상황을 고려해보면 어떨까? 이렇게 자문해보라.

"그 사람은 왜 그렇게 하고 싶은 걸까?"

맞다. 이렇게 생각하려면 시간이 걸린다. 하지만 적을 만들지 않고 좋은 결과를 얻을 수 있고, 수고를 덜 수 있다. 하버드 경영대학원 학장 도넘Donhem은 이렇게 조언했다.

"다른 사람과 면담할 때 내가 어떤 말을 할 것인지 머릿속에 확실히 그려지지 않고, 상대방의 관심사와 동기에 비추어볼 때 그 사람이 어떻게 대답할지 확실히 알 수 없다면, 그의 사무실로 즉시 들어가기보다는 차라리 사무실 앞 보도를 두 시간 동안 걸어 다닐 것이다."

정말 중요한 얘기다. 나는 강조하기 위해 이 구절을 이탤릭체로 다시 한번 썼다.

다른 사람과 면담할 때 내가 어떤 말을 할 것인지 머릿속에 확실히 그려지지 않고, 상대방의 관심사와 동기에 비추어볼 때 그

사람이 어떻게 대답할지 확실히 알 수 없다면, 그의 사무실로 즉시 들어가기보다는 차라리 사무실 앞 보도를 두 시간 동안 걸어 다닐 것이다.

이 책을 읽어서 단 하나, 즉 다른 사람의 관점으로 늘 생각하고 나의 시선뿐만 아니라 타인의 시선으로 상황을 볼 수 있는 마음가짐을 가질 수만 있다면, 이 책에서 이렇게 단 한 가지만 얻을 수 있어도 여러분의 경력을 쌓는 발판이 될 것이다.

원칙 8 다른 사람의 관점으로 상황을 보려고 정말 노력하라.

9장

모든 사람이 원하는 것

말다툼을 멈추고, 악감정을 없애고, 선의를 만들고, 다른 사람이 유심히 귀를 기울이게 만드는 마법 같은 말을 알고 싶지 않은가?

그렇다고? 그렇다면 여기 그런 말이 있다.

"당신이 그렇게 생각하는 걸 조금도 탓할 마음이 없습니다. 제가 당신이라도 당신처럼 느꼈을 거예요."

이렇게 말하면 아무리 성미가 고약한 어르신이라도 누그러질 것이다. 여러분은 100퍼센트 진심을 담아 이렇게 말할 수 있다. 다른 이가 된다면 정말 그 사람처럼 느낄 것이기 때문이다. 알 카포네를 예로 들겠다. 여러분이 알 카포네의 몸과 기질과 정신을 물려받았다고 치자. 처한 환경과 경험도 알 카포네와 같다고 치자. 그러면 여러분도 알 카포네 같은 사람이 될 것이다. 그런 것들 때문에 사람들은 지금의 그 사람이 되는 것이다. 예컨대 여러분이 방울뱀이 아닌 것은 오직 여러분의 어머니와 아버지가 방울뱀이 아니기 때문이다.

우리는 딱히 잘해서 현재의 우리가 된 것이 아니다. 또한 짜증을 내고, 매우 편협하고, 터무니없는 상태로 우리에게 다가오는 사람들도 딱히 잘못해서 그렇게 된 것은 아니다. 가여운 그 사람들을 안타깝게 여겨라. 그들을 동정하고 공감하라. 그리고 속으로 이렇게 말하라.

'하나님의 은혜가 없었더라면 나도 저렇게 되었으리라(영국의 성직자 존 브래드포드John Bradford가 처형대로 끌려가는 죄수들을 보고 한 말이다).'

우리가 만나게 될 사람들 중 4분의 3은 공감을 갈구하고 있다. 그 사람들을 공감하라. 그러면 그 사람들이 우리를 정말 좋아할 것이다.

언젠가 나는《작은 아씨들Little Women》의 작가인 루이자 메이 올컷에 대해 방송한 적이 있다. 당연히 작가가 매사추세츠주 콩코드Concord에서 살면서 불멸의 명작을 썼다는 사실을 알고 있었다. 하지만 나도 모르게 뉴햄프셔주 콩코드에 있는 작가의 옛집을 방문한 적이 있다고 얘기했다.

내가 뉴햄프셔주를 딱 한 번만 언급했다면 용서받았을지도 모른다. 그런데 아, 애석하게도 나는 뉴햄프셔주를 두 번이나 얘기했다. 편지와 전보가 쇄도했다. 마치 무방비 상태의 내 머리통 주위로 달려드는 벌 떼처럼 찌르는 듯 신랄한 메시지들에 압도당했다. 분개하는 글이 대부분이었다. 모욕적인 글도 몇몇 보였다.

매사추세츠주 콩코드에서 자라고 당시 필라델피아에서 살고 있던 명문가 출신의 한 여인은 내게 맹렬한 분노를 퍼부었다. 내가 올컷 양을 마치 뉴기니어에서 온 식인종인 것 같다고 주장했더라도 그보다 더 신랄한 비난을 받지는 않았을 것이다. 나는 그 편지를 읽으면서 속으로 이렇게 혼잣말했다.

'정말 다행이야. 이런 여자와 결혼하지 않아서.'

내가 지명을 잘못 얘기한 것은 맞지만 그 여자는 예의범절에서 더 엄청난 실수를 저질렀다고 얘기하고, 그런 내용의 편지도 쓰고 싶었다. 편지 첫머리를 그런 내용으로 쓰고 싶었다. 그래서 나는 소매를 걷어붙이고 그 여자에게 내 생각을 얘기하려고 했다. 하지만 실행에 옮기지는 않았다. 나는 그런 감정을 억제했다. 성급한 사람들이나 그런 짓을 할 것이다. 아니, 바보나 그런 짓을 할 것이라는 사실을 나는 알고 있었다.

나는 바보보다는 나은 사람이 되고 싶었다. 그래서 그 여자의 적의를 호의로 바꾸겠다고 마음먹었다.

힘든 일이지만 일종의 놀이라고 생각했다. 나는 속으로 혼잣말을 했다.

'결국 내가 그 여자라면 나도 그 여자처럼 느꼈을 거야.'

나는 그녀의 관점에서 이 상황을 공감하겠다고 마음먹었다.

그 후 필라델피아에 갔을 때, 그 여자에게 전화를 걸었다. 우리의 대화는 이런 식으로 이어졌다.

나: ○○○부인. 몇 주 전에 제게 편지를 보내셨죠. 그것 때문에 감사드리려고 전화했습니다.

그녀: (예리하고, 교양 있고, 잘 배운 어조로) 지금 전화 거신 분 성함이 어떻게 되세요?

나: 부인은 저를 모르실걸요. 제 이름은 데일 카네기입니다. 몇 주 전 일요일에 제가 루이자 메이 올컷에 대해 방송을 진행했는데 들으셨죠. 그때 제가 올컷 양이 뉴햄프셔주 콩코드에서 살았다고 말했습니다. 정말 용서받을 수 없는 엄청난 실수였죠. 제가 저지른 어리석은 실수를 사과하고 싶습니다. 시간을 내서 편지까지 보내주시니 정말 고맙습니다.

그녀: 카네기 씨. 그런 식으로 편지를 쓰다니 죄송해요. 그땐 이성을 잃었습니다. 사과는 제가 해야죠.

나: 아니! 아닙니다! 부인은 사과할 필요가 없습니다. 사과는 제가 해야죠. 학교에 다니는 학생이라도 제가 말한 것보다 더 아는 게 많을 거예요. 그다음 일요일 방송에서 사과드렸지만 지금 개인적으로 다시 사과드리고 싶습니다.

그녀: 저는 매사추세츠주 콩코드에서 태어났어요. 우리 가족이 몇 세기 동안 살았지요. 그래서 저는 그곳이 자랑스러워요. 그런데 올컷 양이 뉴햄프셔주에서 살았다고 카네기 씨가 말하는 소리를 듣자 정말 속이 상했어요. 그런데 지금은 그 편지 때문에 정말 창피하네요.

나: 저는 부인보다 열 배는 더 괴로웠다고 장담할 수 있습니다. 제 실수로 매사추세츠에 해를 끼치지는 않았지만 저는 정말 속상했습니다.

부인처럼 지위가 있고 교양을 갖춘 분이 시간을 내서 라디오에 방송하는 사람들에게 편지를 쓰는 경우는 극히 드물거든요. 혹시라도 제가 또 실수를 저지르면 다시 편지를 보내주세요.

그녀: 제 비판을 이렇게 잘 받아주시다니 정말 고맙습니다. 정말 멋진 분이실 것 같아요. 카네기 씨에 대해 더 잘 알고 싶어요.

내가 사과하며 그 여자의 견해에 공감을 보이자, 그녀도 사과하며 내 견해에 공감했다. 나는 성질을 누를 수 있고 모욕을 친절로 갚을 수 있어서 만족스러웠다. 나는 그녀에게 스퀼킬강Schuylkill River으로 뛰어들라고 말하는 것보다 나를 좋아하게 만들 수 있어서 훨씬 더 즐거웠다.

백악관을 점령한 사람이라면 누구라도 골치 아픈 인간관계 문제를 거의 매일 맞닥뜨릴 수밖에 없다. 태프트 대통령도 예외는 아니었다. 그는 원한의 속성인 엄청난 신랄함을 중화시키는 데는 귀중한 공감이 크나큰 효과를 발휘한다는 것을 경험으로 알고 있었다. 태프트 대통령은 저서《공직자의 윤리Ethics in Service》에서 야심이 넘치지만 낙담할 수밖에 없었던 어느 어머니의 분노를 누그러뜨린 사연을 재미있게 묘사했다.

'워싱턴에 사는 이 부인에게는 정치적 영향력이 막강했던 남편이 있었다.'

태프트는 일화를 이렇게 소개했다.

부인은 6주 넘게 나를 찾아와서는 아들을 어떤 자리에 임명해달라며 갖은 애를 썼다. 수많은 상원의원과 하원의원이 부인을 돕고자 발 벗고 나섰다. 부인은 의원들이 자기 대신 얘기하는지 확인하려고 그들과 함께 나를 찾아왔다. 그런데 그 자리는 기술적인 자격이 필요했기에 부서장의 추천을 받아서 다른 사람을 임명했다. 그러자 부인이 내게 편지 한 통을 보냈다. 내가 손만 한 번 흔들면 자신을 행복하게 해줄 수 있는데 그러지 않았다며, 감사할 줄 모르는 인간이라고 나를 비난하는 내용이었다. 내가 특별히 관심을 보인 행정 법안을 통과시키는 데 필요한 표를 얻어주려고 자신이 주 의회를 설득하려고 그토록 애썼다며 더 심하게 불평하는 내용도 들어 있었다.

보통 이런 편지를 받으면 이렇게 부당하고 심지어 살짝 무례하기까지 한 이런 사람에게 심한 복수를 하고 싶은 생각이 가장 먼저 들 것이다. 그리고 답장할지도 모른다. 그런데 당사자가 현명하다면 그 편지는 서랍에 집어넣고 자물쇠를 채울 것이다. 그리고 한 이틀이 지난 후에 그 편지를 꺼내야 한다. 이런 편지는 이틀 정도 늦게 보내게 마련이다. 아무튼 이틀이 지난 후에 그 편지를 꺼내 보면 보내지 않을 것이다. 나도 딱 이렇게 했다.

이틀이 지난 후에 나는 자리에 앉아서 최대한 정중하게 편지를 썼다. 그런 상황이라면 어머니가 실망하는 것은 당연하다, 하지만 그 자리는 순전히 내가 좋아하는 사람을 임명할 수 있는 자리가 아니다, 기술적인 자격이 있는 사람을 뽑아야 하기에 부서장의 추천을 따를 수밖에 없었다는 내용이다. 나는 아드님이 지금 일하는 자리에서 어머님이 원하는 만큼 성취하기를 바란다는 글도 썼다. 그 편지로 부인의 노여움이 누그러졌는지, 부인은 그런 편지는 보내서 미안하다는 내용의 쪽지를 보냈다.

그런데 내가 임명하려던 사람이 바로 승인받지 못했다. 얼마 후 나는 부인의 남편이 쓴 것으로 되어 있는 편지를 한 통 받았다. 하지만 그 편지는 부인이 보낸 다른 편지와 필체가 같았다. 그 일로 무척 실망한 아내가 신경쇠약에 걸려서 자리에 누웠는데 몹시 심각한 위암에 걸렸으며, 처음 임명한 사람을 철회하고 그 자리에 아들을 대신 임명하면 아내가 회복할 것이라는 내용이었다.

나는 편지 한 통을 더 쓸 수밖에 없었다. 나는 아내의 병이 오진이기를 바라며 몹시 아픈 아내 때문에 슬픔에 잠긴 남편을 위로한 다음, 그렇지만 임명을 철회하는 일은 없을 것이라고 단언하는 내용의 편지를 이번에는 남편에게 보냈다. 내가 그 편지를 받은 이틀 후에 내가 임명한 사람은 의회의 승인을 받았고, 백악관에서 뮤지컬이 열렸다. 나와 아내가 제일 처음 맞이한 부부는 최근에 죽을 만큼 아프다고 했던 부인과 남편이었다.

제이 맨검Jay Mangum은 오클라호마주 털사에 소재한 엘리베이터-에스컬레이터를 유지보수하는 회사의 대표를 맡고 있다. 이 회사는 털사에 있는 대규모 호텔의 에스컬레이터를 보수하는 계약을 맺었다. 호텔 매니저가 고객의 불편 때문에 에스컬레이터를 두 시간 이상 멈출 수 없다고 했다. 그런데 정비 회사가 이 호텔의 에스컬레이터를 고치려면 최소 여덟 시간 이상은 필요했다. 또한 호텔 편의에 맞게 특별히 유능한 정비공을 늘 보유할 수도 없는 사정이 있었다.

맨검은 이 일에 필요한 일류 정비공의 일정을 맞추기 위해 호텔 매니저에게 전화를 걸었다. 그는 정비에 필요한 시간을 확보하기 위해 호텔 매니저와 말다툼을 벌이지는 않았다.

"릭, 호텔이 무척 바쁘고, 에스컬레이터를 멈추는 시간을 최소로 줄이려는 마음은 잘 알고 있어요. 이것 때문에 걱정하는 것도 이해하고요. 그래서 우리는 매니저님의 뜻을 수용하기 위해 가능한 모든 조치를 취하고 싶습니다. 그런데 이 상황을 검토한 결과 지금 작업을 완벽하게 하지 않으면 호텔 에스컬레이터는 더 심각한 피해를 볼 것이며 더 오랫동안 작동되지 않을 수도 있습니다. 매니저님도 호텔 손님들이 며칠 동안 불편하게 지내는 것을 바라지 않겠지요."

호텔 매니저는 에스컬레이터를 여덟 시간 동안 멈추는 것이 며칠 동안 멈추는 것보다 낫다는 맨검의 말을 받아들일 수밖에 없었다. 맨검은 고객의 만족을 바라는 매니저의 마음에 공감하는 전략을 써서 매니저의 유감을 사지 않고도 본인 생각대로 매니저를 설득할 수 있었다.

미주리주 세인트루이스St. Louis에서 피아노 교사로 일하는 조이스 노리스Joyce Norris는 피아노 교사들이 10대 여자아이들을 상대할 때 생기는 문제를 어떻게 처리했는지 얘기했다. 바베트는 손톱이 정말 길었다. 피아노 실력을 키우고 싶은 아이라면 정말 심각한 방해가 될 만한 문제였다.

노리스 선생님의 이야기는 이랬다.

기다란 손톱은 피아노를 잘 치고 싶은 바베트에게 방해가 될 것이라는 사실을 알고 있었어요. 아이에게 레슨을 시작하기 전에 이런저런 논의를 하고 있었는데, 아이의 손톱에 대해서는 단 한마디도 하지 않았어요. 레슨을 받으려는 아이의 기를 꺾고 싶지 않았거든요. 그리고 아이가 정말 자랑스러워하는 데다가 예쁘게 보이려고 정말 조심해서 관리하는 기다란 손톱을 깎고 싶어 하지 않을 걸 알고 있었거든요.

첫 수업이 끝난 후, 적당한 때가 온 것 같았어요. 그래서 이렇게 얘기했어요.

"바베트, 넌 손이 참 예쁘다. 손톱도 정말 예쁘네. 너, 피아노를 잘 치고 싶으면, 그러니까 정말 잘 치고 싶으면, 손톱을 조금만 다듬으면 너도 깜짝 놀랄 만큼 아주 빨리 쉽게 배울 수 있을 거야. 그냥 생각만 해 봐, 알았지?"

아이의 표정은 정말 부정적으로 보였어요. 저는 또 아이의 엄마에게 이 상황을 얘기했어요. 물론 아이의 손톱이 정말 예쁘다는 말도 빼먹지 않았지요. 그런데 어머니도 부정적인 반응을 보이더군요. 바베트의 어머니도 딸의 예쁜 손톱을 중요하게 생각하는 게 분명했죠.

다음 주에 바베트는 두 번째 수업에 참석했어요. 정말 놀랍게도 아이는 손톱을 깎고 왔어요. 저는 아이를 칭찬하며 큰 희생을 치렀다고 추켜세웠어요. 그리고 어머니에게도 바베트가 손톱을 자르게 도와주셔서 고맙다고 했어요. 그런데 어머니가 이렇게 대답했어요.

"어, 전 아무것도 안 했어요. 본인 스스로 그렇게 하겠다고 결정한 거예요. 아이가 다른 사람 때문에 손톱을 자른 건 이번이 처음이에요."

노리스 선생님이 바베트를 위협했을까? 손톱이 기다란 학생은 가르칠 수 없다고 거절했을까? 아니다. 절대 그렇지 않다. 노리스 선생님은 바베트의 기다란 손톱이 예쁘고, 그런 손톱을 자르는 것은 희생이라고 알려주었다. 노리스 선생님은 이런 암시를 준 것이다.

'난 네 마음을 알아. 손톱을 깎는 건 쉬운 일이 아니야. 하지만 손톱을 깎으면 악기를 더 잘 배울 수 있을 거야.'

솔 휴록Sol Hurok은 아티스트들을 관리한 미국 최고의 기획자일 것이다. 그는 샬리아핀Chaliapin, 이사도라 덩컨Isadora Duncan, 파블로바Pavlova처럼 세계적으로 유명한 아티스트들을 거의 50년간 관리했다. 휴록은 신경질적이고 괴팍한 스타들을 상대하려면 제일 먼저 배운 교훈이 공감이라고 내게 얘기했다. 이들의 특이한 성격을 공감하고 더 공감해줘야 한다고 강조했다.

휴록은 3년간 표도르 샬리아핀의 공연을 기획했다. 샬리아핀은 대도시에 소재한 극장의 화려한 칸막이 좌석의 관람객들을 열광시킨 위대한 저음 가수였다. 그런데 샬리아핀은 늘 문제를 일으켰다. 마치 응석받이 어린아이처럼 굴었다. 휴록의 표현을 그대로 옮기자면, '그는 모든 면에서 정말 지옥처럼 끔찍한 친구'였다.

일례로, 샬리아핀은 공연해야 하는 날 정오쯤에 전화를 걸어서 이런 말을 하곤 했다.

"솔, 몸이 너무 안 좋아요. 목이 익히지 않은 햄버거 같아요. 오늘 밤 노래를 부르는 건 불가능할 것 같아요."

휴록이 샬리아핀과 말싸움을 했을까? 아니다. 휴록은, 기획자는 아티스트를 그런 식으로 대하면 안 된다는 것을 알고 있었다. 그래서 바로 샬리아핀이 묵고 있는 호텔로 달려가서 동정심을 듬뿍 보이며 애석하게 얘기했다.

"오, 이런! 가여워라, 가여운 내 친구. 물론 노래를 부를 순 없지. 내가 당장 공연을 취소할게. 그래봤자 자넨 몇천 달러만 손해 보면 그만이야. 자네 명성에 비하면 아무것도 아니지."

그러면 샬리아핀은 한숨을 쉬며 이렇게 대답했다.

"좀 이따가 들러주세요. 다섯 시쯤 들러서 제 몸 상태를 다시 보세요."

5시에 휴록은 다시 호텔로 달려가서 동정심을 듬뿍 보였다. 그리고 또다시 공연을 취소할 것이라고 고집하면 샬리아핀은 한숨을 쉬며 이렇게 말했다.

"음, 이따가 또 나를 보러 오세요. 그때는 제가 더 나을 수도 있잖아요."

7시 30분이 되자 위대한 저음 가수는 노래를 부르는 것을 승낙했다. 단, 휴록이 무대 위로 올라가서 샬리아핀이 심한 독감에 걸려서 목 상태가 좋지 않을 것이라고 얘기해달라는 단서를 달았다. 휴록은 저음 가수 샬리아핀을 무대 위에 세우려면 그 방법밖에 없음을 알고 있기에 그러겠다고 거짓말했다.

아서 I. 게이츠 박사Dr. Arthur I. Gates는 훌륭한 저서《교육 심리학Educational Psychology》에서 말했다.

'공감은 인간이라면 모두 갈망하는 것이다. 어린아이는 상처를 드러내 보이는 것을 아주 좋아한다. 심지어 충분한 동정심을 얻을 목적으로 몸에 상처를 내기도 한다. 어른들도 다르지 않다. 상처를 보여주거나 사고, 질병, 특히 수술 과정에 대해 상세히 얘기한다.'

그러니 여러분의 생각대로 다른 사람들을 설득하고 싶다면, 다른 사람의 마음에 실제로 공감해야 한다.

원칙 9 다른 사람의 생각과 욕망에 공감하라.

10장

모든 사람의 마음에 드는 호소

나는 제시 제임스Jesse James가 살았던 미주리주의 어느 마을에서 자랐다. 내가 미주리주 카니Kearney에 있는 제임스의 농장을 찾아갔을 때 제시 제임스의 아들이 그곳에서 살고 있었다.

제시 제임스의 며느리는 제시가 기차와 은행을 약탈해서 이웃 농부들이 대출금을 갚을 수 있게 돈을 준 사연을 내게 들려주었다.

제시 제임스는 더치 슐츠Dutch Schultz와 '쌍권총' 크롤리, 알 카포네, 나중에 나온 다른 조직범죄의 대부들처럼 마음속으로 자신을 이상주의자라고 여겼을 것이다. 사실 여러분이 만나는 사람은 모두 자신을 아주 높이 평가할 뿐만 아니라 스스로 아주 괜찮은 이타적인 사람이라고 생각하는 경향이 있다.

J. 피어폰트 모건J. Pierpont Morgan은 짧은 연설에서 사람이 어떤 일을 할 때는 대개 두 가지 이유가 있다고 분석했다. 하나는

듣기에 그럴싸한 것이고 다른 하나는 진짜 이유라고 했다.

어떤 행위를 하는 당사자는 진짜 이유를 생각하려고 할 것이다. 굳이 강조할 필요도 없다. 그런데 우리는 모두 마음속으로는 이상주의자여서 듣기에 그럴싸한 이유를 대려는 바람이 있다. 그러니 사람들을 바꾸고 싶다면 좀 더 고상한 동기에 호소해야 한다.

비즈니스에 적용하기에는 너무 이상적일까? 펜실베이니아주 글레놀든Glenolden에 소재한 패럴-미첼사Farrell-Mitchell Company의 해밀턴 J. 패럴Hamilton J. Farrell의 사례를 한번 살펴보자. 패럴의 임차인 중에 이사하겠다고 협박하는 사람이 있었다. 계약기간이 넉 달이나 남았지만, 임차인은 계약기간에 상관없이 당장 집을 비우겠다고 통보했다.

"이 사람들은 겨우내 우리 집에서 살았습니다. 1년 중에 비용이 가장 많이 드는 계절이 겨울이에요."

패럴이 수업 시간에 이야기를 털어놓았다.

> 가을 전에 아파트를 다시 임대하기는 어려웠죠. 그동안의 임대료는 다 날리는 겁니다. 정말 화가 났어요.
>
> 원래대로라면 저는 임차인을 찾아가서 계약서를 다시 보라고 얘기했을 거예요. 지금 이사 가면 남은 임대료를 한 번에 내라고 지적하고, 그 돈을 받으려고 했을 거예요.
>
> 하지만 버럭 화를 내고 소란을 피우는 대신, 다른 방법을 써보기로

마음을 정했습니다. 그래서 이렇게 이야기를 꺼냈습니다.

"아무개 씨, 그쪽 이야기는 잘 들었습니다. 저는 그래도 아무개 씨가 진심으로 이사 갈 마음이 없다는 생각이 듭니다. 저는 오랫동안 임대사업을 하면서 인간의 본성에 대해 배웠습니다. 제가 보기에 아무개 씨는 무엇보다 약속을 지키는 사람인 것 같습니다. 사실 아무개 씨가 약속을 지키는 사람이라는 확신이 있어서 이번에 도박해보려고 합니다.

제안 하나를 드릴게요. 며칠만 결심을 미루고 곰곰이 생각해보세요. 지금부터 다음 월세를 내기 하루 전날 중 아무 때나 다시 오셔서 진심으로 이사 갈 생각이 있다고 얘기한다면, 저도 당신의 결정을 최종 결정으로 받아들이겠다고 약속할게요. 아무개 씨의 이사를 확실히 도와드리고 내 판단이 틀렸다고 인정하겠습니다. 하지만 전 당신이 약속을 지키고 계약서대로 살 것이라고 믿고 있습니다. 결국 우리는 인간이거나 아니면 원숭이입니다. 선택은 우리 자신한테 달려 있죠!"

음, 달이 바뀌고 이 신사분이 저를 찾아오더니 직접 임대료를 냈습니다. 본인과 아내가 이야기를 나눴는데 그냥 살기로 했다고 하더군요. 두 사람은 명예를 지키려면 계약기간까지 사는 수밖에 없다는 결론을 내린 거죠.

지금은 고인이 된 노스클리프 경Lord Northcliffe은 기사화를 바라지 않는 본인 사진이 실린 신문을 발견했을 때 편집자에게 편지 한 통을 썼다. 그가 이렇게 썼을까? '이제 더 이상 제 사진을 싣지 마세요. 제가 싫어요'라고? 아니다. 그는 더 고상한 동기에 호소했다. 모든 사람이 가지고 있는 모성애에 대한 존중과 사랑에 호소하며 이렇게 썼다.

'이제 더 이상 제 사진은 싣지 마세요. 우리 어머니가 싫어합니다.'

존 D. 록펠러 주니어는 신문사의 사진기자들이 자녀들의 사진 찍는 것을 중단시키고 싶었다. 그 역시 더 고상한 동기에 호소했다.

'아이들 사진이 실리는 게 싫습니다.'

그는 이렇게 말하지 않았다. 그는 아이들은 해치면 안 된다는 우리 마음속 깊은 곳에 있는 바람에 호소했다.

'여러분도 아시잖아요. 몇몇 분은 자녀가 있으니 매스컴의 지나친 주목을 받는 게 아이들한테 좋지 않다는 것도 아시겠지요.'

메인주의 가난한 집안 출신인 사이러스 H. K. 커티스Cyrus H. K. Curtis는 〈세터데이 이브닝 포스트〉와 〈레이디스 홈 저널Ladies' Home Journal〉을 소유한 백만장자다. 커티스가 막 혜성 같은 경력을 시작할 때, 다른 잡지사만큼 작가들에게 원고료를 지급할 여력이 없었다. 그래서 커티스는 작가들의 고상한 동기에 호소했다. 예를 들어 불후의 명작《작은 아씨들》의 작가인 루이자 메이 올컷이 한창 주가를 올릴 무렵 올컷에게 글을 써달라고 설득할 때, 커티스는 올컷 본인이 아닌 올컷이 가장 좋아하는 자선단체에 100달러짜리 수표를 보내는 방법을 썼다.

회의론자들은 이렇게 말할 수도 있다.

"오, 그런 것은 노스클리프나 록펠러, 아니면 감상적인 소설가에게나 통하겠죠. 대금을 받아내야 하는 거친 사람들에게도 통하는지 보고 싶네요!"

그 말이 맞을 수도 있다. 모든 경우에 효과가 있는 것은 없다. 모든 사람에게 효과를 볼 수 있는 것도 없다. 지금 여러분이 거둔 결과에 만족한다면 왜 변화를 꾀할까? 하지만 지금 만족할 수 없다면 한번 시도해보면 어떨까?

어쨌든 나는 여러분이 제임스 L. 토머스James L. Thomas가 얘기해준 이 실화를 재미있게 읽을 것이라고 본다.

어떤 자동차 회사의 고객 여섯 명이 지급해야 할 서비스 요금을 거절하고 있었다. 서비스 요금을 모두 거절하는 것은 아니었지만, 고객들은 요금 청구에 잘못된 부분이 하나씩 있다고 주장했다. 고객들이 그 서비스를 해달라고 서명했기에 자동차 회사는 요금 청구가 옳다고 알고 있었다. 그래서 요금 청구서가 옳다고 얘기했다. 그런데 바로 이것이 자동차 회사의 첫 번째 실수였다. 다음은 자동차 회사의 채권부서의 직원들이 밀린 요금을 받기 위해 취한 조치다. 직원들은 대금을 받을 수 있었을까?

1. 직원들은 고객 여섯 명을 찾아가서 기한이 훨씬 지난 요금을 받으러 왔다고 직설적으로 얘기했다.
2. 직원들은 자동차 회사가 절대 무조건 옳다고 명백히 밝혔다. 그러므로 고객은 무조건 틀린 것이 되었다.

3. 직원들은 자동차에 대해서는 고객들이 알고 싶은 것보다 본인들이 훨씬 더 많이 알고 있다는 인상을 주었다.
4. 결과적으로 직원들은 고객과 언쟁을 벌였다.

위 방법으로 고객은 자동차 회사의 요구를 받아들이고 회사는 밀린 요금을 받았을까? 독자 여러분 스스로 답을 내놓을 수 있을 것이다.

이런 상황에서 채권부서의 부장은 법적인 소송을 막 준비하고 있었다. 그때 다행히도 본부장이 이 문제에 관심을 가지게 되었다. 본부장은 채무를 이행하지 않는 고객들을 조사하고 이 고객들이 요금을 연체한 적이 없음을 알아냈다. 무언가 잘못된 게 분명했다. 요금을 받는 방법에 확실히 문제가 있었다. 그래서 본부장은 제임스 L. 토머스를 불러서 '회수 불가능한' 대금을 받아보라고 얘기했다.

다음은 토머스가 취했던 조치를 직접 얘기한 것이다.

1. 저는 오랫동안 체납된 요금을 받기 위해 다른 직원들처럼 고객을 모두 찾아갔습니다. 우리 회사가 전적으로 옳다는 것은 알고 있었죠. 하지만 저는 이런 이야기는 한마디도 하지 않았습니다. 그저 회사에서 취했거나 취하지 못한 조치가 무엇인지 알아보고자 찾아왔다고 설명했습니다.
2. 저는 고객의 이야기를 다 듣기 전까지는 아무런 의견도 내지 않

겠다고 명백하게 밝혔습니다. 우리 회사가 절대 틀릴 수 없다는 주장은 하지 않겠다고 얘기했습니다.

3. 저는 고객의 자동차에만 관심이 있다, 고객이 다른 누구보다도 자신의 차에 대해 잘 알고 있다, 그 자동차에 대한 권한은 고객한테 있다고 얘기했습니다.
4. 저는 고객이 이야기하게 그냥 두었습니다. 고객이 바라는 대로 큰 관심을 보이거나 때로는 공감하며 이야기를 들어주었지요.
5. 고객이 이성적인 상태가 되었을 때, 모든 것을 고객의 페어플레이 정신에 맡겼습니다. 저는 고객의 고상한 동기에 호소했습니다. 저는 이렇게 이야기를 꺼냈습니다.

   "우선, 제가 봐도 이 상황은 잘못 처리된 것 같습니다. 고객님도 알아주시길 바랍니다. 고객님은 우리 직원들 때문에 불편하고 짜증나고 화도 나셨겠죠. 그런 일은 절대 일어나지 말았어야 했는데, 정말 죄송합니다. 회사를 대표해서 사과드립니다. 여기 앉아서 고객님의 이야기를 잘 들어보니 고객님의 공정함과 인내심에 감명받지 않을 수 없네요. 공정하고 끈기 있는 고객님께 부탁드릴 말씀이 있습니다. 누구보다 고객님이 더 잘할 수 있고, 누구보다 고객님이 더 잘 알고 계신 일입니다. 여기 고지서가 있습니다. 저는 고객님께 정정을 부탁드리는 게 안전하다는 생각이 듭니다. 우리 회사의 대표라도 고객님처럼 조정할 것 같습니다. 모든 것을 고객님께 맡기겠습니다. 고객님이 말씀하시는 대로 처리하겠습니다."

고객이 고지서 금액을 조정했을까? 물론 아주 짜릿한 흥분을 느끼며 금액을 조정했다. 고지서 금액은 150달러부터 400달러까지 다양했다. 고객이 자신한테 유리한 대로 상황을 이용했을까? 딱 한 명이 그랬다. 이 한 명은 논란이 된 요금을 한 푼도 내지 않았다. 하지만 다섯 명은 회사에 유리한 대로 금액을 조정했다. 무엇보다도 회사는 2년 후 신형 자동차 6대를 이 고객들에게 팔 수 있었다.

토머스는 말했다.

"저는 고객에 대해 어떤 정보도 얻을 수 없을 때, 유일하게 일을 처리할 확고한 근거는 '고객은 진실하고, 정직하고, 믿을 만하며, 요금이 정확하다는 확신만 있다면 기꺼이 요금을 낼 마음이 있다고 가정하는 것'임을 경험을 통해 배웠습니다. 다른 말로 좀 더 분명히 얘기하자면 사람들은 정직하며 본인의 의무를 다하기를 바라는 속성이 있습니다. 이런 원칙에 예외인 사람은 비교적 소수에 불과합니다. 저는 남을 속이려고 하는 사람들이 있더라도, 그들이 정직하고, 올바르고, 공정한 사람이라고 믿어주는 사람만 있다면 대부분 호의적으로 반응할 것이라고 확신합니다."

원칙 10 상대방의 고상한 동기에 호소하라.

11장

영화도 하고 TV도 하는데,
나만 못하는 것

오래전, 〈필라델피아 이브닝 블러튼Philadelphia Evening Bulletin〉은 위험한 중상모략으로 비방받고 있었다. 신문에 대한 악의적인 소문이 돈 것이다. 이 신문사가 광고를 지나치게 많이 싣고 기사는 거의 없어서 독자들에게 더 이상 호소력이 없다는 소리가 광고주들의 귀에 들렸다. 긴급조치가 필요했다. 악의적인 소문은 중단되어야 했다.

그런데 어떻게 해야 할까?

다음은 〈필라델피아 이브닝 블러튼〉이 취한 조치다.

〈필라델피아 이브닝 블러튼〉은 어느 평일에 나온 정규판에서 읽을거리를 모두 뽑아내 분류한 다음 책 한 권으로 출간했다. 307페이지 분량에 양장 제본을 한 책의 제목은 '하루One Day'였다. 그런데 〈필라델피아 이브닝 블러튼〉은 하루치 뉴스와 기삿거리를 모두 인쇄한 이 책을 몇 달러가 아닌, 단돈 몇 센트에 팔았다.

이 책의 출간으로 〈필라델피아 이브닝 블러튼〉은 그동안 엄청나게 많은 흥미진진한 읽을거리를 실었다는 사실을 극적으로 보여주었다. 수치 몇 장과 단순한 이야기보다 더 생생하고 더 흥미진진하고 더 감동적으로 사실을 전달할 수 있었다.

지금은 극적인 효과를 발휘해야 하는 시대다. 단순히 사실을 말하는 것으로는 부족하다. 사실을 생생하고 재미있고 극적으로 만들어야 한다. 쇼맨십을 활용해야 한다. 영화가 그렇게 하고 있다. TV도 마찬가지다. 그러니 주목받고 싶다면 쇼맨십을 활용해야 한다.

쇼윈도를 장식하는 전문가들은 극화의 위력을 알고 있다. 예컨대 쥐약을 새로 개발한 한 제조업체가 중개인에게 살아 있는 쥐 두 마리와 함께 새로운 쥐약을 주며 쇼윈도에 전시하게 했다. 그 쥐들이 쇼윈도에 전시된 주에 평소보다 판매가 5배 증가했다.

TV 광고는 제품 판매를 위해 극적인 기술을 아주 많이 사용한다. 어느 날 저녁이든 TV 앞에 앉아서 광고주들이 신제품 발표를 어떻게 하는지 분석해보라. 경쟁사의 제품은 그렇지 않은데, 시험관 속에서 산성의 색깔이 바뀌는 회사의 제산제에 주목하게 될 것이다. 다른 경쟁사와는 달리 더러운 셔츠를 깨끗하게 세탁하는 비누와 세제에 주목하게 될 것이다. 회전하고 커브를 도는 자동차도 눈에 띌 것이다. 그냥 말로만 듣는 것보다 효과가 훨씬 클 것이다. 다양한 제품을 사면서 만족하는 사람들도 볼 수 있다. 사람들은 광고를 통해 해당 제품의 이점을 극적으로 보여준 회사 제품을 사게 마련이다.

여러분은 업무든 일상생활의 여러 측면에서 본인의 아이디어를 극적으로 보여줄 수 있다. 어렵지 않다. 짐 예맨스Jim Yeamans는 버지니아주 리치먼드Richmond에 소재한 NCR(전국 금전등록기) 회사의 제품을 판매한다. 그가 극적인 표현으로 판매에 성공한 비법을 얘기해주었다.

> 지난주에 저는 동네 식료품점에 들렀다가 사장님이 계산대에서 사용하고 있던 금전등록기가 눈에 들어왔는데 무척이나 오래된 것이었습니다. 저는 사장님에게 다가가 이렇게 얘기했습니다.
>
> "고객이 사장님 앞에 줄을 설 때마다 말 그대로 푼돈을 길바닥에 버리고 있네요."
>
> 저는 이야기를 하면서 잔돈 몇 푼을 바닥에 던졌습니다. 사장님은 바로 제 이야기에 집중했죠. 단순히 몇 마디 말로 사장님의 주의를 끌 수도 있었겠지요. 하지만 사장님은 잔돈이 바닥에 떨어지는 소리에 그야말로 멈칫거렸습니다. 저는 오래된 기계를 전부 새것으로 바꿔달라는 주문을 받을 수 있었습니다.

극적으로 보여주는 것은 가정생활에서도 효과가 있다. 예전에 남자가 사랑하는 사람에게 청혼할 때, 단지 몇 마디 말만 했을까? 아니다! 연인은 무릎을 꿇었다. 자기 말이 진심이라는 것을 행동으로 보여준 것이다. 이제는 무릎을 꿇으며 청혼하는 사람은 거의 없다. 그래도 구혼자들은 대부분 청혼하기 전에 낭만적인 분위기를 조성한다.

원하는 것을 극적으로 보여주는 건 아이들에게도 효과가 있다. 앨라배마주 버밍햄에 사는 조 B. 팬트 주니어Joe B. Fant Jr.는 다섯 살짜리 아들과 세 살짜리 딸아이에게 장난감을 정리하라고 시키는 게 어려웠다. 그래서 그는 '기차놀이'를 고안했다. 아들 조이는 세발자전거의 엔지니어(캐이시 존스 선장Captain Casey Jones)가 되고, 딸아이 재닛의 수레를 조이의 자전거에 붙여서 기차로 만들었다. 저녁이 되면 오빠가 기차를 몰며 방안을 돌아다닐 동안 기차에 탄 재닛은 승무원실(자신의 수레)을 오르락내리락하며 '석탄'을 모두 실으러 다녔다. 이런 식으로 방은 아주 깨끗해졌다. 잔소리하거나 나무라거나 협박할 필요가 없었다.

인디애나주 미샤와카Mishawaka에 사는 매리 캐서린 울프Mary Catherine Wolf는 직장에서 여러 문제를 겪고 있었다. 울프는 상사와 이 문제를 상의해야겠다고 마음먹었다. 월요일 아침에 울프는 상사에게 만나달라고 요청했다. 그런데 상사가 정말 바쁘니, 상사의 비서를 통해 그 주 후반에 약속을 잡아야 한다는 이야기만 들었다. 상사의 비서는 상사에게 약속이 정말 많지만 어쨌든 울프와의 약속을 잡아주겠다고 얘기했다.

다음은 울프가 그 상황을 자세히 얘기한 것이다.

그 주 내내 비서는 아무런 답변도 해주지 않았어요. 제가 물어볼 때마다 비서는 상사가 나를 만나줄 수 없는 이유를 얘기했죠. 금요일이 되었지만 저는 아무 소식도 듣지 못했어요. 주말이 되기 전에 꼭 상사를 만나서 제 문제를 의논하고 싶었어요. 그래서 어떻게 하면 상사가 나를 만나줄지 속으로 생각했죠.

결국 이 방법을 썼어요. 상사에게 격식을 차린 정중한 편지 한 통을 썼습니다. 편지에 상사가 주중에 얼마나 바쁜지 잘 알고 있지만, 제가 상사와 대화를 나누는 것도 무척 중요한 일이라는 느낌을 주었습니다. 제가 부친 편지에 빈칸이 있는 정중한 편지 한 통과 회신용 봉투도 같이 넣었습니다. 상사가 직접 빈칸을 채워주시거나 비서에게 빈칸을 채워달라고 요청한 다음 다시 회신용 봉투에 넣어서 보내달라고 부탁했습니다. 제가 동봉한 편지 양식은 다음과 같습니다.

'저 미즈 울프Ms. Wolf는 _요일 오전 혹은 오후 _시에 몇 분 동안 당신을 만나고 싶습니다.'

저는 이 편지를 오전 11시에 상사의 편지함에 넣었습니다. 그리고 오후 2시에 제 편지함을 확인했더니 제가 주소를 적어서 동봉한 편지가 보였습니다. 상사는 제가 보낸 편지 양식에 그날 오후에 저를 볼 수 있으며 10분 정도 시간을 낼 수 있다고 직접 썼습니다.

저는 상사를 만나서 한 시간 넘게 대화를 나눴습니다. 그리고 제 문제를 해결했습니다.

만약 제가 상사를 꼭 만나고 싶은 마음을 극적으로 보여주지 않았더라면 아직도 약속이 잡히기만을 기다리고 있을 것이 분명합니다.

제임스 B. 보인턴James B. Boynton은 지루하고 긴 시장보고서를 제출해야 했다. 그의 회사는 시장을 선도하는 콜드크림 브랜드에 대한 철저한 조사를 이제 막 마친 상황이라, 콜드크림 시장에서 경쟁사에 대한 데이터가 당장 필요했다. 보인턴의 잠재 고객은 광고 사업에서 최고로 막강한 인물 중 하나였다.

그런데 보인턴의 첫 번째 방법은 시작도 하기 전에 실패로 돌아갔다.

보인턴은 이렇게 설명했다.

저는 처음 들어가자마자 시장 조사에 사용했던 방법을 논의하는 곁길로 빠지고 말았습니다. 그야말로 곁길로 빠진 거죠. 그분과 저는 입씨름을 벌였습니다. 그분은 제가 틀렸다 말하고, 저는 제가 옳다는 것을 입증하려고 애썼습니다.

결국 저만 만족스럽게 제 관점대로 설득하려고 했습니다. 하지만 시간이 다 되고 면담이 끝났지만 아무 결과도 끌어내지 못했습니다.

두 번째 만났을 때, 저는 수치 목록이나 데이터 같은 것은 신경 쓰지 않았습니다. 잠재 고객을 만나러 가서 제가 알고 있는 사실을 극적으로 보여주었습니다.

제가 사무실로 들어갔을 때, 그분은 전화를 받느라 몹시 바빴습니다. 그분이 전화를 받는 동안, 저는 서류 가방을 열어서 콜드크림 32병을 책상 위에 쏟았습니다. 그분 역시 알고 있는 경쟁사의 제품이었죠.

저는 거래를 조사한 결과를 항목별로 적은 꼬리표를 콜드크림 병마다 붙여두었습니다. 그러니까 각 병에 붙인 꼬리표로 경쟁사의 콜드크림을 간략하게 조사한 결과를 극적으로 보여준 것이었죠.

그리고 무슨 일이 있었을까요?

언쟁이 사라졌습니다. 뭔가 다른 새로운 일이 일어났죠. 그분은 첫 번째 병을 들더니 다른 병을 하나씩 들어서 꼬리표에 적힌 정보를 읽었습니다. 대화는 사이좋게 이어졌죠. 그분은 추가로 질문을 던졌습니다. 그리고 엄청난 관심을 보였습니다. 원래는 제게 10분만 할애할 생각이었지만 10분이 지나고 20분, 40분이 지나더니 결국 한 시간 넘게 대화가 이어졌습니다.

저는 예전에 제시했던 것과 같은 사실을 제시하고 있었습니다. 하지만 이번에는 극적인 효과와 쇼맨십을 활용해서 완전히 다른 결과를 만들어냈습니다.

원칙 11 아이디어를 극적으로 제시하라.

12장

그 무엇도 효과가 없다면 이렇게 하라

찰스 슈와브가 운영하는 공장 중에 직원들이 정해진 생산량을 채우지 못하는 공장이 있었다.

슈와브는 공장 매니저에게 물었다.

"어떻게 된 일인가요? 당신처럼 유능한 매니저가 어쩌다 공장을 이 지경으로 놔두었죠?"

공장 매니저가 대답했다.

"저도 모르겠습니다. 저는 직원들을 구슬려 보고 밀어붙이기도 하고 욕도 하고 막말도 했습니다. 지옥으로 보낸다고 했다가 잘라버린다는 협박도 했습니다. 그런데 아무것도 통하지 않았어요. 직원들이 도통 일을 안 하네요."

두 사람은 야간 근무조가 일을 시작하러 오기 직전에 대화를 나누고 있었다. 슈와브는 공장 매니저에게 분필 하나를 달라고 얘기하더니 가장 가까운 자리에 있던 직원에게 "오늘은 주간 근무조가 주조물을 몇 개 만들었죠?" 하고 물었다.

"여섯 개 만들었습니다."

슈와브는 바닥에 딱 6이라는 숫자만 커다랗게 분필로 적어놓고 자리를 떴다.

공장 안으로 들어온 야간 근무조들의 눈에 '6'이라는 숫자가 보여서 무슨 뜻이 있는지 물었다.

"사장님이 오늘 여기 오셨어요."

주간 근무조가 대답했다.

"오늘 우리가 주조물을 몇 개 만들었는지 물으셨어요. 사장님이 바닥에 그 숫자를 적으신 거예요."

다음 날 아침 슈와브가 다시 공장으로 들어왔다. 야간 근무조가 '6'을 지우고 커다랗게 적어놓은 숫자 '7'이 눈에 띄었다.

다음 날 아침 주간 근무조가 작업 상황을 보고하는데, 바닥에 분필로 적어놓은 숫자 '7'이 눈에 띄었다. 그래서 주간 근무조는 자신들이 야간 근무조보다 더 잘했다고 생각했을까? 음, 주간 근무조는 야간 근무조에게 본때를 보여주려고 했다. 직원들은 정말 열심히 일했다. 그날 저녁 일을 마쳤을 때, 바닥에 '10'이라는 커다란 숫자를 자랑스럽게 남길 수 있었다. 작업 상황은 점점 좋아졌다.

생산량이 떨어지던 이 공장은 얼마 후, 다른 어떤 곳보다 직원들의 생산성이 높은 공장으로 바뀌었다.

어떤 비결이 숨어 있었을까?

다음은 찰스 슈와브의 이야기를 바로 전한 것이다.

"일을 잘 마치려면 경쟁심을 자극해야 합니다. 저는 돈을 놓고 벌이는 추잡한 방법이 아닌 다른 사람을 능가하려는 욕망을 자극했습니다."

다른 사람을 능가하려는 욕망! 투쟁심! 도전 정신! 쉽게 굴복하지 않는 사람들에게 호소할 수 있는 가장 확실한 방법이다.

도전 정신이 없었다면 시어도어 루스벨트는 미국의 대통령이 될 수 없었을 것이다. 의용 기병대(미국 스페인 전쟁 때 활약한 미국의 의용 기병대)로 활약했던 루스벨트는 쿠바에서 돌아오자마자 뉴욕주의 주지사로 뽑혔다. 그런데 반대파들은 루스벨트가 이제 더 이상 뉴욕주에서 살지 않는다는 것을 알아냈다. 겁이 난 루스벨트는 철회를 바랐다. 그때 상원의원 토머스 콜리어 플랫Thomas Collier Platt이 루스벨트의 도전 정신을 자극했다. 플랫은 시어도어 루스벨트를 향해 우렁찬 목소리로 소리쳤다.

"미국 스페인 전쟁의 영웅이 겁쟁이인가요?"

루스벨트는 싸우기로 했다. 나머지는 모두가 다 아는 역사가 되었다. 도전 정신으로 루스벨트의 인생만 바뀐 것이 아니었다. 도전 정신은 미국의 미래에도 엄청난 영향을 미쳤다.

'누구나 마음속에는 두려움이 있다. 하지만 용감한 사람들은 두려움을 내려놓고 때로는 죽을 때까지 늘 승리하기 위해 앞으로 나아간다.'

이는 고대 그리스에서 왕을 호위하던 호위무사들의 좌우명이었다. 사람들의 두려움을 극복하는 것보다 더 큰 도전이 있을까?

알 스미스Al Smith는 뉴욕 주지사로 재임할 때, 난관에 부딪혔다. 당시 데블스 아일랜드Devil's Island 서쪽에 있는 악명높은 싱싱 교도소에는 교도소장이 없었다. 교도소 벽 너머로 흉흉하고 추악한 소문이 퍼지고 있었다. 스미스 주지사는 싱싱 교도소를 다스릴 강한 남자, 철인 같은 남자가 필요했다. 그런데 누가 있을까? 스미스 주지사는 뉴햄프턴New Hampton의 루이스 E. 로스에게 도움을 요청했다.

"싱싱 교도소를 한번 맡아보는 건 어떤가?"

스미스 주지사는 로스를 대면하자 호쾌하게 제안했다.

"거긴 경험 있는 사람이 필요해요."

로스는 싱싱 교도소가 얼마나 위험한지 알고 있었기에 정말 당황스러웠다. 게다가 정치적인 동향에 따라 변수가 다양하게 일어날 수 있는 다분히 정치적인 임명이었다. 싱싱 교도소를 거쳐 간 교도소장은 많았다. 고작 3주만 재임한 교도소장도 있었다. 로스는 경력을 고려해야 했다. 그의 경력을 고려할 만한 가치가 있는 자리일까?

로스의 주저하는 마음을 알아챈 스미스 주지사는 의자에 몸을 묻더니 미소를 지으며 말했다.

"젊은 친구. 난 자네가 겁을 먹는 걸 탓할 생각은 없네. 거긴 어려운 자리지. 실력자나 그곳을 감당하고 오래 머물 수 있겠지."

그렇게 스미스 주지사가 도전장을 내밀었다. 로스는 '실력자'

가 필요한 자리를 맡고 싶다는 생각이 들었다.

결국 로스는 싱싱 교도소로 가서 오래 머물렀다. 그는 당대 가장 유명한 교도소장이 되었다. 로스의 저서 《싱싱에서 보낸 20,000년(20,000 Years in Sing Sing)》은 수십만 권이 팔렸다. 로스가 방송에 출연하여 털어놓은 감옥생활 이야기는 수많은 영화가 제작될 수 있는 기폭제가 되었다. 로스가 범죄자들을 '교화'시킨 기적으로 말미암아 교도소에 개혁이 일어났다.

위대한 파이어스톤 타이어 & 고무 회사Firestone Tire and Rubber Company를 설립한 하비 S. 파이어스톤Harvey S. Firestone은 말했다.

"보수만으로는 좋은 사람들을 하나로 모으거나 붙잡을 수 없다는 것을 몰랐습니다. 지금 생각해보면 일 그 자체가 중요한 것 같아요."

최고의 행동과학자인 프레드릭 헤츠버그Frederic Herzberg의 의견도 그와 같았다. 그는 공장 노동자부터 기업의 중역에 이르기까지 다양한 직업에 종사하는 수천 명의 근무 태도를 깊이 연구했다. 여러분은 헤츠버그가 발견한 동기부여가 가장 잘되는 요인은 무엇이라고 생각하나? 그러니까 직업에서 가장 자극을 주는 것은 무엇일까? 돈일까? 좋은 근무 환경일까? 부가적인 혜택일까? 아니다. 하나도 들어맞지 않는다. 사람들에게 동기를 가장 많이 부여하는 주된 요인 하나는 바로 일 그 자체였다. 일이 재미있고 흥미진진하면, 근로자는 그 일을 하고 싶은 기대가 생기고 일을 잘해내고 싶은 의욕도 생긴다.

성공하는 모든 사람이 가장 좋아하는 것은 바로 일 그 자체다. 사람들이 도보 경주나 고함지르기 대회 혹은 파이 먹기 대회에 참가하는 것도 자기표현의 기회와 자신의 가치를 증명하고, 남을 능가하고, 이기려는 기회가 있기 때문이다. 그런 것들이 다른 사람보다 훨씬 뛰어나고 싶은 욕망, 중요한 사람이 되고 싶은 욕망을 부추기기 때문이다.

원칙 12 도전장을 내밀어라.

내 생각대로 다른 사람을 설득하라

원칙 1 논쟁에서 이기는 최고의 방법은 논쟁을 피하는 것이다.

원칙 2 다른 사람의 의견을 존중하라. "당신이 틀렸어요"라고 절대 말하지 마라.

원칙 3 틀렸다면 신속하고 단호하게 인정하라.

원칙 4 친근하게 시작하라.

원칙 5 상대방에게 "네, 맞아요" 하는 말을 바로 끌어내라.

원칙 6 상대방이 말을 많이 하게 놔둬라.

원칙 7 내 의견을 상대방의 생각인 것처럼 여기게 하라.

원칙 8 다른 사람의 관점으로 상황을 보려고 정말 노력하라.

원칙 9 다른 사람의 생각과 욕망에 공감하라.

원칙 10 상대방의 고상한 동기에 호소하라.

원칙 11 아이디어를 극적으로 제시하라.

원칙 12 도전장을 내밀어라.

4부

리더가 되라:

기분 상하게 하거나 적개심을 일으키지 않으면서 사람들을 변화시키는 방법

1장

상대방의 잘못을 꼭 찾아내야 한다면 이렇게 시작하라

내 친구 한 명이 캘빈 쿨리지Calvin Coolidge가 대통령으로 재임 중일 때 백악관에 초대받은 적이 있었다. 친구는 우연히 대통령의 개인 사무실에 들어가게 되었는데, 쿨리지 대통령이 비서에게 얘기하는 소리가 들렸다.

"오늘 입은 드레스 참 예쁘네. 자넨 참 매력적인 여성이야."

변함없고 조용한 성격 때문에 '침묵의 칼Silent Cal'이라는 별명이 있는 쿨리지 대통령이 이제껏 다른 사람에게 건넨 말 중 가장 야단스러운 칭찬이었다. 너무 특이하고 예상치 못한 칭찬을 듣자, 혼란에 빠진 비서는 얼굴이 빨개졌다. 그러자 쿨리지 대통령이 또다시 이야기를 했다.

"음, 우쭐댈 것 없어. 난 그냥 자네 기를 살리려고 한 말이니까. 이제부터는 구두점에 신경을 좀 더 써주게."

그가 쓴 방법은 살짝 노골적인 면이 있었지만, 심리전만큼은 훌륭했다. 사람들은 불쾌한 이야기를 듣기 전에 좋은 점에 대해 칭찬을 들으면 훨씬 더 편안하게 받아들일 수 있다.

이발사는 손님의 얼굴을 면도하기 전에 먼저 비누 거품을 낸다. 1896년 맥킨리McKinley는 대통령에 출마했을 때, 바로 이런 방법을 썼다. 당시 유명한 공화당원 한 명이 연설문을 작성했다. 이 공화당원은 자신이 쓴 글이 키케로Cicero와 패트릭 헨리Patrick Henry와 대니얼 웹스터를 한데 모은 것보다 더 낫다고 여겼다. 흥이 넘친 젊은 당원은 맥킨리 앞에서 불멸의 연설을 소리 내어 읽었다. 연설문은 좋은 대목도 있었지만, 썩 좋지는 않았다. 엄청난 비난을 받을 가능성도 있었다.

맥킨리는 젊은 당원에게 상처를 주고 싶지 않았다. 젊은 당원의 멋진 열정을 끝장낼 수는 없었다. 하지만 안 된다는 말은 꼭 해야만 했다.

맥킨리가 얼마나 노련하게 안 된다는 말을 했는지 주목해야 한다.

"이보게. 정말 훌륭한 연설이야, 아주 훌륭해. 누구도 이것보다 더 잘 준비할 수는 없을 거야. 딱 들어맞는 말도 여러 군데 있고. 그런데 이 연설문이 특히 이 경우에 확실히 적합할까? 자네 관점에서 보면 이 연설문이 타당하고 냉철하겠지만 난 정당의 관점에서 연설문의 효과를 고려해야 하네. 집으로 돌아가서 내가 지시한 대로 연설문을 다시 써서 사본을 보내주게."

젊은 당원은 시키는 대로 했다. 맥킨리가 연설문을 수정해서 젊은 당원이 다시 쓸 수 있도록 도와주었다. 그는 결국 선거운동을 하며 아주 효과적인 연설가가 될 수 있었다.

에이브러햄 링컨이 이제까지 쓴 편지 중 두 번째로 유명한 편지를 소개하려고 한다(가장 유명한 편지는 전쟁터에서 다섯 아들을 잃은 빅스비 부인Mrs. Bixby을 위로하기 위해 쓴 것이다). 링컨은 아마도 시간에 쫓겨서 5분 만에 이 편지를 썼을 것이다. 그런데도 1926년 공매를 통해 12,000달러에 팔렸다. 당시 링컨이 50년간 열심히 일해서 저축할 수 있는 것보다 많은 금액이었다. 이 편지는 남북 전쟁 중 가장 암울하던 1863년 4월 26일 조셉 후커 장군에게 쓴 것이다. 링컨의 휘하에서 북군을 이끌던 장군들은 18개월 동안 비극적인 패배만 당하고 있었다. 의미도 없고 어리석은 살육만 난무하고 있었다.

온 국민이 겁에 질렸다. 병사 수천 명이 탈영하고 상원의 공화당 의원들마저도 들고일어나더니, 링컨이 백악관에서 나와야 한다고 압박하고 있었다.

'우린 지금 파멸의 기로에 서 있습니다. 전지전능하신 신도 우리에게 등을 돌린 것 같습니다. 희망이 털끝만큼도 보이지 않는 것 같습니다.'

링컨의 편지에 캄캄한 슬픔과 혼란이 묻어났다.

나라의 운명이 장군 한 사람의 조치에 달려 있던 시기에 고집스럽게 말을 듣지 않는 장군의 마음을 돌리기 위해 링컨이 얼마나 애를 썼는지 보여주기 위해 이 편지를 실었다.

링컨이 대통령이 된 후에 썼던 편지 중 가장 신랄한 편지일 것이다. 그런데도 링컨이 후커 장군의 중대한 잘못을 지적하기 전에 먼저 칭찬한 것에 주목해야 한다.

맞다. 후커 장군이 저지른 잘못은 심각했다. 하지만 링컨은 중대한 잘못이라고 쓰지 않았다. 전보다 더 조심스럽고, 사교성도 더 좋아진 링컨은 이렇게 썼다.

'내가 장군한테 불만스러운 부분이 몇 가지 있어요.'

재치 있고 능수능란한 표현이다!

다음은 후커 장군에게 보낸 편지다.

난 장군을 포토맥 부대의 사령관으로 임명했어요. 물론 내가 보기에 충분한 이유가 있어서 그렇게 한 것입니다. 그런데 장군에게 충분히 만족할 수 없는 몇 가지 상황이 있다는 것을 알려드려야 할 것 같군요.

나는 장군이 용감하고 노련한 군인이라고 믿고 있어요. 물론 그래서 장군을 좋아하는 것이지요. 또한 나는 장군이 일과 정치를 뒤섞지 않는다고 믿고 있어요. 그 점도 장군이 잘하는 부분입니다. 장군은 자신감도 있어요. 꼭 필요한 자질은 아닐지라도 귀중한 자질입니다. 또한 장군은 야심이 있어요. 합리적인 정도라 해를 끼치기보다는 유익이 되는 편입니다.

그런데 번사이드 장군이 부대를 통솔할 당시, 장군은 야심이 지나친 나머지 번사이드 장군에게 아주 강하게 반기를 들었습니다. 이는 국가에도 잘못한 것일 뿐만 아니라 많은 공을 세운 명예로운 동료 장교에게도 잘못을 저지른 것입니다.

나는 장군이 최근 군대와 정부에 독재자가 필요하다고 말했다는 것을 다른 사람을 통해 들었습니다. 물론 나는 장군이 그런 말을 했기 때문이 아니라, 그런 말을 했는데도 불구하고 장군에게 군을 통솔할 지휘권을 준 것입니다.

성공한 장군들만이 독재자로 세워질 수 있습니다. 내가 장군에게 부탁하는 것은 군사적 성공입니다. 그럴 수만 있다면 나는 독재를 감수할 마음이 있습니다.

우리 정부는 최대한 장군을 지원할 것입니다. 이제까지 모든 사령관을 최대한 지원한 것처럼 앞으로도 똑같이 그렇게 지원할 것입니다. 그런데 나는 장군이 군에 주입한 정신, 사령관을 비난하고 사령관을 신뢰하지 않는 정신이 이제는 도리어 장군에게로 향할까 봐 두렵습니다. 나는 장군이 그런 정신을 내려놓을 수 있게 최선을 다해 도와줄 것입니다.

장군이 아니라 나폴레옹이 살아 돌아온다고 하더라도, 그런 정신이 만연한다면 어떤 군대라도 좋은 결과를 낼 수 없을 것입니다. 이제부터는 경솔함을 경계하세요. 절대 경거망동하지 마세요. 하지만 기운차게 쉼 없이 경계하며 전진해서 우리 국민에게 승리를 안겨주세요.

여러분은 쿨리지가 아니다. 맥킨리도, 링컨도 아니다. 이런 심리전이 업무상 일상적으로 만나는 사람들에게도 잘 적용될 수 있을지 궁금할 것이다. 한번 알아보기로 하자. 다음은 필라델피아에 소재한 워크사Wark Company의 W. P. 가우W. P. Gaw의 사례를 살펴본 것이다.

워크사는 지정된 날까지 필라델피아에 커다란 사무실 건물을 완공하는 계약을 맺었다. 모든 것이 계획대로 착착 진행되었다. 그런데 빌딩이 완공될 무렵, 갑자기 건물 외관을 장식할 청동 작업을 하던 하청업체 한 곳이 납기까지 작업을 마무리할 수 없다고 선언했다. 뭐라고! 빌딩 전체가 지연된다니! 위약금이 엄청날 텐데! 손실도 심각하고! 이 모든 건 딱 한 사람 때문이야!

장거리 전화가 이어졌다. 논쟁이 시작되고 열띤 대화가 이어졌다! 하지만 모두 허사로 돌아갔다. 그러자 가우가 하청업체 사장을 만나서 담판을 지으려고 뉴욕으로 갔다.

"브루클린에 사장님 이름이 딱 하나뿐인 거 알고 계세요?"

가우는 서로 소개를 마친 직후에 하청업체 사장에게 물었다. 사장은 놀라며 대답했다.

"아니, 몰랐어요."

"오늘 아침 기차에서 내려서 전화번호부로 사장님 주소를 찾았거든요. 그런데 브루클린에 사장님하고 이름이 같은 사람이 아무도 없더라고요."

"전혀 몰랐어요."

하청업체 사장이 대답하더니 흥미를 갖고 전화번호부를 확인했다.

"음, 내 이름이 특이하긴 해요."

하청업체 사장은 자랑스럽게 이야기를 시작했다.

"우리 가족은 네덜란드에서 왔어요. 뉴욕에 정착한 지 200년 쯤 됩니다."

하청업체 사장은 가족과 조상에 대해 몇 분 동안 이야기를 계속했다. 하청업체 사장이 말을 마치자, 가우는 공장이 정말 크다고 칭찬하더니 지금까지 방문한 비슷한 다른 공장에 비해 훌륭하다고 덧붙였다.

"지금까지 본 청동 공장 중에 가장 깨끗하고 정돈도 잘되었네요."

"전 평생 이 일을 했어요. 꽤 자랑스러워요. 공장을 한번 둘러보실래요?"

하청업체 사장이 제안했다.

공장을 둘러보면서 가우는 공장의 제작 방식을 칭찬했다. 그리고 경쟁사의 제작 방식에 비해 얼마나 우수한지, 또 우수해 보이는 이유도 설명했다. 또한 가우가 특이해 보이는 기계들에 대해 견해를 밝히자, 하청업체 사장은 자신이 직접 발명한 기계라고 대답했다. 하청업체 사장은 특이한 기계의 제작 방식과 우수성에 대해 오랫동안 얘기했다. 하청업체 사장은 가우에게 함께 점심을 먹자고 강권했다. 그때까지 가우는 공장을 방문한 진짜 목적에 대해서는 단 한 마디도 하지 않았다.

점심 식사 후에 하청업체 사장이 이야기를 꺼냈다.

"이제, 일 이야기를 하지요. 가우 씨가 여기 온 이유를 당연히 알고 있습니다. 우리 만남이 이렇게 유쾌할 줄은 몰랐습니다. 다른 주문은 모두 미루더라도, 가우 씨가 원하는 자재는 제작해서 보내드린다고 약속드리겠습니다. 필라델피아로 편안히 돌아가세요."

가우는 요청하지 않고도 원하는 것을 모두 얻을 수 있었다. 회사에서 원하는 자재는 제때 도착했고, 빌딩은 계약서에 명시된 그 날짜에 완공되었다.

가우가 이런 경우에 흔하게 사용되는 강압적인 방법을 썼더라면 이런 일이 가능할 수 있었을까?

뉴저지주 포트만머스Fort Monmouth에 소재한 연방 신용 조합Federal Credit Union의 지점장인 도로시 루블레스키Dorothy Wrublewski가 우리 수업 시간에 직원의 생산성을 개선한 이야기를 들려주었다.

우리는 최근에 젊은 여성을 창구 직원으로 채용했어요. 그녀는 고객들과의 소통이 아주 좋았어요. 개별 거래를 정확하고 유능하게 처리했죠. 그런데 하루 일이 끝날 무렵 잔액을 맞출 때 문제가 발생했어요.

다른 창구 직원이 나를 찾아오더니 그 여성을 해고해야 한다고 강력하게 얘기했습니다.

"그 직원이 잔액을 너무 늦게 맞추는 바람에 다른 직원들의 일 처리가 다 늦어지고 있어요. 그 직원한테 방법을 계속 알려주었는데 도무지 이해를 못 하네요. 그 직원을 자르세요."

다음 날 그 직원이 다른 평범한 거래는 정확하고 빨리 처리하는 모습이 제 눈에 보였어요. 그 직원은 고객 응대도 아주 유쾌하게 잘하더군요.

그 직원이 잔액을 맞추는 걸 왜 어려워하는지 곧 알았어요. 근무 시간이 끝난 후에 저는 직원에게 다가가서 이야기를 걸었습니다. 직원은 무척 긴장하고 당황했어요. 저는 직원이 무척 친절하게 고객 응대를 잘한다고 칭찬했어요. 그리고 빠르고 정확한 작업 속도도 칭찬했죠. 또한 금전등록기의 잔액을 맞추는 절차를 같이 검토해보자고 제안했어요. 직원은 제가 자신을 믿어주는 걸 알자 제 제안을 쉽게 따라주었습니다. 그리고 잔액을 맞추는 방법을 바로 익혔지요. 그때 이후로 그 직원은 문제를 일으킨 적이 없습니다.

다른 사람을 상대할 때 칭찬으로 시작하는 것은 치과의사가 노보카인Novocain(치과용 국부 마취제)으로 치료를 시작하는 것과 유사하다. 환자의 이에 구멍이 뚫려도 노보카인이 통증을 줄여주는 것이다. 리더라면 칭찬을 활용해야 한다.

원칙 1 칭찬과 진심 어린 인정으로 시작하라.

2장

미움을 사지 않고 상대방을 비판하는 법

찰스 슈와브가 어느 날 정오 무렵에 철강 공장 한 곳을 지나가는데 담배를 피우는 직원들이 우연히 눈에 띄었다. 직원들 머리 위에는 '금연' 표시가 있었다. 슈와브가 표지판을 가리키며 "저거 안 보이나?" 하고 물었을까? 아니, 슈와브는 그럴 사람이 아니다. 슈와브는 직원들에게 다가가서 담배를 한 개비씩 나눠주며 이렇게 얘기했다.

"자네들, 이 담배는 밖에서 피워주면 좋겠네."

본인들이 규칙을 어긴 것을 슈와브가 알고 있다는 것을 직원들도 알고 있었다. 그런데 슈와브는 그런 얘기는 단 한 마디도 하지 않고 오히려 작은 선물을 나눠주면서 직원들이 중요한 사람이라는 대접을 해주었다. 그래서 직원들은 슈와브를 존경했다. 어떻게 이런 사람을 좋아하지 않을 수 있을까?

존 워너메이커도 같은 방법을 활용했다. 워너메이커는 필라델피아에 소재한 백화점을 매일 시찰했다. 어느 날 계산대에서 기다리는 손님이 그의 눈에 띄었다. 그런데 그 손님에게 관심을 보이는 사람은 한 명도 없었다. 판매원들은 어땠을까? 판매원들은 계산대 맨 끝에서 깔깔대고 웃으며 이야기하고 있었다. 워너메이커는 한 마디도 하지 않았다. 그저 슬그머니 계산대 뒤로 가더니 고객의 구입 물건을 직접 계산한 다음 판매원들에게 건네주며 포장하라고 말한 후 자리를 떴다.

공직자들은 유권자들이 쉽게 다가갈 수 없다는 비판을 자주 받는다. 공직자가 바쁜 것도 문제지만 방문객이 너무 많아서 상사가 큰 짐을 지는 것을 바라지 않는 과보호하는 비서들에게도 일부 잘못이 있다. 올랜도의 시장이었던 칼 랭포드Carl Langford도 그런 사례다.

디즈니 월드의 고향인 플로리다 주민들은 오랫동안 시장의 직원들을 비난해왔다. 랭포드 시장이 '열린 문' 정책을 펼친다고 주장하지만, 시장의 비서와 공무원들 때문에 시장을 만날 수 없었으니까.

결국 랭포드 시장이 해결책을 내놓았다. 그는 시장실 문을 없애버렸다! 직원들은 시장의 의도를 완전히 이해했다. 시장실 문이 제거된 후로 시장은 진정한 개방 정책을 펼칠 수 있었다.

세 글자로 이루어진 단어 하나만 바꾸어도 상대방의 기분을 상하게 하거나 적개심을 일으키게 하지 않으면서 그 사람을 변화시킬 수 있다.

사람들은 대부분 진심 어린 칭찬을 한 다음 '그런데'라는 단어로 비판을 시작하고 결국 비판적인 말로 끝을 맺는다. 예컨대 공부를 소홀히 하는 아이의 태도를 바꾸려고 이런 말을 할 수 있다.

"조니, 이번 학기에 성적이 올랐네. 우리는 네가 자랑스러워. 그런데 대수학을 조금만 더 열심히 한다면 결과가 더욱 좋을 것 같아."

이 경우 조니는 '그런데'라는 말을 듣기 전까지는 기분이 좋았을 것이다. 조니는 그 말을 듣는 순간 처음 들었던 칭찬이 진짜인지 의심이 들 수 있다. 조니 입장에서 처음 들었던 칭찬은 나쁜 대수학 성적을 암시하듯 비난하려고 부모가 억지로 꾸며낸 칭찬처럼 들릴 뿐이다. 그러면 부모에 대한 신뢰도 떨어지고 공부를 대하는 조니의 태도를 바꿀 수도 없을 것이다.

이 경우 '그런데'라는 단어를 '그리고'로 바꾸면 문제를 쉽게 극복할 수 있다.

"조니, 우리는 네가 정말 자랑스러워. 이번 학기에 성적이 올랐네. 그리고 다음 학기에도 지금처럼 열심히 노력하면, 대수학 성적도 다른 아이들만큼 나올 거야."

이제 조니는 부모의 칭찬을 잘 받아들일 것이다. 나쁜 성적을 암시하는 말이 따라오지 않았기 때문이다. 조니의 행동을 간접적으로 바꾸고 싶은 부모의 바람에 조니도 관심을 기울일 것이고, 또한 부모의 기대에 부응하려고 노력할 가능성이 있다.

상대방의 실수를 간접적으로 지적하는 것은 직접적인 비판에 몹시 화를 낼 예민한 사람들에게 큰 효과를 볼 수 있다. 로드아일랜드주 운소켓Woonsocket에 사는 마지 제이콥Marge Jacob 부인은 집을 증축하기 위해 공사장 인부들을 고용했다. 제이콥 부인은 대충 일하는 인부들이 스스로 청소할 수 있게 설득한 이야기를 우리가 진행한 수업 시간에 들려주었다.

제이콥 부인이 퇴근 후에 돌아온 처음 며칠 동안 마당에 흐트러진 목재 조각이 눈에 띄었다. 제이콥 부인은 솜씨가 뛰어난 현장 인부의 반감을 사고 싶지 않았다. 그래서 인부들이 집으로 돌아간 후, 아이들과 함께 목재 조각을 주워서 한쪽 구석에 깔끔하게 쌓아두었다. 다음 날 아침, 제이콥 부인은 현장 감독을 한쪽으로 부른 다음 이야기를 꺼냈다.

"어젯밤 앞마당을 그렇게 치워주셔서 정말 기분이 좋았어요. 아주 깨끗해서 이웃들에게 방해가 되지 않을 것 같아요."

그날부터 현장 인부들은 목재 조각을 주워서 한쪽 구석에 쌓아두었다. 그리고 현장 감독도 하루 일을 마칠 때쯤 매일 들러서 마당 상태를 확인했다.

육군 예비군과 이들을 훈련하는 교관들은 주로 머리 길이 때문에 논쟁을 벌인다. 예비군은 대부분 자신을 민간인으로 여기기에 머리를 짧게 자르는 것을 무척 싫어한다. 미 육군 예비군 학교의 542번째 상사인 할리 카이저Harley Kaiser는 비상임 예비군 장교들과 함께 일할 때 이 문제를 본격적으로 해결해야 했다.

구시대적인 상비군 상사인 카이저는 부대원들에게 소리를 지르며 협박할 수도 있었지만, 자신의 의견을 간접적으로 전달하기로 했다.

"제군들, 여러분은 리더입니다."

카이저 상사가 이야기를 시작했다.

"여러분은 모범을 보일 때 능력을 가장 잘 발휘합니다. 여러분이 모범을 보여야만 부하들도 따를 것입니다. 여러분은 머리 모양에 대해 군대의 규칙이 어떻게 적용되는지 잘 알고 있습니다. 나는 오늘 머리를 자를 것입니다. 여러분 중에 머리를 깎지 않은 저보다 머리가 긴 친구도 보이는군요. 거울을 보세요. 모범을 보이기 위해 머리를 깎아야 한다는 생각이 든다면 여러분이 부대 이발소에 방문할 수 있도록 시간을 조정해줄게요."

예상했던 결과가 나왔다. 거울을 본 지원자 몇 명이 그날 오후 부대 이발소로 가서 '규칙'대로 머리를 깎았다. 다음 날 아침 카이저 상사는 몇몇 예비군들에게서 지도자의 자질이 발전할 가능성이 보인다고 얘기했다.

1887년 3월 8일에 연설을 잘했던 헨리 워드 비처Henry Ward Beecher 목사가 사망했다. 다음 일요일에 리먼 애봇Lyman Abbott은 비처 목사의 사망으로 공석이 된 교회에서 설교를 맡아달라는 초대를 받았다. 최선을 다하고 싶은 애봇은 플로베르Flauber(프랑스의 자연주의 소설가)처럼 정말 꼼꼼하게 설교문을 쓰고, 또 쓰고, 고쳐 썼다.

그리고 애봇은 아내에게 설교문을 읽어주었다. 대부분의 서면 연설이 그런 것처럼 형편없었다. 애봇의 아내가 판단력이 부족했다면 이렇게 말했을지도 모른다.

"리먼, 참 형편없어요. 이렇게 읽으면 안 돼요. 사람들이 잠이 들어버릴걸요. 백과사전을 읽는 것 같아요. 당신은 그렇게 오랫동안 설교를 했는데 이것보단 잘 알아야죠. 맙소사, 그냥 사람처럼 말하면 안 돼요? 제발 자연스럽게 행동하세요? 이런 걸 읽으면 당신 얼굴에 먹칠을 하는 거예요."

애봇의 아내는 이렇게 말할 수도 있었다. 그런데 그녀가 그렇게 했다면 어떤 일이 벌어질지 여러분도 알 것이다. 당연히 그녀도 알고 있었다. 그래서 그녀는 단지 그 설교문을 〈노스 아메리칸 리뷰North American Review〉에 기고하기 딱 좋은 글이라고만 얘기했다. 다시 말해 그녀는 남편의 설교문을 칭찬은 했지만, 연설문으로 적당하지 않다는 점을 미묘하게 암시한 셈이었다. 리먼 애봇은 아내의 이야기를 알아듣고 세심하게 준비한 원고를 찢어버린 다음 메모도 사용하지 않고 설교했다.

다른 사람들의 실수를 효과적으로 정정하려면 그 사람의 잘못을 넌지시 지적해야 한다.

원칙 2 다른 사람들의 잘못은 넌지시 지적하라.

3장

내 실수를 먼저 얘기하라

조카인 조세핀 카네기Josephine Carnegie가 내 비서가 되기 위해 뉴욕으로 왔을 때의 일이다. 당시 열아홉 살이던 조세핀은 고등학교를 3년 전에 졸업했는데, 업무 경력이 거의 제로에 가까웠다. 지금은 정말 유능한 비서가 되었지만 처음에는 음, 개선의 여지가 많은 편이었다. 어느 날 나는 조카를 야단치려고 했다. 그런데 속으로 이런 생각이 들었다.

'잠깐, 데일 카네기. 잠깐만 기다려. 넌 조세핀보다 나이가 두 배는 많잖아. 업무 경력이 만 배는 되잖아. 그런데 아무리 네 능력이 하찮더라도 저 아이에게 너의 관점과 판단력과 결단력을 기대할 수 있어? 그리고 잠깐 기다려, 데일. 넌 열아홉 살 때 뭘 하고 있었지? 네가 저지른 터무니없는 실수 기억나? 네가 그때 이런저런 일들을 벌인 거 생각나?'

나는 그 문제를 솔직하고 편견 없이 계속 생각한 후 당시 조세핀의 능력이 열아홉 시절의 나보다 낫다는 결론을 내렸다. 그리고 고백하기 창피하지만, 조세핀에게 칭찬에 인색한 것도 사실이었다.

그때 이후로 조세핀의 실수를 지적하고 싶을 때마다 나는 이렇게 말했다.

“조세핀, 이건 실수한 거야. 하지만 내가 저질렀던 실수만큼 심하지는 않아. 판단력을 갖고 태어나는 사람은 없어. 판단력은 경험을 통해서만 생기지. 넌 내가 네 나이 때보다 훨씬 나아. 난 어리석은 일을 많이 저질렀어. 그런 내가 너나 다른 사람을 비난할 수는 없지. 그런데 이건 이러이러하게 하면 더 나을 것 같지 않니?”

캐나다 매니토바주Manitoba 브랜든Brandon에 사는 엔지니어 E. G. 딜리스턴E. G. Dillistone은 새로 채용한 비서 때문에 문제를 겪고 있었다. 딜리스턴이 받아쓰게 한 편지에 서명이 필요해서 책상 위에 올려두었는데, 페이지마다 철자가 틀린 단어가 두세 개는 보였다. 다음은 딜리스턴이 이 상황을 어떻게 처리했는지 얘기한 것이다.

다른 엔지니어들처럼 저도 영어 실력이 뛰어난 편이 아닙니다. 철자 실력이 부족한 편이지요. 그래서 몇 년 동안 엄지로 색인을 찾아볼 수 있는 까만 공책에 철자가 어려운 단어를 기록해뒀습니다. 비서의 실수를 지적해봤자, 교정을 잘하는 데 도움 되지 않을 것이 분명해서 저는 다른 방법을 쓰기로 했습니다. 그리고 다른 편지를 읽는 데 또다시 실수가 눈에 들어왔습니다. 그래서 비서를 불러서 이렇게 얘기했습니다.

"이 단어는 틀린 것 같아요. 내가 늘 애를 먹는 단어네요. 그래서 나는 이렇게 철자를 기록한 공책을 갖고 있어요(저는 철자를 찾기 위해 이 공책을 펼칠 때가 많아요). 여기 철자를 기록한 공책이 있어요. 나는 다른 사람들이 우리가 보낸 편지로 우리를 판단하는 데다가 그 편지를 읽다가 철자가 틀린 단어를 발견하면 우리의 전문성이 떨어져 보이기 때문에 철자를 특히 의식하는 편이에요."

비서가 제 방식을 따랐는지는 잘 모르겠습니다. 어쨌든 그런 얘기를 한 이후로 철자를 틀리는 비서의 실수가 현저하게 줄었습니다.

세련된 귀족 베른하르트 폰 뷜로Prince Bernhard von Bülow는 1909년에 이 책에서 얘기한 원칙의 필요성을 확실히 깨우쳤다. 폰 뷜로는 빌헬름 2세가 왕좌에 앉아 있을 당시 독일의 수상이었다. 오만하고 거만한 빌헬름 2세는 세계 각국을 제압하기 위해 육군과 해군을 만들었다고 큰소리친 독일의 마지막 황제였다.

그때 놀라운 일이 벌어졌다. 대륙을 뒤흔들고 연달아 터지는 폭발음이 전 세계를 울릴 만큼 정말 놀라운 이야기를 빌헬름 2세가 쏟아낸 것이었다. 설상가상으로 독일 황제 빌헬름 2세는 영국에 초대되었을 때 사람들 앞에서 정말 어리석고 독선적이며 터무니없는 이야기를 떠들었다. 또한 〈데일리 텔레그래프Daily Telegraph〉에 이렇게 터무니없는 이야기를 실어도 된다고 허락해 주었다.

예컨대 빌헬름 2세는 '영국에 호의를 가지고 있는 나라는 독일밖에 없다', '자신은 위협적인 일본을 막아내기 위해 해군을 강화하고 있다', '오직 자신만이 러시아와 프랑스로부터 굴욕당하지 않도록 영국을 구해주었다', '영국의 로버츠 경Lord Roberts이 남아프리카의 보어 전쟁에서 크게 이길 수 있었던 것은 자신의 계획을 따른 덕분이었다' 등등 많은 이야기를 쏟아냈다.

평화로운 100년 동안 유럽의 왕이 이렇게 놀라운 말을 쏟아낸 건 처음이었다. 온 대륙이 벌집을 쑤신 것처럼 시끄럽고 분노가 들끓었다. 영국인들은 몹시 분개하고 독일 정치가들은 겁에 질렸다. 모두가 놀란 이 상황에서 공포에 질린 독일 황제는 당시 총리였던 폰 뷜로에게 책임을 떠맡으라고 제안했다. 그렇다. 독일 황제는 폰 뷜로 총리가 이 모든 일은 자신의 책임이며, 자신이 황제에게 이렇게 황당한 이야기를 하라고 조언했다고 발표하길 바랐다.

폰 뷜로가 이렇게 항변했다.

"하지만 폐하, 독일인이나 영국인 중 누구라도 제가 감히 폐하에게 이런 말을 하라고 조언할 능력이 있다고 믿는 사람은 아무도 없을 것 같습니다."

폰 뷜로는 이 말을 꺼내는 순간 자신이 엄청난 실수를 저질렀음을 깨달았다. 독일 황제도 불같이 화를 냈다.

"당신 눈에 내가 어리석은 당나귀로 보이지!"

독일 황제가 소리쳤다.

"당신이라면 절대 저지르지 않을 실수나 저지르는 바보로 생각하는 거지!"

폰 뷜로는 상대방을 비난하기 전에 칭찬의 말을 먼저 해야 한다는 사실은 알고 있었다. 하지만 이미 늦어버렸기에 차선책을 따랐다. 그는 비난한 후에 칭찬을 시도했다. 그런데 기적 같은 결과가 일어났다.

"그런 의도가 아니었습니다."

폰 뷜로는 존경심을 담아 대답했다.

"폐하는 여러 면에서 저를 훨씬 능가하십니다. 그뿐 아니라 해군과 육군에 대한 지식도 뛰어나시죠. 특히 자연과학은 저보다 월등하십니다. 폐하께서 기압계나 전보, 엑스선을 설명하실 때 감탄을 금할 수가 없었습니다. 저는 부끄럽게도 모든 자연과학에 무지합니다. 화학, 물리는 전혀 모르지요. 또한 자연현상은 아주 간단한 것도 설명할 능력이 없습니다. 그런데……."

폰 뷜로가 말을 이었다.

"그에 대한 보상인지, 역사적 지식은 약간 가지고 있습니다. 또한 정치, 특히 외교에 자질이 있습니다."

독일 황제의 얼굴이 밝아졌다. 폰 뷜로는 황제를 칭찬하며 한껏 드높이고 자신을 낮추었다. 황제는 그 후로 폰 뷜로가 무슨 말을 하더라도 용서할 수 있었다.

"내가 늘 말했잖아?"

황제는 열정적으로 대답했다.

"우리는 서로를 완전하게 하는 관계야. 우린 늘 함께해야 해. 앞으로도 계속!"

황제는 폰 뷜로의 손을 맞잡고 흔들었다. 몇 번이나 흔들었다. 그날 오후 황제는 두 손을 불끈 쥐며 무척 열정적으로 소리쳤다.

"누구라도 내 앞에서 폰 뷜로 남작에 대해 나쁜 말을 하면, 내가 그놈 얼굴을 때릴 거요."

폰 뷜로는 늦지 않게 자신을 구할 수 있었다. 그는 처세술에 능한 사람이었지만 한 가지 실수를 저지르고 말았다. 황제가 보호자가 필요한 바보라고 넌지시 알리지 말고, 자신의 단점과 빌헬름의 우월한 점에 대해 먼저 얘기했어야 했다.

자신을 낮추고 상대방을 칭찬하는 몇 마디 말로 오만하고 교만한 황제를 충실한 친구로 바꿀 수 있다면, 일상적인 관계 속에서 겸손과 칭찬으로 어떤 영향을 미칠 수 있을지 상상해보라. 겸손과 칭찬을 제대로 활용한다면 인간관계에서 진정한 기적을 낳게 될 것이다.

어떤 사람이 자신의 실수를 인정하면, 설사 그 실수를 고치지 않더라도 상대방이 행동을 바꾸도록 설득하는 데 도움 줄 수 있다. 메릴랜드주 티모니엄Timonium에 사는 클레런스 제르허센Clarence Zerhusen은 담배를 피우다 들킨 열다섯 살짜리 아들 이야기로 이 원칙을 더 자세히 설명했다.

"당연히 저는 데이비드가 담배를 피우는 게 싫었어요."

제르허센이 이야기를 꺼냈다.

그런데 아이 엄마와 제가 그 당시 담배를 피웠지요. 우리가 나쁜 본보기를 보인 거죠. 데이비드에게 제가 어떻게 그 나이에 담배를 피우기 시작했는지 설명했죠. 니코틴이 내 몸을 얼마나 나쁘게 만들었는지, 이제 담배를 끊는 게 거의 불가능해진 이야기도 해주었죠. 저는 담배 때문에 기침을 하는 게 얼마나 짜증 나는지, 데이비드가 몇 년 전에 저를 쫓아다니며 담배를 끊으라고 얘기했던 일도 생각나게 해주었어요.

전 아이에게 담배를 끊으라고 강압적으로 얘기하거나 협박하거나 담배의 위험성에 대해 경고하지 않았습니다. 전 그저 어쩌다 담배에 중독되었는지 담배가 제게 어떤 의미가 있는지만 지적했습니다.

아이는 한동안 곰곰이 생각하더니 고등학교를 졸업할 때까지 담배를 피우지 않겠다고 마음먹었습니다. 몇 년이 지나도 데이비드는 담배를 피우지 않았습니다. 앞으로도 그럴 생각이 없다고 했습니다.

저도 아들과 그런 대화를 나누고 담배를 끊겠다고 마음먹었습니다. 저는 가족이 도와준 덕분에 금연에 성공했습니다.

훌륭한 리더는 상대방을 비판하기 전에 먼저 자신의 실수를 얘기한다는 원칙을 따른다.

원칙 3 다른 사람을 비판하기 전에 먼저 내 실수부터 얘기하라.

4장

명령을 좋아하는 사람은 아무도 없다

한번은 미국 전기작가 중 중진에 속하는 아이다 타벨Miss Ida Tarbell 여사를 만나서 즐거운 식사 시간을 가졌다. 내가 타벨 여사에게 이 책을 쓰고 있다는 이야기를 꺼내면서, 사람들과 잘 지내는 방법을 화제 삼아 논의가 시작되었다. 타벨 여사는 오언 D. 영의 전기를 쓸 때, 영과 같은 사무실에서 3년간 함께 일한 남자를 인터뷰한 이야기를 들려주었다. 이 남자는 같이 일하는 3년 동안 오언 D. 영이 누구에게든 직접 명령을 내리는 것을 들어본 적이 없다고 했다. 영은 명령이 아닌 제안을 한다고 했다.

예컨대 영은 "이렇게 하세요" 혹은 "저렇게 하세요"라고 말하거나 "이렇게 하지 마세요" 또는 "저렇게 하지 마세요"라고 말한 적이 없다. 그는 늘 "이걸 고려해볼 수 있지 않을까요" 혹은 "저게 효과가 있을 것 같지 않아요?" 하는 식으로 말했다. 또한 직원에게 편지를 받아적게 한 다음 이렇게 말하곤 했다.

"이 편지는 어떤 것 같아요?"

그리고 직원이 쓴 편지를 읽을 때는 이렇게 말하기도 했다.

"그걸 이런 식으로 표현하면 더 나을 것 같아요."

영은 늘 사람들에게 스스로 일을 처리할 기회를 주었다. 직원들에게 어떤 일을 하라고 지시하지 않았다. 직원들이 스스로 일하고 실수를 통해 배우도록 했다.

이런 방법을 쓰면 상대방은 실수를 쉽게 고칠 수 있다. 또한 상대방의 자존심을 살리면서 그 사람은 중요한 사람이 된 것 같은 기분도 들 수 있다. 물론 반항심 대신 협조하고 싶은 마음도 생길 것이다.

거친 명령을 들으면 누구든 분한 마음이 생기게 마련이다. 설사 나쁜 상황을 확실히 고치기 위해 그런 명령을 내린 것일지라도 적개심이 꽤 오래간다. 펜실베이니아주 와이오밍Wyoming에 소재한 직업학교의 교사인 댄 산타렐리Dan Santarelli는 우리가 진행한 수업 시간에 학생 한 명이 학교 인근 상점의 진입로에 불법주차를 하는 바람에 생긴 이야기를 들려주었다. 교사 한 명이 산타렐리의 교실 안으로 쿵쾅쿵쾅 들어오더니 거만한 목소리로 얘기했다.

"누가 상점 앞의 진입로를 막은 거야?"

그 차의 주인인 학생이 본인이라고 대답하자 교사가 소리쳤다.

"얼른 그 차 치워! 지금 당장! 안 그럼 내가 네 차에 체인을 걸어서 밖으로 끌어낼 거야!"

물론 학생이 잘못한 것이다. 자동차를 그곳에 주차하지 말았어야 했다. 하지만 그날부터 당사자만 그 교사의 행동에 화를 낸 것이 아니라 같은 반 학생 모두가 그 교사를 힘들게 하려고 최선을 다했다.

그렇다면 그 교사는 애초에 어떻게 일을 처리해야 했을까? "진입로에 있는 차 누구 거니?" 하고 친절히 물었더라면 어땠을까? 이렇게 묻고 나서 그 차를 다른 곳으로 옮기면 다른 자동차가 드나들 수 있다고 말했다면, 그 학생은 기꺼이 자기 차를 옮겼을 것이다. 그러면 같은 반 학생들도 화를 내거나 적개심을 품지 않았을 것이다.

상대방에게 주문 혹은 명령을 내리는 대신 질문을 던지면 당사자는 더 기분 좋게 받아들일 수 있다. 또한 질문받는 사람들의 창의성도 자극될 수 있다. 사람들은 명령이 내려지게 된 결정에 관여할 때, 그 명령을 더 쉽게 받아들이는 경향이 있다.

남아프리카 요하네스버그에 사는 이안 맥도날드Ian Macdonald는 정밀기계 부품을 전문 제작하는 작은 제조 공장의 총지배인이다. 그는 대량 주문을 받을 기회가 있었는데 약속된 납기 일자까지 주문을 맞출 수 없다는 생각이 들었다. 주문한 상점에서 작업 날짜를 미리 정한 데다 납기도 짧아서 그 주문을 수락하는 것이 불가능할 듯싶었기 때문이다.

맥도날드는 작업 속도를 높여서 주문을 서둘러 처리하라고 직원들을 닦달하지 않았다. 그 대신 모든 직원을 불러서 현 상황을 설명하고 이 주문이 회사에 어떤 의미가 있는지 설명한 다음 어떻게 하면 납기를 맞출 수 있을지 물어보았다.

다음은 맥도날드가 직원들에게 던진 질문들이다.

"우리가 이 주문을 잘 처리하려면 어떻게 해야 할까요?"

"그 상점에서 주문한 일을 받아들인다면 잘 처리할 수 있는 다른 방법이 있을까요?"

"그 상점의 주문 납기를 맞추기 위해 근무 시간이나 개인적인 작업 할당량을 조절할 수 있는 다른 방법이 있을까요?"

공장 직원들은 많은 아이디어를 제안하며 총지배인이 그 주문을 받아들여야 한다고 주장했다. 또한 '우린 할 수 있다' 하는 태도로 방법을 제시했다. 결국 상점의 주문을 받아들인 다음 제작한 물건을 제날짜에 보낼 수 있었다.

효율적인 리더는 직접 명령을 내리는 대신 질문을 던진다.

원칙 4 직접 명령을 내리는 대신 질문을 던져라.

5장

다른 사람의 체면을 살려라

몇 년 전 제너럴 일렉트릭사General Electric Company는 찰스 스타인메츠Charles Steinmetz의 팀장 직함을 빼앗아야 하는 민감한 문제를 맞이하게 되었다. 스타인메츠는 전기 분야만 놓고 본다면 천재라고 할 수 있었지만, 회계팀의 팀장으로는 능력이 전혀 없었다. 하지만 회사는 스타인메츠의 심기를 건드릴 수 없었다. 그는 꼭 필요한 인재인 데다가 굉장한 예민한 사람이었다. 그래서 회사는 그에게 제너럴 일렉트릭사의 자문 엔지니어라는 새로운 직함을 주었다. 이미 그가 하고 있던 일에 들어맞는 직함이었고, 회계팀의 팀장 직함은 다른 사람에게 주었다. 스타인메츠는 만족했다.

제너럴 일렉트릭사의 관리들도 만족했다. 이들은 가장 까다로운 스타를 능수능란하게 대우했다. 스타인메츠의 체면을 살려준 덕분에 아무런 뒤탈 없이 일을 처리할 수 있었다.

다른 사람의 체면을 살려주어라! 아주아주 중요한 비법이다. 우리 중 이런 생각을 하는 사람은 극히 드물다. 우리는 타인의 감정을 함부로 짓밟고, 우리 주장만 내세우고, 타인의 잘못을 찾아내고, 협박한다. 또한 다른 사람들 앞에서 자식이나 직원을 비난한다. 다른 사람의 자존심에 상처를 낸다는 생각은 전혀 없는 것이다.

그런데 몇 분만 생각해보면, 사려 깊은 한두 마디 말과 다른 사람의 태도를 진심으로 이해하는 마음만 있다면 상대방의 상처를 훨씬 누그러뜨릴 수 있을 것이다!

다음에 어쩔 수 없이 직원을 해고하거나 질책해야 할 때 이런 사실을 꼭 명심해야 한다.

"직원을 해고하는 것은 그리 즐거운 일이 아니에요. 해고당하는 건 훨씬 기분 나쁜 일이죠."

(공인회계사인 마샬 A. 그레인저Marshall A. Granger가 보낸 편지를 인용한 것이다.)

우리 일은 계절을 탑니다. 바쁜 소득세 시즌이 끝나면 많은 직원을 내보내야 하죠.

우리 직업에 '도끼를 휘두르는 걸 좋아하는 사람은 아무도 없다'라는 상투적인 말이 있을 정도예요. 그러다 보니 최대한 빨리 해고하는 관행이 생겼습니다.

"앉으세요, 스미스 씨. 소득세 기간이 끝났어요. 그래서 우리도 더 이상 스미스 씨에게 드릴 일이 없을 것 같아요. 물론 스미스 씨도 바쁠 때만 고용된다는 것을 알고 계시지요" 하는 식으로 직원들의 해고를 진행했어요.

이 사람들은 결과적으로 실망하고 '쫓겨난' 기분이 들었지요. 대부분 평생 회계 분야에서 일한 사람들인데 쉽게 해고당하면 그 회사에 애착이 남지 않습니다.

저는 최근 계절에 따라 직원들을 해고할 때 좀 더 요령껏 사려 깊게 진행하려고 마음먹었습니다. 그래서 겨울 동안 직원이 어떻게 일했는지 잘 생각해본 후에 한 명씩 따로 불렀습니다. 그리고 이런 식으로 이야기를 꺼냈습니다.

"스미스 씨, 일 처리가 정말 훌륭했어요(정말 잘했을 경우). 우리 회사에서 스미스 씨를 뉴어크Newark로 보냈을 때, 정말 힘든 일을 맡으셨죠. 스미스 씨는 현장에서 엄청난 활약을 보여주었어요. 우리 회사가 스미스 씨를 자랑스러워한다는 사실을 알아주시길 바랍니다. 스미스 씨는 능력이 뛰어납니다. 어디를 가든 도움이 될 분입니다. 우리 회사는 스미스 씨를 믿고 있어요, 당신을 응원합니다. 부디 이런 사실을 잊지 말아주세요."

어떤 효과가 있었을까요? 이렇게 나간 사람은 해고되어도 기분이 한결 좋았습니다. '쫓겨났다는' 기분을 느끼지 않았습니다. 이 사람들은 일거리만 있다면 우리 회사가 계속 고용하리라는 것을 알고 있었죠. 그리고 우리 회사에 다시 이 사람들이 필요해지자 개인적으로 애정이 깊었기에 기꺼이 와주었습니다.

우리가 진행한 교육 강좌에 참여한 수강생 두 명이 다른 사람의 결점을 찾을 때 생기는 부정적 효과와 다른 사람의 체면을 살릴 때 생기는 긍정적 효과에 대해 논의했다.

펜실베이니아주 해리스버그harrisburgg에 사는 프레드 클라크Fred Clark가 회사에서 있었던 일을 얘기했다.

> 제작 회의 시간에 부사장님이 생산 책임자 중 한 명에게 생산 공정에 대해 아주 날카로운 질문을 던졌습니다. 공격적인 부사장님의 말투에는 그 생산 책임자에게 잘못을 돌리려는 의도가 있었습니다. 동료들 앞에서 창피를 당하고 싶지 않았던 생산 책임자는 얼버무리는 말투로 대답했습니다. 이로 말미암아 부사장은 화를 참지 못하고 생산 책임자를 질책하며 거짓말을 한다고 몰아세웠습니다.
>
> 부사장님과 생산 책임자는 이렇게 만나기 전에 업무상 어느 정도 친분이 쌓였을 수도 있는 사이였지요. 그런데 아주 짧은 순간에 모든 업무상 관계가 다 무너져버렸습니다. 기본적으로 훌륭한 일꾼이었던 생산 책임자는 그때부터 우리 회사에서 쓸모없는 사람이 되었습니다. 몇 달 후 생산 책임자는 우리 회사를 그만두고 경쟁사로 옮겼습니다. 저는 그 사람이 경쟁사에서 일을 잘하는 것으로 알고 있습니다.

또 다른 수강생인 애나 마조니Annoe Mazzone는 클라크의 회사에서 일어났던 사건과 얼마나 유사한 사건이 일어났는지 얘기했다. 마조니의 회사는 사건에 대처하는 방법과 결과가 클라크의 회사와 정말 달랐다! 식품 포장 분야의 마케팅 전문가인 마조니는 처음으로 신제품의 테스트 마케팅을 담당하는 중요한 임무를 맡았다. 마조니가 수업 시간에 이렇게 이야기를 꺼냈다.

테스트 결과가 나왔을 때, 저는 정말 참담했습니다. 마케팅을 계획할 때, 정말 커다란 실수를 저질렀는데 테스트를 몽땅 다시 해야 했습니다. 더 나쁜 것은 이번 프로젝트를 보고해야 하는 미팅 시간 전에 상사에게 이 일을 논의할 시간이 없었다는 사실입니다.

저는 보고서를 제출하라는 호출을 받았을 때, 너무 겁이 나서 온몸이 떨렸습니다. 저는 무너지지 않으려고 갖은 애를 썼습니다. 여자는 너무 감정적이어서 관리직을 감당할 수 없다고 말하는 남자들 앞에서 울지 않겠다고 결심했습니다. 저는 보고서를 짧게 작성한 다음 실수가 있어서 다음 미팅 전에 연구를 다시 해야 한다고 얘기했습니다. 저는 자리에 앉으며 상사가 몹시 화를 낼 줄 알았습니다.

그런데 상사는 오히려 제게 고맙다고 했습니다. 신규 프로젝트에 실수가 있는 것은 흔한 일이라고 했습니다. 그리고 다시 만들게 될 보고서는 정확할 것이며, 회사에 의미 있는 일이 될 것이라고 자신감을 보였습니다. 상사는 동료들 앞에서 저를 믿는다고, 제가 최선을 다한 것을 저 스스로 알고 있을 것이라고 확실히 얘기했습니다. 또한 제가 실패한 것은 능력 부족이 아닌 경험 부족이 원인이라고 장담했습니다. 저는 기분 좋게 회의장을 나오며 다시는 상사를 실망시키지 않겠다고 다짐했습니다.

설사 우리가 옳고 다른 사람이 틀린 것이 확실하더라도 그 사람의 체면을 깎으면 자존심만 상하게 할 뿐이다. 프랑스의 전설적인 전투기 조종사이자 작가인 앙투안 드 생텍쥐페리Antoine de Saint-Exupéry는 이런 글을 남겼다.

'내게는 다른 사람을 깎아내리는 말이나 행동을 할 권리가 없다. 중요한 것은 그 사람에 대한 나의 판단이 아니라 그 사람 본인의 판단이다. 다른 사람의 존엄성을 해치는 것은 범죄와 같다.'

진정한 리더는 늘 다른 사람의 체면을 살린다.

원칙 5 다른 사람의 체면을 세워라.

6장

사람들의 성공을 자극하는 방법

나의 오랜 친구인 피트 발로Pete Barlow는 개와 조랑말을 데리고 쇼를 하는 사람이다. 발로는 평생 서커스단이나 보드빌 쇼(1890년대 중반부터 1930년대 초까지 미국에서 유행했던 버라이어티쇼의 일종. 무용수와 가수를 비롯해 배우와 곡예사, 마술사 등이 출연해 각각 별개의 공연을 펼치는 형태로 진행되었다) 단원들과 함께 다녔다. 나는 발로가 쇼에 내보내기 위해 새로운 개를 훈련하는 모습을 바라보는 게 정말 좋았다. 훈련받는 개가 조금만 좋아져도 그는 개를 어루만지고 칭찬했다. 또한 고기를 주며 무척 잘한다고 또 칭찬했다.

새로울 게 없었다. 동물 조련사들은 몇백 년 동안 발로와 같은 방법을 활용해왔다.

그래서 나는 궁금했다. 왜 우리는 개를 바꾸려고 할 때 썼던 방법을 다른 사람을 바꾸려고 할 때는 쓰지 않는 걸까? 왜 우리는 채찍 대신 고기를 쓰지 않는 걸까? 왜 우리는 비난 대신 칭찬을 쓰지 않는 걸까? 이제부터는 다른 사람이 조금만 좋아져도 칭찬을 해보자. 칭찬은 격려가 되어 그 사람은 계속 좋아질 것이다.

심리학자인 제스 레어Jess Lair는 저서 《난 대단하지 않아, 근데 난 내가 제일 중요해I Ain't Much, Baby-But I'm All I Got》에서 이런 구절을 남겼다.

'칭찬은 햇살 같은 것이다. 칭찬이 없으면 인간의 영혼은 꽃을 피울 수 없고 성장할 수도 없다. 우리는 다른 사람들에게 찬 바람처럼 냉혹한 비판을 쏟아부을 마음은 너무 가득하지만, 따스한 햇살 같은 훈훈한 칭찬을 해줄 마음은 거의 없다.'

내 인생을 돌이켜보면 칭찬 몇 마디로 인생이 송두리째 바뀌었다는 것을 알 수 있다. 여러분의 인생에도 같은 일이 있다고 말할 수 없나? 정말 마법처럼 눈에 띄게 성공한 사례를 역사적으로 얼마든지 찾아볼 수 있다.

예를 하나 들어보겠다. 오래전 나폴리의 공장에서 일하는 열 살짜리 소년이 있었다. 소년은 가수가 되고 싶었다. 하지만 소년을 처음 가르친 선생님은 이렇게 말하며 실망만 주었다.

"넌 노래를 못해, 목소리가 별로야. 네 목소리는 덧문 속으로 들어오는 바람 소리 같아."

하지만 가난한 소작농이던 어머니는 소년을 안아주며 아들이 노래를 잘 부른다는 것을 알고 있다며 칭찬해주었다. 어머니는 이미 소년의 실력이 좋아진 것을 알 수 있다고 얘기했다. 어머니는 소년의 교습비를 마련하기 위해 맨발로 다녔다. 소작농 어머니의 칭찬과 격려로 소년의 인생은 확 바뀌었다. 이 소년의 이름은 바로 엔리코 카루소Enrico Caruso다. 그는 당대 가장 위대하고 유명한 오페라 가수가 되었다.

19세기 초반, 런던에 살던 청년은 작가가 되고 싶은 꿈이 있었다. 하지만 모든 여건이 좋지 않았다. 청년은 학교를 4년밖에 다니지 못했다. 청년의 아버지는 빚을 갚지 못해서 감옥에서 보냈다. 청년은 굶주림의 고통을 아주 잘 알았다. 결국 쥐가 득실대는 창고에서 검정 구두약 병에 상표를 붙이는 일자리를 구했다. 청년은 런던 빈민가 출신의 소년 두 명과 함께 음침한 다락방에서 같이 잠을 잤다. 청년은 글을 쓰는 능력에 자신이 없었기에, 아무도 자신을 비웃을 수 없을 만큼 캄캄한 밤에 몰래 다락방을 빠져나와 첫 번째 원고를 부쳤다.

하지만 보내는 원고마다 매번 거절당했다. 결국 한 출판사가 청년의 이야기를 받아주었다. 청년은 한 푼도 받지 못했지만 어떤 편집자가 청년의 이야기를 칭찬해주었다. 청년의 진가를 알아본 것이었다. 뛸 듯이 기분이 좋았던 청년은 눈물을 흘리며 정처 없이 길거리를 돌아다녔다.

청년의 이야기가 책으로 나오면서 칭찬과 인정을 받게 된 청년의 인생은 완전히 바뀌었다. 그런 격려가 없었더라면 청년은 쥐가 득실대는 공장에서 평생을 보냈을지도 모른다. 여러분은 그 청년의 이름을 들어봤을 것이다. 그의 이름은 바로 찰스 디킨스Charles Dickens다.

런던에 살았던 또 다른 청년은 포목점의 점원이었다. 청년은 새벽 5시에 일어나 가게를 청소하고 마치 노예처럼 하루에 14시간씩 일했다. 너무 힘들고 지루한 일상이었다. 청년은 그 일이 정말 지긋지긋했다. 2년이 지나자 도저히 그 일을 견딜 수가 없었다. 청년은 어느 날 아침, 식사도 거르고 15마일을 걸어서 가정부로 일하는 어머니를 찾아갔다.

제정신이 아니던 청년은 어머니에게 울며 간청했다. 포목점에서 더 이상 일하면 자살할 것 같다고 했다. 그리고 옛 스승에게 길고도 애절한 편지 한 통을 썼다. 마음이 너무 아파서 더 이상 살고 싶지 않다는 내용이었다.

옛 스승은, 정말 똑똑한 청년은 더 나은 일을 해야 한다며 그를 칭찬하더니 교사 자리를 제안했다. 이 칭찬으로 청년의 미래가 확 바뀌었다. 영국 문학사에 엄청난 영향을 미친 칭찬이었다. 청년은 수많은 베스트셀러를 남겼고 100만 달러 이상을 벌어들였다. 아마도 그의 이름을 들어보았을 것이다. 그는 바로 H. G. 웰스H. G. Wells다.

비난 대신 칭찬을 활용하는 것은 B. F. 스키너가 주로 활용한 교육 방법의 기본적인 개념이었다. 동시대의 위대한 심리학자인 스키너는 동물과 인간에게 비난은 최소한으로 줄이고 칭찬을 강화했을 때 어떤 일이 일어나는지 실험했다. 그러자 잘하는 일은 더욱 잘하게 되고 잘못하는 일은 흥미가 떨어지면서 손을 놓는 것으로 밝혀졌다.

노스캐롤라이나주 로키 마운트Rocky Mount에 사는 존 링겔스포John Ringelspaugh는 아이들을 다룰 때 이런 방법을 활용했다. 다른 많은 가정에서 그런 것처럼 부모는 아이들과 소통할 때 대부분 고함을 치는 것 같았다. 그리고 다른 많은 경우처럼 아이들도 부모에게 고함을 들을 때마다 더 좋아지기보다는 조금씩 더 나빠졌다. 물론 부모도 마찬가지였다. 이런 문제는 끝이 보이지 않는 것 같았다.

링겔스포는 우리가 진행하는 수업 시간에 배운 몇 가지 원칙을 활용해서 이런 상황을 해결하기로 마음먹었다. 다음은 링겔스포가 꺼낸 이야기다.

우리는 아이들의 잘못을 계속 얘기하는 대신 칭찬만 하기로 마음먹었습니다. 그런데 아이들이 하는 짓을 보면 잘못된 점만 눈에 들어와서 쉽지 않았습니다. 칭찬할 거리를 찾는 게 정말 어려웠어요. 그래도 우리는 칭찬할 거리를 간신히 찾아냈어요. 그리고 하루 혹은 이틀이 지나자 아이들이 정말 짜증 나는 일들을 그만두기 시작했어요. 그리고 다른 잘못도 점점 사라지기 시작했죠.

아이들은 우리가 칭찬하는 것들을 활용하기 시작했어요. 심지어 일을 제대로 하기 위해 노력했어요. 우리 부부는 이런 상황을 믿을 수가 없었죠. 물론 이런 일이 아주 오래 지속되지는 않았지만, 상황이 안정되면서 규범도 훨씬 좋아졌어요. 우리는 더 이상 예전처럼 반응할 필요가 없었어요. 이제 아이들은 잘못된 일보다는 옳은 일을 훨씬 더 많이 하고 있어요.

이 모든 상황은 아이들이 잘못한 일이라면 모조리 비난하는 대신 아주 작은 것이라도 칭찬하면서 생긴 결과다.

이런 원칙은 일자리에서도 효과를 볼 수 있다. 캘리포니아주 우드랜드 힐스Woodland Hills에 사는 케이스 로퍼Keith Roper는 회사에서 이 원칙을 적용했다. 로퍼는 본인이 운영하는 인쇄소에서 아주 제대로 처리한 자료를 일부 보게 되었다. 그런데 이 작업을 맡았던 새로 들어온 인쇄공은 인쇄소 일에 적응하느라 어려움을 겪고 있었다. 신입 인쇄공의 태도를 부정적으로 보던 상사는 화가 났고, 그의 해고를 심각하게 고려했다.

이런 상황을 알게 된 로퍼는 직접 인쇄소로 찾아가서 젊은 인쇄공과 대화를 나누었다. 로퍼는 젊은 인쇄공이 처리한 일을 방금 받아보았는데 아주 마음에 들었다며, 인쇄소에서 근래에 봐온 작업 중 최고의 작업이라고 칭찬했다. 로퍼는 왜 그 작업이 뛰어난지, 젊은 인쇄공이 이 회사를 위해 얼마나 중요한 일을 해냈는지 정확히 얘기했다.

여러분은 로퍼의 칭찬이 회사를 대하는 젊은 인쇄공의 태도에 영향을 미쳤다고 생각하나? 며칠 후에 정말 완벽한 반전이 일어났다. 젊은 인쇄공은 동료들에게 로퍼 씨와의 이야기를 꺼냈다. 이 회사의 중요한 사람이 잘한 일을 진심으로 인정해주었다는 얘기였다. 그날부터 젊은 인쇄공은 성실하고 헌신적인 일꾼이 되었다.

로퍼는 그저 젊은 인쇄공의 기를 살려주고자 "잘했어요"라고 말한 게 아니다. 그는 젊은 인쇄공이 일을 얼마나 잘했는지 콕 집어서 얘기했다. 무난한 칭찬이 아니라 성과를 구체적으로 얘기한 것이기에 칭찬을 받은 사람에게 훨씬 큰 의미가 있었다. 사람들은 모두 칭찬받는 것을 좋아한다. 하지만 칭찬은 구체적으로 해야만 진심으로 다가온다. 다른 사람의 기분을 좋게 하려고 그냥 하는 말이 아니기 때문이다.

우리 모두에게는 공감받고 싶고, 인정받고 싶은 마음이 있다. 공감과 인정을 받을 수만 있다면 무슨 일이든 할 것이라는 사실을 명심하라. 하지만 진실성이 없는 아첨을 원하는 사람은 아무도 없다.

다시 한번 반복하겠다. 이 책에 실린 원칙은 마음에서 우러날 때만 효과가 있다. 나는 속임수 같은 온갖 수단을 지지할 마음이 없다. 새로운 삶의 방식을 얘기하고 있다.

사람을 변화시키는 것에 대해 말해보자. 여러분과 내가 현재 만나는 사람들이 가지고 있는 숨은 보물을 깨달을 수 있게 격려한다면 우리는 사람을 변화시키는 것보다 훨씬 대단한 일을 할 수 있다. 말 그대로 그 사람들을 완전히 바꿔버릴 수 있을 것이다.

내 말이 과장일까? 그렇다면 미국이 배출한 가장 유명한 심리학자이자 철학자인 윌리엄 제임스의 현명한 말에 귀를 기울여야 한다.

"현재 우리는 마땅히 성취해야 하는 것에 비해 딱 반만 깨어 있는 상태입니다. 우리는 자신이 가진 육체적, 정신적 자원을 극히 일부만 사용하고 있습니다. 일반화시켜서 얘기하자면 인간 개개인은 자신의 한계에 훨씬 미치지 못하는 삶을 살고 있습니다. 인간은 다양한 능력을 소유하고 있지만 활용하는 습관을 갖지 못한 것입니다."

맞다. 이 글을 읽는 여러분도 다양한 능력을 소유하고 있지만 활용하는 습관이 없을 뿐이다. 여러분이 최대한으로 활용하지 않는 능력 중 하나는 다른 사람들의 잠재적 가능성을 알아보고, 그 가능성을 칭찬하고 격려하는 마법 같은 능력일 것이다.

어떤 사람이든 비난받으면 능력이 시들어버린다. 어떤 사람이든 격려받으면 능력이 활짝 피어난다. 효율적인 리더가 되려면 이 원칙을 적용해야 한다.

원칙 6 살짝만 좋아져도 칭찬하라. 좋아질 때마다 칭찬하라. 진심으로 칭찬하고 아낌없이 칭찬하라.

7장

개에게도 좋은 이름을 지어주어라

일을 잘하던 사람이 어설프게 일하기 시작한다면 어떻게 해야 할까? 그 사람을 해고할 수 있지만 그래서는 문제가 해결되지 않는다. 그 사람을 나무랄 수도 있지만 그러면 적개심이 일어나게 된다. 인디애나주 로웰Lowell에 소재한 대형 트럭 대리점의 서비스 매니저인 헨리 헹케Henry Henke에게는 일 처리가 만족스럽지 않은 정비공이 있었다. 헹케는 그 정비공에게 호통을 치거나 위협하는 대신 사무실로 불러서 진심 어린 대화를 나누었다.

헹케가 이야기를 꺼냈다.

"빌은 실력이 좋은 정비공이에요. 아주 오랫동안 이 일을 해왔잖아요. 많은 고객의 차량을 만족스럽게 고쳤으니까요. 사실 우린 빌이 일을 잘했다는 칭찬을 수도 없이 받았어요. 그런데 요즘 빌이 작업을 완료하는 데 걸리는 시간이 늘고 있고, 일 처리도 예전만 못해요. 예전에 실력이 뛰어났으니까 지금 난 이런 상황이 달갑지 않아요. 나는 빌도 그런 내 마음을 알고 싶어 할 것이라는 확신이 들어요. 우리 함께 이 문제를 해결할 방법을 찾을 수 있을 거예요."

빌은 본인의 작업 수준이 나빠졌다는 것을 알지 못했다고 얘기했다. 그리고 지금 하는 일이 본인의 기술 수준을 벗어나지 않으며 앞으로 개선하기 위해 노력하겠다고 확실히 얘기했다.

빌이 정말 그렇게 했을까? 여러분은 그의 노력을 확신할 수 있을 것이다. 빌은 다시 한번 일 처리가 철저하고 빠른 정비공이 되었다. 빌은 헹케가 본인의 능력을 알아준 것에 부응하려고 과거의 작업 수준으로 돌아갔다.

볼드윈 기관차Valdwin Locomotive Works의 대표인 새무엘 보클레인Samuel Vauclain은 말했다.

"보통 사람들은 존경하는 사람이 본인의 어떤 능력을 인정해 주면 존경하는 사람의 말을 잘 따를 수밖에 없다."

다시 말해, 어떤 사람의 특정 방면을 개선하고 싶다면 이미 그 사람이 그 특정 방면을 아주 잘하는 것처럼 대하라는 말이다. 셰익스피어는 말했다.

"없는 장점도 가지고 있는 척하라."

다른 사람이 개발하기를 바라는 장점이 있다면 이미 그 사람이 그 장점을 가진 것처럼 공개적으로 얘기하는 것도 효과를 볼 수 있는 방법이다.

다른 사람들이 여러분의 기대에 부응할 만큼 그들을 인정하

라. 그들은 실망하는 여러분의 모습을 보지 않으려고 엄청나게 노력할 것이다.

조제트 르블랑Georgette Leblack은 저서 《마테를링크와 함께했던 삶을 추억하며Souvenirs, My Life with Maeterlinck》에서 초라한 벨기에 출신 신데렐라의 깜짝 놀랄 변신에 대해 이렇게 묘사했다.

> 집 근처 호텔에서 일하는 여자 종업원이 내게 식사를 갖다주러 왔다. 종업원은 처음에 주방 보조로 일을 시작해서 '접시닦이 마리'라고 불렸는데 생김새가 괴이했다. 두 눈은 사시에 다리는 안쪽으로 휘고 몸과 마음이 형편없어 보였다.
>
> 어느 날 그 종업원이 내게 줄 마카로니 접시를 들고 있을 때, 나는 바로 본론으로 들어갔다.
>
> "마리, 넌 네 안에 숨어 있는 보물을 모르는 것 같아."
>
> 감정을 억제하는 데 익숙한 마리는 잠시 가만히 있었다. 조금만 움직여도 어떤 재앙이 일어날까 봐 두려워하는 것 같았다. 잠시 후 마리는 탁자 위에 그릇을 내려놓더니 한숨을 내쉬며 순진하게 대답했다.
>
> "부인, 부인이 말씀해주시지 않았더라면 정말 믿을 수 없었을 거예요."
>
> 마리는 내 말을 전혀 의심하지 않았다. 또한 아무것도 묻지 않았다. 그냥 부엌으로 돌아가서 내가 한 말을 그대로 따라 할 뿐이었다. 마리가 내 말을 얼마나 굳게 믿었는지 아무도 마리를 놀리는 사람이 없었다.

그날부터 마리는 다른 사람들의 배려를 받게 되었다. 하지만 가장 놀라운 변화는 하찮은 마리 자신에게서 일어났다. 마리가 자신을 눈에 띄지 않는 비범한 사람이라고 믿으면서 얼굴과 몸을 세심하게 가꾸자, 감추어진 젊음이 꽃을 피우며 못생긴 외모가 어느 정도 가려졌다.

두 달 후, 마리는 셰프의 조카와 결혼식을 올린다는 소식을 알렸다.

"전 이제 숙녀가 될 거예요."

마리는 이렇게 말하며 내게 감사했다. 사소한 말 한마디가 마리의 인생을 통째로 바꿔버렸다.

조제트 르블랑은 '접시닦이 마리'에게 부응하고 싶은 좋은 평판을 해주었다. 그 평판으로 마리는 완전히 바뀌었다.

플로리다주 데이토나 비치에 소재한 식품 회사의 영업 담당자인 빌 파커Bill Parker는 자신의 회사에 신제품이 도입된다는 소식을 들었을 때 무척 기분이 좋았다. 그런데 대규모 식료품점의 매니저가 이 신제품을 식료품점에 갖다 놓을 기회를 거절하자 기분이 상했다. 빌은 온종일 기분이 언짢았다. 그날 저녁 집으로 돌아가기 전에 그 식료품점으로 돌아가서 다시 한번 대화를 시도하기로 마음먹었다.

"잭, 오늘 아침 매니저님을 만나고 돌아서는데 우리 회사에서 출시한 신제품의 전체적인 이미지를 다 보여주지 않았다는 생각이 들었어요. 제가 빼먹은 부분을 들어주시는 데 시간을 내주시면 감사하겠습니다. 늘 제 이야기에 귀를 기울여주시고, 실제 상황이 바뀌면 마음을 바꿀 만큼 마음이 넓으셔서 정말 존경하고 있습니다."

잭이 파커의 이야기를 거절할 수 있을까? 그는 파커의 평판에 부응하지 않을 수 없었다.

아일랜드 더블린Dublin에서 치과를 운영하는 마틴 피츠휴 박사Dr. Martin Fitzhugh는 환자 한 명이 입을 헹굴 때 썼던 금속 재질의 컵 거치대가 지저분하다고 지적하자 몹시 놀랐다. 물론 그 환자는 컵 거치대가 아니라 종이컵에 있는 물을 썼지만 지저분한 장비를 쓰는 것은 확실히 전문성이 떨어져 보였다.

환자가 나간 후 피츠휴 박사는 사무실로 돌아가서 일주일에 두 번 병원을 청소하는 청소부 브리짓에게 보낼 메모를 썼다. 다음은 그 내용이다.

친애하는 브리짓,

요사이 얼굴을 거의 보지 못했네요. 나는 브리짓이 청소를 너무 잘 해주어서 고맙다는 인사를 하고 싶어요. 그런데 일주일에 두 번 두 시간씩 하는 청소로는 아무래도 부족한 것 같아요. 그러니 컵 거치대를 닦는 일처럼 가끔 하는 일을 하기에 시간이 부족한 것 같으면 때때로 30분씩 더 일해주세요. 물론 추가 비용은 드릴게요.

다음 날 사무실로 갔더니 제 책상이 정말 유리처럼 반짝반짝 광이 났어요. 제 의자는 미끄러울 만큼 깨끗했죠. 치료실로 갔더니 지금껏

본 것 중에 가장 윤이 나고 깨끗한 크롬 도금 컵 거치대가 눈에 띄었습니다. 저는 청소하는 여인에게 기대에 부응할 만한 평판을 했습니다. 그랬더니 이 여인은 예전의 수고를 모두 능가할 만큼 노력해주었죠. 추가로 어느 정도의 시간을 썼을까요? 단 1분도 더 쓰지 않았습니다.

'개에게 나쁜 이름을 붙여주느니 차라리 목을 매는 게 낫다'라는 속담이 있다. 그런데 개에게 좋은 이름을 붙여주면 어떤 일이 일어날까!

뉴욕 브루클린에서 4학년 학생들을 가르치는 교사 루스 홉킨스Mrs. Ruth Hopkins는 출근 첫날 출석부를 바라본 후 새 학기를 시작하려는 흥분과 기쁨은 걱정으로 바뀌었다. 올해 홉킨스의 반에 학교에서 가장 악명높은 '악동' 토미 T가 눈에 띈 것이었다.

3학년 때 토미를 맡았던 담임교사는 동료들과 교장 선생님 혹은 누구든 이야기를 들어줄 사람만 있으면 토미에 대한 불평을 끊임없이 늘어놓았다. 토미는 그냥 장난이 심하기만 한 것이 아니었다. 중요한 규율을 어겼고, 남자아이들에게 싸움을 걸고, 여자아이들을 놀리고, 교사에게 대들었다. 날이 갈수록 토미의 상태는 나빠졌다. 학습 속도가 빠르고 학교 공부를 쉽게 익히는 능력은 아이의 유일한 장점이었다.

홉킨스는 '토미 문제'를 정면 돌파하겠다고 결심했다. 우선 새로운 학생들과 인사를 나눌 때마다 아이들 모두에게서 칭찬거리를 찾아냈다. 예컨대 "로즈, 오늘 입은 원피스 참 예쁘구나",

"앨리시아, 네가 그림을 참 잘 그린다고 들었어" 하는 식으로 아이들을 칭찬했다. 홉킨스는 토미에게 다가간 순간, 아이의 눈을 똑바로 바라보며 말했다.

"토미, 난 네가 타고난 리더라고 생각해. 올 한 해 동안 우리 반을 최고의 반으로 만들려면 네 도움이 필요해."

그녀는 처음 며칠 동안 토미가 하는 모든 일을 칭찬하고, 토미가 정말 훌륭한 학생이라고 얘기하면서 본인의 생각을 굳혔다. 토미는 겨우 아홉 살짜리 아이였지만 기대에 부응하고 싶은 칭찬을 듣자 차마 선생님을 실망시킬 수 없었다.

다른 사람들의 태도나 행동을 바꾸는 어려운 리더십을 잘 발휘하고 싶다면 그 사람에게 부응하고 싶은 평가를 해야 한다.

원칙 7 상대방에게 부응할 만한 좋은 평판을 내려라.

8장

다른 사람의 잘못을 고치기 쉬운 것처럼 말하라

내 친구 한 명이 거의 마흔이 다 되어서 약혼했다. 약혼녀는 친구에게 뒤늦게 댄스 교습을 받아보라고 설득했다.

"내가 댄스 교습을 받게 될 줄 누가 알았겠어."

친구가 예전 일부터 이야기를 꺼냈다.

내가 처음 춤을 배운 건 20년 전인데 그때보다 나아진 게 없거든. 처음에 날 가르친 선생이 진실을 말해준 것 같아. 그 사람은 내가 다 엉망이라고 했어. 나는 모든 걸 다 잊어버려서 계속 다시 시작해야 했거든. 그 선생 때문에 춤추고 싶은 마음이 사라졌어. 계속할 이유가 없어진 거지.

두 번째 선생은 거짓말을 했을지도 몰라. 그래도 그런 점이 마음에 들었어. 내 춤이 좀 구닥다리기는 하지만 기본은 다 좋다고 태연하게 말하더라고. 그리고 몇 가지 스텝을 별문제 없이 새로 배울 수 있을 거라고 했어. 첫 번째 선생은 내 실수만 강조해서 기분이 상했는데 이번 선생은 정반대로 굴더라고. 그분은 계속 내가 잘한 것만 칭찬하고 실수는 거의 얘기를 안 했어.

"당신은 리듬감을 타고났어요. 정말 타고난 춤꾼이에요."

그 선생이 이런 말을 하며 나를 안심시켰어. 나도 상식이 있으니 늘 그랬던 것처럼 앞으로도 춤은 썩 잘 추지 못할 걸 알아. 하지만 마음 한구석에 그 선생의 말이 진심이라고 믿고 싶은 생각도 있어. 내가 그 선생한테 돈을 내니까 그런 말을 했겠지. 하지만 그런 이야기를 왜 꺼냈을까?

어쨌든 타고난 리듬감이 있다는 말을 듣지 못했더라면 춤을 더 잘 추진 못했으리라는 걸 알아. 그 선생의 말이 힘이 되었지. 그런 말을 해준 덕분에 희망이 생기고 더 잘하고 싶은 마음도 생겼어.

자식, 배우자 혹은 직원에게 어떤 일을 못한다거나 멍청하다거나 그런 일을 할 재능도 없고 모든 일을 못한다고 얘기해보라. 그러면 여러분은 개선하려는 그들의 의욕을 모두 없애버리는 것이다. 따라서 반대의 방법을 활용해보라. 마음껏 격려하고, 그 일이 쉬운 일인 것처럼 얘기하고, 그 사람이 그 일을 할 수 있는 능력이 있는 것을 여러분이 믿고 있음을 알게 하라. 그 일을 할 수 있는 능력이 있지만, 아직 개발되지 않았다는 사실을 알려줘야 한다. 그러면 그 사람은 뛰어난 능력을 발휘하기 위해 창문 밖으로 먼동이 틀 때까지 계속 연습에 매진할 것이다.

인간관계 분야에서 최고의 아티스트라고 불릴 만한 로웰 토머스가 바로 이런 방법을 활용했다. 그는 사람들에게 자신감을 주고 용기와 믿음을 불어넣었다. 예를 들어보겠다. 나는 토머스 부부와 주말을 보낸 적이 있다. 토요일 저녁, 부부는 내게 활활 타오르는 모닥불 앞에서 친선 브리지 게임에 참가하라고 했다. 브리지 게임이라고? 오, 안 돼! 절대 안 돼! 난 못한다고. 나는 브리지 게임을 전혀 몰랐다. 늘 정체를 알 수 없는 수수께끼 같았다. 안 돼! 못해! 불가능한 일이야!

"자, 데일, 그렇게 어렵지 않아요."

로웰이 말했다.

"브리지 게임은 기억력과 판단력만 있으면 돼요. 언젠가 기억력에 대한 글을 쓴 적도 있잖아요. 당신한테는 일도 아니에요. 딱 당신 취향이에요."

정말 나도 모르게 나는 브리지 게임을 하고 있었다. 난생처음으로 브리지 테이블 앞에 앉아 있었다. 내가 브리지 게임에 타고난 적성이 있다는 말을 들으니까 브리지 게임이 쉽게 보였다.

브리지 게임 얘기를 하다 보니 엘리 컬버트슨Ely Culbertson이 생각난다. 그가 저술한 도서는 10여 개국 언어로 번역 출간되었고 100만 권 이상 판매되었다.

그런데 그는 어떤 젊은 여성이 자신에게 브리지에 적성이 있다고 얘기하지 않았더라면 브리지 게임을 직업으로 삼지 않았을 것이라고 얘기한 적이 있다.

그는 1922년 미국에 왔을 때 철학과 사회를 가르치고 싶었지만, 교사 자리를 구할 수 없었다. 그래서 석탄을 팔려고 했지만, 그 일도 제대로 할 수 없었다.

다시 커피를 팔려고 했지만, 그마저도 실패로 돌아갔다.

그는 브리지 게임을 한 적은 있지만, 나중에 브리지 게임을 가르치게 될 줄은 전혀 몰랐다. 그는 게임을 잘 못할 뿐만 아니라 고집이 너무 셌다. 질문이 너무 많은 데다가 게임을 한 후 복기도 지나치게 많이 해서 그와 게임을 하려는 사람이 아무도 없었다.

그런데 예쁜 브리지 게임 교습가 조세핀 딜런Josephine Dillon을 만나서 사랑에 빠져 결혼까지 하게 되었다. 아내 딜런은 그가 카드를 무척 세심하게 분석하는 점에 주목하고 브리지 게임의 천재가 될 수 있다고 그를 설득했다. 아내의 말은 그가 브리지 게임을 직업으로 삼을 원동력이 되었다.

오하이오주 신시내티에서 주최한 우리 교육 강좌의 강사인 클라란스 M. 존스Clarence M. Jones는 아들의 잘못을 쉽게 고칠 수 있는 것처럼 얘기해서 아들의 인생을 완전히 바꿀 수 있게 된 이야기를 들려주었다.

1970년에 우리 아들 데이비드는 열다섯 살이었죠. 아들은 나와 살려고 신시내티로 왔는데 참 힘들게 살고 있었죠. 아들은 1958년에 머리를 절개할 정도로 심한 자동차 사고를 당하는 바람에 이마에 보기 흉한 흉터가 생겼어요. 1960년에 아이 엄마와 이혼을 했습니다. 아들은 제 전처인 엄마와 살려고 텍사스주 댈러스로 갔지요. 아들은 댈러스 학교에서는 학습 속도가 느린 아이였기에 열다섯 살이 될 때까지 특별반에서 수업을 들었어요.

분명 이마에 생긴 흉터 때문에 학교 관계자들이 머리를 다친 데이비드가 정상 수준의 기능을 할 수 없다고 판단한 것 같아요. 데이비드는 나이보다 2년 뒤처져서 7학년밖에 안 되었죠. 구구단도 잘 몰라서 손가락으로 꼽아가며 계산하고, 읽는 것도 형편없었죠.

다행히 장점이 하나 있었어요. 아들이 라디오와 TV를 참 잘 다루었어요. 나중에 TV를 고치는 수리공이 되고 싶어 했어요. 저는 아들을 격려해주며 기술자가 되기 위한 훈련을 받으려면 수학을 잘해야 한다고 짚어주었죠. 그리고 아들이 수학을 잘할 수 있게 도와줘야겠다는 결심이 섰습니다.

우리 부자는 곱셈, 나눗셈, 덧셈, 뺄셈을 연습하려고 플래시 카드를 네 세트 구했어요. 카드를 살폈을 때 정답이 나오면 버리는 통에 넣었어요. 데이비드가 답을 틀리면 제가 정답을 가르쳐주고 그 카드는 반복하는 통에 넣었어요. 반복하는 통에 카드가 다 떨어질 때까지 카드 놀이를 했어요. 저는 아들이 답을 맞힐 때마다 완전 과장을 하며 좋아했어요. 특히 아이가 이전에 틀렸다가 맞히면 더 심하게 좋아했어요. 우리는 밤마다 카드가 남지 않을 때까지 반복하는 통을 살펴봤어요.

밤마다 스톱워치로 시간을 재며 연습했죠. 저는 아들이 하나도 틀리지 않고 8분 안에 모든 카드를 맞힐 수 있게 되면 연습을 그만두겠다고 약속했습니다. 데이비드에게 불가능한 목표처럼 보였습니다. 첫 번째 날 밤에는 52분이 걸렸고 두 번째 날 밤에는 48분, 그다음 날은 45분, 날이 갈수록 44분, 41분으로 줄다가 어느새 40분이 채 걸리지 않았습니다. 우리는 시간이 단축된 것을 축하했습니다. 저는 아내를 불렀습니다. 우리는 아들을 안아주고, 셋이서 춤을 추었습니다. 그달 말이 되자 아들은 8분 안에 모든 카드를 맞힐 수 있었습니다. 아들은 조금만 좋아져도 다시 한번 하고 싶다고 부탁했어요. 아들은 공부가 쉽고 재미있다는 환상적인 사실을 알아낸 거죠.

당연히 아들의 수학 성적이 쭉 올라갔습니다. 곱셈을 할 수 있으니까 수학이 정말 쉬워진 거죠. 아들은 수학에서 B를 받은 성적표를 집으로 가지고 올 때는 본인 스스로 놀랐습니다. B를 받은 건 난생처음이었죠. 다른 변화들도 정말 믿을 수 없이 빨리 따라왔습니다. 아들의 독해 능력이 급속히 개선되더니, 미술에도 탁월한 재능을 보였죠. 학기 말에 과학 선생님이 아들에게 전시품 개발을 맡겼습니다. 아들은 지렛대의 효과를 증명하기 위해 아주 복잡한 모형을 만들기로 했습니다. 그림과 모형 제작 기술은 물론이고 응용 수학 실력도 필요했습니다. 아들은 교내 과학전시회에서 1등을 거머쥐었습니다. 그리고 시 대회에 출전해서 신시내티시 전체에서 3등을 차지했습니다.

우리 아들이 해냈습니다. 2년이나 낙제한 아들은 뇌 손상을 입었다는 소리를 들었고, 같은 반 아이들이 '프랑켄슈타인'이라고 부르던 아이였죠. 또한 머리를 다쳐서 뇌가 살짝 빠져나온 게 틀림없다는 말까지 들었었죠. 그런데 아들은 갑자기 자신이 정말로 공부를 잘할 수 있고, 여러 가지를 성취할 수 있다는 사실을 알아냈죠. 어떤 결과가 일어났을까요? 아들은 8학년 마지막 학기부터 고등학교를 졸업할 때까지 쭉 우등생 명단에 올랐습니다. 고등학교 때 아들은 내셔널 아너 소사이어티National Honor Society(전국 우등생 단체)의 회원으로 뽑혔습니다. 아들은 공부가 쉽다는 것을 알게 되면서 인생 전체가 바뀌었습니다.

다른 사람의 발전을 돕고 싶다면 이 원칙을 기억하라.

원칙 8 격려하라. 상대방의 잘못이 고치기 쉬운 것처럼 대하라.

9장

내가 원하는 것을 사람들이 기꺼이 하게 만드는 방법

1915년 미국은 공포에 휩싸였다. 유럽 국가들은 1년 이상 서로를 학살하고 있었다. 인류 역사상 가장 규모가 큰 학살이었다. 다시 평화가 찾아올 수 있을까? 아무도 알 수 없었다. 하지만 우드로 윌슨은 평화를 되찾겠다고 결심했다. 윌슨은 유럽의 군사 지도자들과 상의하기 위해 평화 사절을 보내기로 했다.

국무장관이었던 평화주의자 윌리엄 제닝스 브라이언은 그 자리에 꼭 참석하고 싶었다. 브라이언이 보기에 세계 평화에 크게 이바지하고 본인의 이름을 남길 기회가 될 것 같았다. 그런데 윌슨은 친한 친구인 에드워드 M. 하우스 대령을 평화 사절로 임명했다. 그리고 브라이언에게 달갑지 않은 소식을 전하며 그의 기분을 상하게 하지 말라는 껄끄러운 임무도 맡겼다. 하우스 대령은 일기에 이렇게 기록했다.

브라이언은 내가 평화 사절 자격으로 유럽에 가게 되었다는 소식을 듣자 실망한 기색이 역력했다. 그는 본인이 평화 사절이 될 계획이 있었다고 얘기했다…….

나는 이런 일을 공식적으로 하는 것은 어리석은 일로 생각한다는 대통령의 의견을 얘기했다. 그리고 브라이언 장관이 유럽에 가게 되면 어마어마한 관심이 쏠릴 것이고, 사람들은 왜 그가 거기에 갔는지 궁금해할 것이라고 덧붙였다…….

여러분은 하우스 대령이 넌지시 암시한 것을 알아차렸나? 하우스 대령은 사실 브라이언 장관이 그런 일을 하기에 너무 중요한 사람이라고 얘기한 것이다. 이런 이야기를 들은 브라이언 장관은 만족했다.

노련하고 세상 돌아가는 일에 경험이 많은 하우스 대령은 인간관계의 중요한 규칙 중 하나인 '내가 제안한 일을 다른 사람이 기꺼이 하게 만들어라'를 잘 따랐다.

우드로 윌슨은 윌리엄 깁스 맥아두William Gibbls McAdoo를 내각의 각료로 임명할 때도 이런 방법을 따랐다. 누구라도 각료로 임명된다면 정말 명예로운 기분이 들겠지만, 윌슨은 맥아두가 정말 중요한 사람이라는 기분을 느끼기를 바랐다. 다음은 맥아두가 직접 전한 내용이다.

"그분(윌슨)은 내각을 구성할 거라고 말씀하시더니 제가 재무장관 자리를 받아들인다면 몹시 기쁠 것이라고 하셨습니다. 일

처리를 참 유쾌하게 하셨죠. 제가 큰 명예를 누리는 일인데 왠지 제가 그분께 호의를 베푸는 것 같은 인상을 주셨거든요."

그런데 윌슨이 늘 그런 재치를 발휘한 것은 아니었다. 만일 그가 늘 재치를 발휘했다면 역사는 달라졌을지도 모른다. 예컨대 윌슨은 미국이 국제연맹League of Nations에 가입하는 데 필요한 상원과 공화당의 동의를 받아내지 못했다.

또한 엘리후 루트Elihu Root나 찰스 에반스 휴스CHarles Evans Hughes, 헨리 캐봇 로지Henry Cabot Lodge처럼 중요한 공화당 지도자들이 평화회담에 참석하는 것을 반대했다. 그 대신 여당인 민주당 소속의 이름 없는 사람들을 대동했다. 윌슨은 국제연맹 가입은 본인은 물론이고 공화당의 생각이기도 했지만, 공화당이 그런 생각을 갖지 못하게 막았다. 또한 공화당이 이 문제에 관여하는 것도 거부하며 공화당을 무시했다. 이렇게 인간관계를 망친 결과 윌슨은 경력을 망쳤을 뿐만 아니라 건강도 해치고, 수명마저 짧아졌다. 그 결과 미국은 국제연맹에 가입하지 못하고 세계 역사는 바뀌고 말았다.

정치가, 외교관 들만 다른 사람에게 시키고 싶은 일을 기꺼이 하게 만드는 방법을 쓰는 것은 아니다. 인디애나주 포트웨인Fort Wayne에 사는 데일 O. 페리어Dale O. Ferrier가 어린 자식들에게 맡긴 집안일을 기꺼이 할 수 있도록 어떻게 격려했는지 얘기했다.

아들 제프가 해야 할 집안일 중 하나는 땅에 떨어진 배를 줍는 일이었어요. 배나무 아래 풀을 베는 사람이 일하다 말고 배를 집을 필요가 없으니까요. 그런데 제프는 그 일을 싫어했어요. 배를 아예 한 개도 줍지 않거나 대충 줍는 시늉만 했어요. 그래서 풀을 베는 사람이 일하다 말고 제프가 놓친 배를 주워야 했죠. 저는 아이와 정면으로 대치하는 대신 이런 제안을 했죠.

"제프, 너한테 제안 하나를 할게. 네가 커다란 바구니에 배를 가득 담으면, 아빠가 1달러를 줄게. 하지만 네가 일을 다 끝낸 후에 아빠가 마당에서 배를 찾으면, 네가 아빠한테 1달러를 줘야 해. 어때?"

여러분 생각대로 아이는 바닥에 떨어진 배를 몽땅 주웠죠. 그리고 저는 아이가 바구니를 꽉 채우기 위해 나무에서 배를 몇 개 따는 건 아닌지 계속 지켜봐야 했습니다.

나는 연설이나 친구 초대, 꼭 가야 하는 자리까지 거절해야 하는 남자를 알고 있다. 그런데 이 남자는 정말 노련하게 거절해서 다른 사람들은 그의 거절을 만족스럽게 받아들였다. 그는 어떤 방법을 썼을까? 그는 이런저런 일을 해야 해서 너무 바쁘다는 말만 한 것이 아니었다. 초대해줘서 감사하지만, 초대를 받아들일 수 없어서 미안하다고 얘기하며, 그 대신 연설할 수 있는 사람을 제안했다. 다시 말해, 그는 상대방이 거절을 기분 나쁘게 받아들일 여지를 주지 않았다. 그는 상대방이 초대를 받아들일 수 있는 다른 연설가를 바로 생각하게 한 것이었다.

건터 슈미트Gunter Schmidt는 우리가 독일에서 진행한 교육 강좌의 수강생이다. 그는 식료품점을 운영하는데 물건이 놓여 있는 선반에 가격표를 붙이는 일을 소홀히 하는 종업원에 대해 이야기했다. 이 직원 때문에 상점에 혼란이 생기고 고객들은 불만을 늘어놓았다. 슈미트는 직원에게 이 일을 상기시키고, 훈계하고, 나무랐다. 하지만 전혀 소용이 없었다. 결국 슈미트는 직원을 사무실로 불러서 상점 전체의 '가격표 게시 감독관' 자리를 맡긴다고 했다. 그리고 모든 선반에 가격표가 적절히 붙어 있는지 계속 관리하며 책임지게 될 것이라고 했다. 직원에게 책임을 맡기고 권한까지 부여하자, 직원의 태도는 완전히 바뀌었다. 그때부터 직원은 자신의 의무를 철저히 이행했다.

유치한가? 그럴 수도 있다. 하지만 나폴레옹이 레종 도뇌르 훈장을 만들어서 병사 15,000명에게 수여하고, 장군 18명을 '프랑스 원수'로 임명하고, 자신의 부대를 '위대한 부대'라고 불렀을 때도 유치하다는 말이 나돌았다.

나폴레옹은 전쟁 때문에 냉담해진 베테랑 병사들에게 '장난감'을 주었다는 비난을 받았을 때 이렇게 응수했다.

"남자들은 장난감의 지배를 받는 존재야."

나폴레옹은 사람들에게 직함과 권한을 부여하는 방법으로 효과를 봤다. 여러분도 그런 효과를 볼 수 있다. 예를 들어보겠다. 뉴욕 스카즈데일Scarsdale에 사는 내 친구 어니스트 겐트Mrs. Ernest Gent는 마당을 뛰어다니고 잔디밭을 짓밟는 사내아이들 때문에 골치를 앓고 있었다. 겐트는 아이들을 혼내거나 달래도 보았지만, 전혀 효과가 없었다. 그래서 말을 안 듣는 사내아이 중에서 가장 심한 말썽꾸러기에게 직함을 주며 권위를 느끼게 해주기로 했다. 겐트는 그 아이를 '형사'라고 부르며 잔디밭에 무단으로 들어오는 사람들을 막는 역할을 맡겼다. 그러자 문제가 해결되었다. 겐트의 '형사'는 뒷마당에 불을 피운 다음 쇠를 뜨겁게 달구더니 잔디밭을 밟는 아이가 있다면 누구라도 낙인을 찍겠다고 위협했다.

효과적인 리더라면 다른 사람의 태도나 행동을 바꿀 필요가 있을 때, 다음의 지침을 따라야 한다.

1. 진솔하라. 지킬 수 없는 약속은 절대 하지 마라. 내게 이로운 것은 잊고 다른 사람의 이득에 집중하라.
2. 다른 사람이 해주기를 원하는 것이 무엇인지 정확히 파악하라.
3. 공감하라. 다른 사람이 진정으로 원하는 것이 무엇인지 자문하라.
4. 내가 제안한 것을 상대방이 행하면 얻게 될 이득을 고려하라.
5. 상대방이 얻게 될 이득과 원하는 것을 일치시켜라.
6. 다른 사람에게 무언가를 요청할 때는 그 사람이 개인적으로 이득을 얻을 것이라는 생각이 들게 해야 한다.

우선 다음처럼 퉁명스럽게 명령을 내릴 수도 있다.

"존, 내일 고객들이 올 거야. 창고를 치워야 해. 그러니 창고를 싹 쓸고, 선반에 물건을 깨끗하게 쌓고 계산대를 닦아."

아니면 존이 이 일을 하면 이득이 있을 것이라는 생각을 이렇게 표현할 수도 있다.

"존, 당장 마쳐야 할 일이 있어. 지금 하면 나중에 안 해도 돼. 내가 내일 우리 시설을 보여주려고 고객 몇 명을 데려올 거야. 고객들에게 창고를 보여드리고 싶은데 상태가 좋지 않아. 창고를 싹 쓸고, 선반에 물건을 깨끗하게 정리하고, 계산대를 닦으면 이곳이 효율적으로 보일 거야. 그리고 자네 덕분에 회사 이미지가 좋아지니까 자넨 제 역할을 다하는 거야."

존이 이런 제안을 좋아할까? 아주 좋아하지는 않을 것이다. 하지만 존이 누리게 될 이득을 지적하지 않는 것보다는 좋아할 거다. 먼저 존이 창고 상태에 자부심을 느끼고, 회사의 이미지를 좋게 하는 데 관심이 있다는 것을 내가 알고 있다고 가정하면 존은 더 협조하려고 들 것이다. 또한 결국 이 일은 해야 할 일이고 지금 하면 나중에 하지 않아도 된다는 사실도 존에게 알려줘야 한다.

이런 방법을 쓴다고 해서 다른 사람들이 늘 호의적인 반응을 보일 것이라고 믿는다면 순진한 사람이다. 하지만 사람 대부분은 이런 원칙을 쓰지 않을 때보다 이런 방법을 쓸 때 태도를 바꿀 가능성이 커진다. 단 10퍼센트만 성공 확률이 좋아져도 리더로서 전보다 10퍼센트 정도 유능해지는 것이다. 그게 바로 여러분이 누리게 될 이득이다.

이 원칙을 활용하면 다른 사람들에게 시키고 싶은 것을 하게 만들 가능성이 커진다.

원칙 9 내가 제안한 것을 다른 사람이 기꺼이 하도록 만들어라.

요컨대 리더가 되어라

리더의 역할에는 아랫사람들의 태도와 행동을 바꾸는 것이 포함될 때가 자주 있다. 이를 성취하기 위한 제안이다.

원칙 1 칭찬과 진심 어린 인정으로 시작하라.

원칙 2 다른 사람들의 잘못은 넌지시 지적하라.

원칙 3 다른 사람을 비판하기 전에 먼저 내 실수부터 얘기하라.

원칙 4 직접 명령을 내리는 대신 질문을 던져라.

원칙 5 다른 사람의 체면을 세워라.

원칙 6 살짝만 좋아져도 칭찬하라. 좋아질 때마다 칭찬하라. 진심으로 칭찬하고 아낌없이 칭찬하라.

원칙 7 상대방에게 부응할 만한 좋은 평판을 내려라.

원칙 8 격려하라. 상대방의 잘못이 고치기 쉬운 것처럼 대하라.

원칙 9 내가 제안한 것을 상대방이 기꺼이 하도록 만들어라.

데일 카네기 연보

1888년 미국 미주리주 메리빌의 농장에서 11월 24일에 태어나다. 가난한 농부의 아들로서 어린 시절부터 일하며 어려움을 겪는다.

1904년 16세 때 가족 모두가 미주리주 워렌스버그의 농장으로 이사하다.

1906년 고등학교를 졸업하다.

1908년 워렌스버그의 주립 교사 대학을 졸업하다. 오마하의 아머 앤 컴퍼니에서 판매원으로 일하다. 판매 실적이 뛰어나지 않아 고민하던 중 화술과 인간관계의 중요성을 깨닫는다.

1911년 YMCA에서 화술 강사로 활동을 시작하다. 화술과 인간관계에 관심이 많은 사람을 대상으로 강좌를 개설하고 큰 인기를 얻는다.

1913년 뉴욕에 데일 카네기 연구소를 설립하다. 화술과 인간관계술, 걱정 극복법 등을 다루며 수많은 사람을 일깨운다.

1922년 성 'Carnegey'를 'Carnegie'로 바꾸다. 이는 강철왕 앤드루 카네기를 향한 존경심과 더불어 '카네기' 마케팅을 염두에 둔 것으로 알려진다.

1926년 《성공대화론》을 출판하다. 이 책은 화술과 리더십에 관한 실용적인 지침서로, 많은 사람에게 영향을 끼친다.

1936년 《데일 카네기 인간관계론》을 출판하다. 전 세계적으로 6천만 부 이상 판매된 베스트셀러로, 세계적인 투자자 워런 버핏의 인생을 바꾼 책으로도 유명하다.

1948년 《데일 카네기 자기관리론》을 출판하다. 걱정이 인생 문제의 주원인이자 자기관리의 핵심 요소임을 깨닫게 하고 새로운 인생을 사는 법을 밝힌 책으로, 수많은 독자에게 위로와 힘을 준다.

1955년 뉴욕 포레스트 힐즈에서 11월 1일에 생을 마감하다. 미주리주 카스 카운티의 벨튼 묘지에 묻힌다.

인간관계 원칙 적용으로 얻은 승리

이름		날짜	
적용 원칙			
적용 결과			

인간관계 원칙 적용으로 얻은 승리

이름		날짜	
적용 원칙			
적용 결과			

인간관계 원칙 적용으로 얻은 승리

이름		날짜	
적용 원칙			
적용 결과			

데일 카네기
인간관계론

초판 1쇄 인쇄 2023년 7월 10일
초판 1쇄 발행 2023년 7월 17일

지은이 데일 카네기
옮긴이 주정자
펴낸이 이효원
편집인 송승민
마케팅 추미경
디자인 양미정(표지), 이수정(본문)
펴낸곳 올리버
출판등록 제395-2022-000125호
주소 경기도 고양시 덕양구 삼송로 222, 101동 305호(삼송동, 현대헤리엇)
전화 02-381-7311 **팩스** 02-381-7312
전자우편 tcbook@naver.com

ISBN 979-11-93130-07-0 03320

* 값은 뒤표지에 있습니다.
* 잘못된 책은 구입하신 서점에서 바꾸어 드립니다.

*도서출판 올리버는 탐나는책의 교양서 브랜드입니다.